学校を長期欠席する子どもたち

不登校・ネグレクトから学校教育と児童福祉の連携を考える

保坂 亨
Hosaka Toru

明石書店

目次

第Ⅰ部　義務教育からのドロップアウト

第1章　学校を休むことをめぐって　010

第2章　戦後混乱期の学校における不就学と長期欠席　013

1　子どもの危機的状況　013

2　新たな学制と長期欠席への注目　015

3　長期欠席と不就学の連続性――その背景としての「人身売買」　018

第3章　不就学と長期欠席への対策が始まる1950年代　024

1　国レベルの対策――三省共同通達　024

2　都道府県レベルの対策　029

3　不就学と長期欠席の連続性　037

4　1年以上居所不明　039

第4章　不就学・長期欠席と経済支援（1960年代）　045

1　不就学・長期欠席の減少と経済支援制度　045

2　取り残された地域　049

3　夜間中学校の実践　057

4 大阪の先進性 060

第5章 転換期としての1970年代 064
1 注目されなくなった不就学と長期欠席 064
2 1970年代の不就学と長期欠席の実態 065
3 不就学・長期欠席への無関心 068
4 「不就学」調査の形骸化 071
5 「登校拒否」への注目 077

第6章 1980年以降2000年までの長期欠席と不就学 081
1 長期欠席の中の不登校への注目 081
2 「脱落型不登校」の発見 086
3 新たな不就学問題 089

第7章 2000年以降の長期欠席と不就学 095
1 長期欠席と不登校 095
2 事件を契機とした全国調査 097
3 「危険な欠席」という視点 101
4 長期欠席(脱落型不登校)の実態 104
5 「行方不明の子どもたち」への注目 106
6 新たな問題としての「行方不明」の実態 114

第8章　新たな動向　122
1　新たな調査による連携の動き　122
2　「不登校児童生徒への支援に関する最終報告」について　125
3　義務教育段階における普通教育に相当する教育の機会の確保に関する法律について　127
4　夜間中学をめぐる新たな動向　128

第Ⅱ部　中等教育からのドロップアウト

第1章　三つの事例から　134
第2章　中学校卒業後の非進学者と定時制高校生の実態　142
1　児童憲章の制定　142
2　生活のために就労する子どもたち　144
3　人身売買から集団就職へ　148
4　高校進学率の上昇と非進学者の減少　151
5　定時制高校の増設と中退問題　154
第3章　高校全入時代の到来　160
1　高校全入運動と高校教育の改革　160
2　高校の中退問題への注目　162
3　児童養護施設の子どもたち　164

第4章 長期欠席者の進学と高校改革 167
1 長期欠席（不登校）の進級問題 167
2 長期欠席（不登校）の進学問題 170
3 進む高校改革 174
4 ある単位制高校の実際 176
5 不登校生徒の高校進学 177
6 中学卒業後の就職者と無業者 180

第5章 中退問題を捉える新たな枠組み 183
1 多様化する高校生 183
2 高校中退の実態 188
3 広義の中退調査 190
4 高等学校卒業程度認定試験（旧大学入学資格検定試験） 194

第6章 高校教育における2000年以降の新たな動向 198
1 学習指導上の改革 198
2 生徒指導上の改革 203
3 特別支援教育の導入 210
4 「個に応じた手厚い指導」 211

第7章 取り残された子どもたち 218
1 非進学者の実態 218

2 高校中退者のその後 222
3 生活保護世帯と児童養護施設の子どもたち 225
4 行方不明の子どもたち 228
5 まとめ 231

第Ⅲ部 学校教育と児童福祉の連携

第1章 「子ども」から「大人」への移行と学校教育 236
1 「子ども」から「大人」への移行 236
2 成人年齢の引き下げをめぐって 238
3 「子ども」の労働について 242

第2章 子どもの貧困問題 252
1 脱落型不登校と貧困問題 252
2 貧困の深さ 254
3 教育費負担 255
4 就学援助制度 259
5 セーフティネットは機能しているのか？ 265

第3章 連携にあたって――学校教育からの検討 273
1 児童福祉法の改正と子どもの保護 273
2 社会的養護 275

3　要支援（イエローゾーン）とその周辺にいる子どもたち　277
4　「自己肯定感」の問題なのか？　280
5　基本的スタンスの違い　282
6　情報共有　284

第4章　今後の課題　292
1　短期的課題――教員研修の見直し　292
2　中期的課題――キーパーソンの育成　294
3　長期的課題――「子ども」から「大人」への移行支援　295

終わりに　300

事例一覧（出典）　303

文献一覧　308

第Ⅰ部　義務教育からのドロップアウト

第1章　学校を休むことをめぐって

現代日本社会において「子ども」が「大人」になっていくときに、学校教育と児童福祉はどのように連携していくのかを考えるために、学校を休む「子ども」の事例から出発してみたい。

事例1　美空ひばりの卒業認定

国民的歌手と言われる美空ひばり（本名加藤和枝）は、１９３７年神奈川県横浜に生まれる。12歳でデビューして「天才少女歌手」と謳われて以後、歌謡曲・映画・舞台などで活躍。「歌謡界の女王」と認められる存在、昭和の歌謡界を代表する歌手・女優の一人であり、女性として史上初の国民栄誉賞を受賞。

小学校６年ですでに映画に主演、１００日を越える地方巡業など、学校に行く日はほとんどなかったという（4、5年時も80日程度の登校）。小学校からこのままでは卒業させられないという連絡があり、同じように出席日数が足りなかったもう一人の児童と二人で、卒業式後10日間補講を受け、さらに2日間の試験を受けて正式な卒業となった。その後、ひばり一家が招いた卒業祝いの席上で川田晴久（コメディアン）が挨拶して次のように語ったという。「人間にはいろいろな勉強の仕方がある。加藤和枝は十分学校に通うことはできなくて、みなさまに御迷惑と御苦労をおかけしたが、その代わり彼女は、かけがえのない社会と人間について勉強をしていたのだ。どうか先生方、そういうひろい心で、この子の行く末を見ていてやって下さい」。

それに対して後に小学校の佐野孝校長は以下のように述べている。「私は頑固な校長だったかもしれません。芸術に無理解という非難も、当時はほうぼうから受けました。しかし、美空ひばりだってみんなと同じに、ときには学校にきて勉強したい、遊びたいと思うでしょう。それができない。させられない。かわいそうな子です。私は、この子を守るのは日本でただ一人わたしだけだ、という信念で、安易な卒業認定を拒否しました」。（その後、彼女は私立中学校に進学している。）

上記の川田氏と佐野校長の発言には、「子ども」が「大人」になっていくときに必要な「勉強」とは、どこでどのようにするのかについて、見解の相違があるように思える。そして、その根底には、学校教育の役割をどう考えるかの違いも存在するだろう。

次の事例は、この卒業式のエピソードからおよそ40年後のことになる。

事例２　香取慎吾（元ＳＭＡＰメンバー）の中学時代（１９８８～１９９０年度）

「中三の通信簿が『オール1』だった」

香取慎吾「僕等がＣＤデビューしたとき、僕はメンバーの中で一番下で14歳でした。そのころ、これまで仕事ばかりで行けなかった中学の文化祭に初めて行ってみたんです。そうしたら違う学校から来たファンの人たちが正門に集まっていて、大騒ぎになっちゃったんです。で、僕はそのまま職員室に連れて行かれて。普通の学校だったので、どう対応していいかも分からなくて、『とりあえず帰りなさい』と先生の車で家に帰されたのをよく覚えています」。

萩本欽一「特別な体験してるよな。十代だろ？」

香取慎吾「ほとんど学校行った記憶ないですもん。二十歳の頃、家の整理をしていたら中学3年生のときの通信簿が出てきたんですよ。実は、通信簿を自分で見るのも初めてで。ドキドキしながら開いたら〝オール１〟。えー！と思って先生のコメント欄を見たら、そこに『お仕事がんばってください』(笑)」

萩本欽一「粋だね。いい先生じゃないか」。

先の**事例1**の川田晴久氏の言葉を借りれば、香取慎吾は芸能界で「かけがえのない社会と人間について勉強」をしていると、教員たちは考えたのだろうか。現在の日本社会で「子ども」から「大人」になっていくときに、学校教育の役割をそれほど重視されていないのだろうか。

この第Ⅰ部では、不就学と長期欠席を切り口として義務教育からのドロップアウトを概観し、戦後日本社会における学校教育の役割を再考する。

第2章　戦後混乱期の学校における不就学と長期欠席

1　子どもの危機的状況

　第二次世界大戦後の日本社会は、それまで直面したことがないほどの混乱の中にあり、現在に続く日本社会はそこから立ち上がってきた事実を忘れてはならないだろう。この戦後混乱期、大人でさえも生きていくことが困難な社会における子どもの危機的状況とは、第一に戦災孤児や浮浪児、貧困による捨て子といった養育（家庭）環境の欠落を意味し、かろうじて家庭があったとしても食糧難による「生存の危機」であった。この戦争直後、食糧難による死亡者の数は明らかになっていないが、１９４６年度の「餓死者、病死者が１０００万人に達する」という当時の大蔵大臣の発言が残っている。

　終戦の１９４５年は、前年に地方の農夫たちが徴兵されたために作付けが激減しており、さらにアジア諸国から米を「移入」することもできなくなって食糧の供給が滞った。そこへ9月に超大型（昭和三大台風の一つとされる）の枕崎台風が日本列島を縦断し、重大な人的被害（死者２４７３人、行方不明者１２８３人）と農作物への甚大な被害をもたらした。これによって日本の農業は壊滅的な打撃を受け、１９４５年の米の生産量は記録が残る1939年に比べて半減することとなった。他の農作物も軒並み3割減となり、大正昭和を通じて最大の凶作となった。政府は食糧の配給を段階的に減らさざるをえなくなり、上述の大蔵大臣発言となったと言われる。

実際、1946年2月には、農家に対して強権的に米を供出させようとした「食糧緊急臨時措置令」が出されている。また、5月1日メーデーでは、「食糧の人民管理」が謳われ、人々が食糧危機に対して怒りを表わし始め、5月19日には食糧メーデー「飯米獲得人民大会」が開催された（藤原 2018）。こうした中で、1947年10月、東京地方裁判所の山口良忠判事がヤミ米を口にすることを拒否して配給の食糧だけで生活し、ついには餓死に至る。この事件は当時の社会に大きな波紋を投げ掛けたと言われる（下川 2001）。

こうした日本社会の「生存の危機」は、戦後5年経った1950年の出生数と新生児及び乳幼児の死亡者数によって具体的に確認できる。この年の出生数は約230万人、戦後ベビーブームの中でも最大数である。しかし、同年の新生児死亡者はおよそ6万5000人（死亡率2・7％）、1歳未満の乳幼児死亡者に至ってはおよそ14万人（同6％）もいたのである。なお、現在少子化が進む日本の出生数は100万人を切っているが、乳幼児死亡率は0・2％、新生児死亡率は0・1％である。この対比からも戦後日本社会の子どもたちが「生存の危機」に直面していたことがよくわかる。[1]

2　新たな学制と長期欠席への注目

こうした状況の中で、１９４６年11月日本国憲法が、続いて教育基本法と学校教育法が１９４７年3月に公布される。これによって戦前の複線型の学校制度から単線型の新たな学校制度への転換が図られ、同時にそれまでの「臣民の義務」という義務教育概念は、人権としての教育を子どもに保障する責任と義務を親（保護者）が負い、自治体及び国が負うということになったのである。(2)

こうして新たな学制（六三制）への転換により１９４７年から新制中学校が発足する。その就学率は当初から99％を超えていたと報告されているが、実際には生徒の長期欠席の増加が問題となっていた。それゆえ各都道府県教育委員会において、その実態把握の調査が行われていたが、それらの調査では、欠席日数や理由による区分が比較できないほどにまちまちであった。そこで、この発足したばかりの新制中学校の3年間を含めて9年間の義務教育を終えた初の中学3年生が卒業を迎えた直後、１９５０年5月に中央青少年問題協議会が「１９４９年度間」における長期欠席児童生徒の全国調査を実施した。これによって、始めて全国的に統一された「数」を把握することができるとともに各都道府県ごとの比較も出来るようになったのである（文部省 １９５２）。

その結果、年間30日以上の長期欠席者は、東京都と高知県を除いて小学校で約40万人（4・2％）、中学校で約34万人（7・7％）、合計約74万人という実態が明らかになった。これが大きな社会問題として注目され、除かれている東京都と高知県を考慮すると日本における長期欠席児童生徒はゆうに１００万人を突破するであろうと言われた（文部省　１９５２）。なお、東京都教育委員会の調査（１９５２）では、１９４９年1学期（7月20日時点）だけで長期欠席児童生徒は1万３０００人と報告されている。また、高知県では１９４８年から不就学ならびに長期欠席児童生徒の問題にあたる特別教員（後に、「福祉教員」と呼ばれる）が配置されていたことからもその数の多さがうかがいしれる（倉石　２００５、２００７）。

これを受けて、文部省も１９５１年度から長期欠席児童生徒の全国調査を継続的に開始することとなった。ただし、この１９５１年度は4月から10月末までに50日以上欠席したものを調査対象としたが、１９５２年度から1年間で50日以上となった。この調査では欠席理由が「本人による場合」と「家庭による場合」に大きく分けられ、そのうちの「本人による場合」がさらに「病気」など7項目（勉強ぎらい、友人にいじめられる、学用品がない、衣服や履物がない、学校が遠い、その他）に分類されてきたが、これが１９５６年度から「病気」と「学校ぎらい」にまとめられた。なお、この結果は『公立小学校・中学校長期欠席児童生徒調査』としてまとめられて毎年公表されている。なお、タイトルにあるようにこの調査は公立の小学校・中学校についての調査であり、私立学校は対象となっていない。従って、先の**事例1**（美空ひばり）はこの調査が実施された１９４９～５１年度の中学生であるが、長期欠席者としてカウントされていないことになる。

その後、この長期欠席調査は、１９６０年度から学校基本調査（国の指定統計第13号：１９４８年より開始）の中に取り入れられた。[(3)] データとしては前年度、すなわち１９５９年度データからの掲載になるが、１９６２年度までこの理由別は一時姿を消すことになる。それが１９６３年度データから再び理由別（病気、経済的理由、その他）が加わるが、「その他」とは「主として学校ぎらいによるものと思われる」と記述

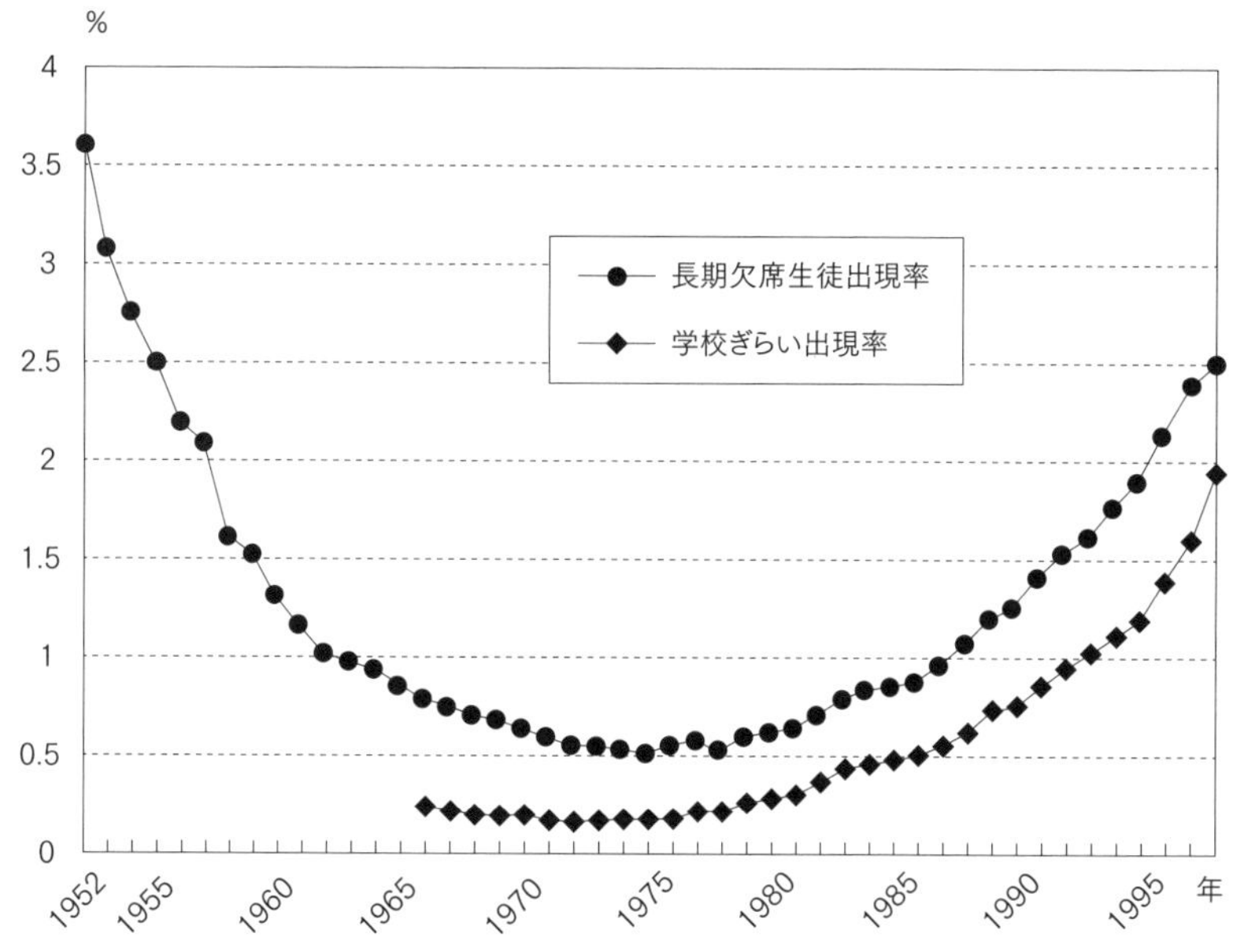

図1-1　中学生の長期欠席率（1952-98年度）
公立小学校・中学校長期欠席児童生徒調査及び学校基本調査より作成

されている（1964年度学校基本調査、26頁、28頁）。さらに、1966年度データから理由別に「学校ぎらい」が復活するが、この「学校ぎらい」が1998年度データから「不登校」に変更されて現在に至っている。さらに、この50日以上の調査に加え、1991年度データから8年間は30日以上と50日以上の二本立てで調査されることとなり、1999年度データから30日以上に統一されて現在に至っている。つまり、長期欠席（不登校）と言っても、時代によってその定義が変遷していることに注意しなくてはならない。なお、先の**事例2**（香取慎吾）は、1988~90年度の中学生であり、年間50日以上だけが長期欠席とされた生徒の一人になる。

　この1952年度から1998年度までの年間50日以上の長期欠席生徒（中学校）の出現率（全生徒に対する割合）を**図1-1**に

示した。なお、この図には理由別の「学校ぎらい（現在の不登校）」が登場した１９６６年度からのデータを加えてある。上記に述べたように、１９５２〜５９年度までは理由別のデータがあるが、１９６０〜６２年度だけ理由別データが存在しない。これまでの「不登校」研究においては、この１９６６年度からの「学校ぎらい＝不登校」データを示すことが多いが、こうした歴史的経緯をふまえていないことを指摘しておきたい。

現在の学校基本調査では、小中学校において1年間で30日以上欠席した児童生徒を長期欠席と定義し、その理由を「不登校」「病気」「経済的理由」「その他」に4分類している。このうち長期欠席に占める「不登校」の割合が都道府県によって大きく異なることが再三指摘されており（酒井２０００、山本２００８）、長期欠席の中でいわば主観的に限定された「不登校」だけに注目することには疑問を持たざるを得ない。図1-1に示したように、長期欠席という切り口から捉えれば、戦後から１９６０年代まで多くの子どもたちが欠席がちであったという事実も視野に入ることになる。このように戦後の混乱期における長期欠席問題について、当時の社会的背景とそれを踏まえた初の長期欠席全国調査が行われるまでの経緯を確認することによって、「不登校」だけではなく長期欠席全体を問題にすることの必然性が理解できよう。

3　長期欠席と不就学の連続性——その背景としての「人身売買」

藤野（2012）は、「戦後の経済復興に向けたもっとも安易な失業対策、貧困対策として人身売買は機能していった」という捉え方から、戦後日本社会における「人身売買」の実態を掘り起こしてきた。上記で述べた通り混乱期であったとはいえ、戦後の民主主義のもとで「人身売買」という現在の認識では児童虐待となる問題が許容されていたという事実に驚きを禁じ得ない。以下、その研究成果を長期欠席及び不就学という切り口から紹介したい。

（1）漁村における「人身売買」

1947年7月、地元紙である防長新聞が山口県の情島で子どもの人身売買と虐待が行われてきたことを報じた。この島では、以前から漁船が潮流中に流されないように、操業中の船の櫓を繰る「梶子（舵子）」と呼ばれる少年を確保するために人身売買が行われていた。この報道がきっかけとなって、警察や山口県児童課、労働省岩国労働基準局、同婦人少年局山口出張所等による合同の実態調査が行われ、こうした「梶子」の中に前借金（借金のかたとしての「年季奉公」：第Ⅱ部第2章2参照）で連れてこられた少年が9名、「戦災孤児」が9名、孤児院から連れてこられた少年が22名いることが判明した。

戦争直後の「浮浪児」たちの実態を掘り起こした石井（2014）は、食糧難における「最大の犠牲者が浮浪児たち」であったことを明らかにした。そして、その背景として少年犯罪の多発に対する警察の治安維持対策の強化を示唆している。すなわち、1946年春から警察と「浮浪児対策委員会」を設置した厚生省が、上野駅周辺の「浄化作戦」として、浮浪者はもちろんのこと、多くの「浮浪児」たちの「狩り込み」を実施した。これによって、上野駅地下道などで暮らしていた健康な子どもは「孤児院」へ、指名手配されている子どもは少年院へ搬送されたが、大半の子どもたちが脱走を繰り返したと言われる。一方で、全国を彷徨って生活していた子どもたちの実態も石井（２０１４）は聴き取っている。こうした中で１９４８年に児童福祉法が制定されて、「孤児院」は児童養護施設と改名して定員制も導入されることになったのである。

なお、情島の事件は、「就業児童の登校」、つまり義務教育を受けさせることを確約させるという方針のもと、その多くは里子となることで解決がはかられた。これによって当時の情島分校には「舵子学級」が作られたが、勤務していた教員によれば、欠席者が多くて雨や台風で漁がない日は出席がよかったという。しかし、こうした子どもたちの長期欠席、あるいは不就学という事態は変わらず、１９５１年にも同様な事件が発覚する。その報道によれば、20名いる「梶子」のうち学校に通っているのはわずか1名で、それも年間10日に満たなかったという。

続いて藤野は、占領下にあった沖縄の漁村において「雇い子」と総称される「糸満売り」事件についても取り上げている。これもまた上記の情島と同様に、前借金（借金のかたとしての「年季奉公」）により貧農の子どもたちが過酷な漁業労働に従事させられていたものである。事件としては、１９５４～５６年にかけて大きな問題となったものだが、当時（アメリカ占領下）の琉球政府文教局の調査結果を紹介しておきたい。沖縄全土の小中学校で不就学児童生徒の調査が実施され、その数は７０００名余に及ぶこと、特に中学校の不就学生徒２６４名のうち半数近くが「糸満売り」事件が報道された八重山地区であること、中学生の就学では「居所不明」が目立っていることが判明した。

そして、藤野はこの二つの事件に共通するものとして、行政当局内に取り締まるべきだとする認識とこれを容認する認識をあげ、後者の論理として職業訓練・貧困対策としてやむをえないという理解があったことを指摘している。これによって、「漁村では貧困者の子どもを買い、漁師となるための訓練という名目で漁業に酷使していたことが、慣習として地域の行政当局により容認されたきた」実態を掘り起こした。

（2）農村における「人身売買」

1948年12月、毎日新聞が「子供を売り歩く男」と題した記事を報じて大きな衝撃を与えた。この事件は海外でも報道され、新聞各社が社説にも取り上げるなど、児童の人身売買問題が社会の関心を集めて大きな社会問題となっていった。

この報道を受けて栃木県では、翌1949年1月に厚生省児童局、栃木県教育部、同労働基準局等が集まって児童福祉会議が開かれ、県下の児童委員を動員して親や親戚以外のもとで養育されている18歳以下の子どもの調査が実施された。その結果、義務教育就学年齢者1664名のうち、「不出席者」（定義は不明）が半数以上に達し、その中には養育者により出席を許されなかったものが247名、しばしば欠席するものが123名含まれていた。また、同じく栃木県内では、児童の人身売買の摘発が進み、1131名の「貰い子」（18歳未満の他人の子どもが養育使用されている場合）がいることが明らかになり、「人身売買」を周旋した男が労働基準法違反で逮捕された。売買された子どもは79名、この男の出身地が福島県であったため、福島県と栃木県を結ぶ子どもの「人身売買」ルートが存在していたことが判明した。以後、「人身売買の周旋人」の逮捕が続く。

これによって福島県でも調査が行われ、1949年1月末時点で全県下で人身売買された子どもは125名、うち15歳以下が73名と半数以上（58・4％）にも達することが明らかになった。また、福島労働基準監督署が、小中学校の退校及び長期欠席児童生徒2418名について調査し、人身売買の疑いが濃厚な23名と単身転校者108名を発見、追求している。さらに、郡山市内の各小中学校では、「児童生徒の身辺に目を見張ることになり、長期欠席者の家庭訪問は欠くことのできない行事」となる。その結果、ある中学校では、1クラス平均で5、6名、全校で30名近い（約6％）「登校不順の生徒」（定義は不明）の存在が判明し、まさに「身売り一歩手前」の状態が市内に「ざらにある」事態が明らかになっている。

同じ頃、山形県内でも長期欠席の小学校6年生2名を福島県の農家へ斡旋していたという「人身売買」事件が報道された。1949年1月山形県教育委員会は、県内の小中学校の長期欠席（定義は不明）が4000名に達するという調査結果を発表し、長期欠席の8割は「家庭貧困のため家事手伝い、内職、女中、子守奉公等をやっているもの」と指摘している。その後も山形県内の人身売買事件は各地で発覚し、県児童課に報告されただけでも2月4日時点までで81名にも及ぶ。また、最上教育出張所の調査では、管内中学校の長期欠席生徒は345名、米沢市児童相談所の調査でも管内で423名の長期欠席児童が確認された。

上記2で述べたように、1950年に中央青少年協議会による長期欠席全国調査（1949年度間）が実施されたわけだが、その背景にはこうした子どもたちの実態、とりわけ「人身売買」事件があったのである。それゆえ1951年2月、中央青少年問題協議会は、「いわゆる人身売買対策要綱」を決定し、厚生次官から各都道府県知事へ、労働次官から各都道府県労働基準局へ、文部次官から各都道府県教育委員会へと通知された。

戦後混乱期（1945~50年）を乗り越えつつあった日本社会において、学校教育は小中学校における長期欠席に取り組んで1951年度（半年間）の全国調査を実施できるようになり、引き続き1952年度（以後1年間）からも継続されていった。これによって、図1-1（17頁）に示した通り、戦後から1960年代まで多くの子どもたちの長期欠席があったという事実が浮かび上がる。そして、その背後には、このような「人身売買」という深刻な社会問題が存在し、この当時の長期欠席と不就学は連続しているものとして考えられていた。同時に、こうした問題ゆえに長期欠席調査の出発点においては、各省庁が連携して調査や対応にあたっていたことが確認できる。

注

(1)日本の出生数は、1947~49年の3年間で約800万人、いわゆるベビーブーム世代である。後(1976年)に堺屋太一(通産官僚・作家)が、この年代を「団塊の世代」と名付けた(読売新聞昭和時代プロジェクト 2012)。一方、2005年には日本の出生数は初めて110万人を割り、その後も減り続けて2016年には100万を下回っている。

(2)一方で、国会で戦前の教育勅語・軍人勅諭その他教育に関係ある詔勅の排除・失効確認の決議が行われたのは1948年6月である(山住 1987)。また、市川(2009)によれば、この教育基本法は制定当時から「強い不満があり、以来今日に至るまで改正しようとする動きが絶えなかった」が、2006年、60年ぶりに改正された。

(3)これによってそれまでの詳細な結果を発表しなくなったところ(山形県、富山県、神奈川県)と、従来と同じように発表し続けたところ(東京都、埼玉県、大阪府)に分かれていったようである。例えば、富山県教育委員会では、それまで『教育調査統計』(概要となっている年度もある)の中で「長期欠席児童生徒調査」として詳細な結果を掲載していたが、1958(昭和33)年度データ(富山県教育委員会『教育調査概要(昭和34年度)』)までしか確認できない。なお、都道府県ではないが、京都市教育委員会も『教育調査統計』の中で詳細な結果を分析していたが、1959(昭和34)年度データ(京都市教育委員会『昭和35年度教育調査統計』「昭和34年度間小、中学校長期欠席児童生徒調査」)までしか確認できなかった。

第3章　不就学と長期欠席への対策が始まる1950年代

1　国レベルの対策——三省共同通達

1961年は、戦後生まれを含む子どもたちがはじめて中学校を卒業した年にあたる。この卒業生たちが生まれた1945年は、1920年代以降で最も少ない140万人ほどであったのだが、翌年から出生数の急増（いわゆるベービーブーム）が起こり、団塊の世代が登場する。これによって1951年から小学校の児童数が、1957年から中学校の生徒数が、毎年50万人以上というすさまじい増加を続けることになる。実際、小学校の教室が足りなくなり、都市部では午前登校、午後登校に分ける「二部授業」が実施されていた。また、全国の小学校のうち児童51人以上の「すし詰め学級」が1／3もあり、「将来の日本を背負ってたつ学童が学力を低下させるとしたらみじめなことである」（1957年4月19日付『読売新聞』社説）と憂えるほど「劣悪な教育環境」であった（読売新聞昭和時代プロジェクト 2012）。1950～60年代とは、そうした子ども人口が激増し、「劣悪な教育環境」の中での不就学・長期欠席問題であったことを確認しておく必要がある。

表1-1　義務教育諸学校における不就学および長期欠席児童生徒対策について

1「義務教育諸学校における不就学および長期欠席児童生徒対策要綱
（第一：略）
第二　不就学および長期欠席児童生徒の実態
一　この対策の対象となる不就学および長期欠席児童生徒
A「不就学児童生徒」とは、学齢期にある者のうち、学齢簿に記載されていない者および学齢簿に記載されている者で、義務教育諸学校に入学していない者である。この不就学児童生徒の中には、次のような者が含まれる。a. 保護者が就学させない児童生徒／b. 保護者が学齢児童生徒の所在地の変更中途退学、区域外就学等の場合の手続きを怠り、また誤ったため不就学となっている生徒／c. 戸籍面からの脱落、または居所不明等により不就学となっている児童生徒／d. 就学義務の猶予または免除を受けて就学していない児童生徒。
B「長期欠席児童生徒」とは、学齢にある者のうち、学齢簿に記載され義務教育諸学校に在籍していながら相当の期間、連続または断続して出席していない者である。（なお、文部省の「公立小学校、中学校長期欠席児童生徒調査」（引用者注：第2章2参照）では学年の初めから終りまでの間に、連続または断続して五〇日以上欠席した者を、長期欠席児童生徒としている。）

第2章で詳述した欠席調査は、それによって明らかになった不就学と長期欠席の実態をふまえた対策の始まりでもあった。その大きな一歩となったのが、文部事務次官・厚生事務次官・労働事務次官共同通達「義務教育諸学校における不就学および長期欠席児童生徒対策について」（1955年9月30日）である。表1-1にその一部を掲載する。

この通達は66年後の2011年に至って「1年以上居所不明児童生徒数」、いわゆる「行方不明の子どもたち」がマスコミによって掘り起こされ、その調査データに疑義が出されたときに再び確認されることになる。すなわち、「義務教育諸学校における居所不明の児童生徒への対応について（通知）」の参考法令等としてその一部が掲載され、この通達が現在まで生きていたのが明らかになったのである（第6章参照）。それもふまえて、この通達が不就学と長期欠席への対策の原点となった時代背景について確認しておこう。

同じく1955年12月には文部省で「不就学・長期欠席児童生徒をめぐって」という座談会が実施されて、『文部時報』第943号（1956年3月）に掲載されている。同時にこの文部時報には、座談会メンバーでもある文部省の柳沢覚治（中等教育課事務官）による上記の三省共同通達「義務教育諸学校における不就学および長期欠席児童生徒対策について」の解説、及び厚生省の植山つる（児童局企画課厚生技官）と労働省の徳永花江（婦人少年局労働課事務官）の論考もある。

まず、柳沢による解説「不就学、長期欠席児童生徒対策について」を見てみよう。冒頭でこの通達の趣旨として「（三省が）協力して不就学、長期欠席を解消しようとする三省の強い意志を示したもの」と記されていることが目を引く。そのうえで先の「対策要綱」に掲げられた要点として基本的事項以下4点をあげて解説している。「①関係諸機関は、保護者および一般に対し、義務教育の重要性ならびに児童生徒の不就学および長期欠席状態の解消のために必要な児童福祉、生活保護、年少労働保護の重要性について周知徹底させること。②関係諸機関は、義務教育の完全就学実現のため、就学義務、児童福祉生活保護等に関し、法令に規定する事務を遺憾なく履行すること。③関係諸機関は、児童生徒の校内および校外における生活について、指導、保護および監督をじゅうぶんに行い、不就学および長期欠席の防止を図るとともに、その早期発見につとめ、すみやかに適切な措置を講ずること。④関係諸機関は、いっそう相互の連絡を密接にし、相協力して、この問題の解決を図ること。このため、関係機関および関係団体の参加による就学奨励対策委員会（仮称）を設けることなどの方法によって、協力体制を確立するよう努めること」。なお、柳沢はこのうち②の解説として、教育委員会による「就学義務不履行」に対する「出席の督促」をあげて罰則の適用にもふれている。(1)

そして、教育関係機関、児童福祉関係機関、生活保護実施機関、労働関係機関のうち、教育関係機関について詳細に述べている。ここではそのうちの「A学校における措置」の中の5項目「a生活指導および健康管理の徹底／b早期発見および事前措置／c経済的援助／d就労および福祉についての配慮／e児童委員等への協力要請」のうち、bとdの解説を取り上げたい。そのbとして柳沢は、学校による出席状況の把握と欠席者の委員会への通知、保護者に対する出席の督促と、あえて罰則の適用による効果を指摘している。これについては、同時掲載の座談会の中でも、文部省の原田種雄氏の義務履行を徹底的にやった学校で長期欠席が1／3に減り「督促だけで片づく問題が三分の一ぐらい含まれていた」、警視庁防犯部少年課の行木孝雄氏による学校教育法に基づく検挙が4件、6名送検（1952年度）との発言がある。当然、先の柳沢と同様に法令を踏まえてのものである。また、dでは不就学または長期欠席児童生徒で「不当雇用慣行」[2]、いわゆる「人身売買」にあたる、あるいはそのおそれがある場合を危惧し、労働省が作成した「年少者不当雇用慣行防止活動要領」についてふれている。その「不当雇用慣行」の例として第2章でも取り上げた山口県情島の「梶子制度」など11事例があげられている。

なお、末尾には、「都道府県教育委員会の措置」として「完全就学の実現について責を果たすべきことはいうまでもない」としたうえで、次のように述べている。「市町村教育委員会に対し、指導助言の立場にある関係から、不就学長期欠席児童生徒対策の、教育的、さらに社会的緊急性から、a管内全般にわたる状況の把握、b市町村教育委員会に対する指導と援助の実施、c経済的援助に対する積極的援助等が、都道府県教育委員会において、直接行政上の責任をこえて大きくとりあげられることが要求され、期待されているゆえんである」。

次に掲載されている植山の「忘れられていた子どもたちの問題」は、「経済面の対策を児童福祉の立場から検討」したものである。特に、その中で上記児童福祉機関とは、児童相談所、福祉事務所、保健所、児童福祉司、社会福祉主事、児童委員であると確認したうえで、児童委員の主要活動事項（１９５５年度）として「長欠児童の防止」があることを指摘し、実際の活動として徳島県津田地区[3]の小学校長欠児童22名と中学校長欠生徒56名に次のような措置を取ったことを報告している。「①貧困が原因しているもの、小学生７名、中学生14名で、福祉事務所と連絡し、調査の上、21件に生活保護法を適用した。②不良行為児童、小学生３名、中学生３名ずつを児童相談所に通告し、教護院へ収容した。③児童委員の就学督促に応じえない中学生７名に対しては児童相談所に通告し、児童指導を社会福祉主事に付した。④他の34名については、児童委員が学校までいっしょに登校したり、友人仲間をこしらえてやることに努力し、また遅れている学科について特別教授のあたたかい考慮を払うなど、１回でも欠席すると必ず学校から児童委員に連絡カードが送付される。登校した児童に対しても必ず引きつづき家庭訪問が行われて、児童の育成と保護者の指導に効果をあげたことは、児童福祉関係機関の総合的活動の結果であるといえよう」。さらに、「売られている長欠児童」と題された事例報告（中１女子、生活保護家庭で母親が二重契約の前借金を搾取して告訴された）なども付されている。

また、徳永の「学童の長欠解消をめざして」では、１９５５年６～７月に関東甲信越10都県において中学校（分校を含む２０００近い学校）の協力を得て行われた、長欠かつ不当雇用のおそれのある生徒の調査が報告されている。その結果、「親元を離れていると思われる者」が２４５６名、うち不当労働の疑いのあるもの４０４名に対して親元調査が実施されたという。そして、その過程で明らかにされた事例（中学入学後から家を出てパチンコ屋で働いているというが親もその住居はわからない、中２で傷害事件を起こして家出した後は消息不明等）が報告されている。こうした中で、ある県の体制が整えられた経過を次のように述べている。

「これを機に関係機関の連絡会議を開き、相互間の円滑な連絡方法等について申し合わせを行い、その結果、県下の各市町村教育委員会教育長あてに不当労働のおそれのある児童については、次のような事項の報告を依頼し、婦人少年室はその連絡により、内容に従って関係機関に協力依頼を行い、できるだけ速やかに具体的措置をはかる体制をとっている」。なお、「次のような事項」とは、「家庭の事情、就学状況、不当労働におちいったと推測される状況、今後の措置についての学校の意見」等である。

一方、この通達以前から、各都道府県においては、様々な取組が展開されていた。以下、公刊された調査報告書に基づき、その内容が十分に検討できる大阪府と千葉県の例を見てみたい。

2 都道府県レベルの対策

(1) 大阪府の取組

大阪府教育委員会は、第2章で詳述した1950年5月に実施された調査(1949年度間30日以上の欠席)について、早くもその年の12月20日に『大阪府教育調査紀要Ⅰ:昭和25年度長期欠席児童生徒調査』として発行している。なお、調査期間は「昭和25年5月　児童福祉期間中」となっており、「調査の方法」として以下のように記されている。「中央青少年対策協議会で作成した調査票(別紙)によって各小、中学校で民生委員、児童福祉司と協力して該当者の家庭を訪問して長欠の原因を調査し、その対策を講じ、集計表(別紙)を用いて集計し、これを所管の市、出張所で取りまとめて集計し、更に教育調査課で府下の集計をしたものである」。ちなみに、「I　長期欠席児童生徒の調査について」として「3就学」及び「4長期欠席者と不就学」という項目があり、それぞれ学校教育法施行規則の条文からを引用した説明がなされている。(4)

この調査の結果として、長期欠席者は、小学校で1万5518人（3・7％）、中学校で15万4974人（9・4％）という「多数になった」と報告されている。さらに、学年別、欠席日数別、理由別など小中学校別に詳細な分析「II　長期欠席者の現状」がされている。しかし、特徴的なことは、この調査の目的が「長期欠席者を、如何なる方法で救済し、就学の義務（児童生徒には就学の権利）を履行させるかにある」と述べて「III　長期欠席者に対する措置方法」が具体的に検討されている点であろう。そこでは、長欠者への措置の種類を、①「措置出来る見込の者」、②「措置不要の者」、③「措置の見込の立たぬ者」に三大別して、それぞれ小学校①64・9％、②30・0％、③5・1％、中学校①61・1％、②17・5％、③21・4％と分析している。これは「調査者である各小、中学校長が、自校の区域内の児童生徒に対して児童福祉司、民生委員等の機関と協力して、その措置方法を立てたもの」であると記されている。その後に①「何等かの措置をすることによって、長期欠席者を救済することができる者」、②「措置の必要がなくて、自発的、経済的に、長期欠席の事態が解決する者」と説明があり、その上で種類別、理由別に詳細な検討が加えられている。なお、③においては、小学校の1／2弱、中学校の3／4強が経済的理由（「家事の手伝いをしなければならないから」、「働いて外で家計を助けなくてはならないから」等）によるものであり、「相当困難」で「不撓不屈の努力が必要である」と結ばれている。それゆえ経済援助として、生活困窮者に対する「就学奨励金の制度」が提案され、すでに一部自治体（大阪市、布施市、泉大津市等）が教育費又は学習費等の補助として年額1000円前後を負担している例をあげた上で、「財源を捻出して、府下全市町村が実施する」ことを「重要な任務」と指摘している。

これらをふまえて大阪府教育委員会は、1951年8月に大阪府民政部及び青少年問題協議会と協力して「未就学又は長期欠席児童生徒の就学奨励要項」を作成して関係方面に配布している。さらに、1952年8月には「義務教育の完全就学という理想現実のために」、「不就学長期欠席対策のしおり」を発行し、9月をその「強調月間」として「原因調査、対策樹立、結果の反省、今後の対策」等の目標を掲げた。このうち「原因調査」については、「前もって綿密周到な計画や準備を行うことを必要とし、その留意点を示して」、地域別、職業別、家庭環境別に「工夫をこらして適切な研究調査」が行われ、翌1953年2月にその結果と反省を「今後の進展への資料」とするために先の「要項」と「しおり」を再掲した小冊子『不就学長期欠席対策のしおり』を発行している。その中では、「新しく発足した地方教育委員会が、教育の機会均等という基本原則に立脚して、先ず努力を傾注すべき問題は、この不就学長期欠席者対策であろう」と強調されている。

また、1951年4~10月において50日以上の長期欠席者は、小学校1・3%、中学校7・2%と報告されているが、先の1949年度調査とは方法が違うため比較ができない。しかし、分析によると「家庭に理由が存する場合」が小中学校ともに2／3を占めるとされ、次のように述べられている。「家庭に理由の存する場合については、小中学校を通じて親の無理解が一番多く、家計の全部又は一部を負担するための者がそれに続き、次は教育費を出してもらえない者、家族の中に疾病者等があって看護をしなくてはならない者等となっている。然し、親の無理解と家庭の貧困とは、判然と区分することが不可能な程、両者は密接な関係を持っているようである。これらの子供達は、小学校においては、留守番や子守りをさせられている者が多く、中学校になると、男子は工場勤務、農業林業漁業の手伝、女子は工場勤務、留守番、子守り等をさせられている。一般に言って、不就学、長期欠席者の家庭の職業について見ると、農業、自宅商、自宅工、行商露天商、自由労務、工員の順序になっていることも併せて報告しておく」。さらに、「家庭や保護者に原因が存する場合」においては経済的な原因が大きいとして、「生活保護法の教育扶助による就学奨励対策、文部省の就学奨励費の補助による対策、市町村又はPTA等の奨励費支出による対策」があげられ、「これは国の行政に直接つながる重大な要素をふくんでいるものであって、国家的な見地に立った強力な対策樹立が痛感され、それを実現するための運動の展開」が指摘されている。そして、「今後如何なる点に努力すべきか」と題されたまとめにおいて、①援護奨励費の増額、②総合的な就学奨励制度の創設が提案され、「不就学長期欠席者の最大原因が経済的な事情にあるが故に、国家も地方公共団体もその他の関係団体も、この原因除去に対する強力な措置を早急に講じなければならない」と結ばれている。なお、この調査報告では、「その他」の理由として「法規上の手続きの不備不完全等の原因により、居所不明になっている者」や「無届けのまま行方不明になっている者」が含まれているという記述があり、大阪府教育委員会が早くから居所不明や行方不明に注目していたことがうかがわれる。

最後に参考として掲載されているS市不就学長期欠席対策を紹介しておきたい（表1–2）。

（2）千葉県の取組

上記（1）の大阪府教育委員会の『不就学長期欠席対策のしおり』の中には「専任の担当教師を設ける要望」という記述があるが、それを実現したのが千葉県教育委員会である。上記1でふれた文部時報の座談会参加者の一人である木村俊子氏（当時：千葉県市川市立中学校教諭）は、後述の調査研究の前身にあたるデータをもとに「教職員組合が県に要求して1955年4月から対策教員がとくに長欠の多い地域に7名

表1-2　S市不就学長期欠席対策

一　就学奨励費の増額と給与の合理化

長欠の主因は、家庭の貧困にあるので、これを除去するために、本年度は生活保護法によって扶助を受けるものに準ずる家庭に対し、前期分として、小学校1172名、中学校401名、計1573名を対象として給与金額186万6119円を計上したが、今回更に前期分を上廻る後期の支出金額を、追加予算によって計上することにした。支給方法についても、常に研究を重ね、実情にそうよう合理的な改善をしつつある。

二　全市的対策機関

1. 青少年補導連盟

本年度の補導活動の重点を、この問題の解決に置いて努力している。強調月間においては、出席奨励カードを利用して督励に努めた。

2. 福祉協議会児童部会

この問題に重点を置き、各種団体と連絡を密にして出席の督促に当たっている。

3. 小学校校長会、中学校校長会

当面の第一責任者として、その対策の協力を得て活動している。

4. 市PTA協議会

総合並びにブロック協議会において、この問題をとりあげ対策をたて、各傘下PTAを通じて督励に努めている。

5. 市青少年問題対策連絡会

全市の各種団体代表をもって組織しているこの連絡会を、社会教育課の主催で、月1回開催し、この問題について連絡協議している。

三　学区別対策機関

1. 補導協議会

学校長、公務主任、ディーン(5)、PTA補導委員、児童委員、少年保護司、防犯委員、婦人会及び青年団幹部等をもってこの協議会を組織し、全市的対策機関によって定められた対策について協議し、その区域の実情に即した方法でこれを実施する具体策を定め、各々責任分担に従って実施にうつす。

2. PTA補導委員会

特にPTAにおいては、この問題に関心を持ち、数名乃至二十数名の補導委員を設け、町別に分担を定めて、各個撃破の要領で補導勧誘に努力している。

3. 地区別子供会

校外子供会で相談し合った事柄を、各分団や班に持ち帰り、子供達の手によって不就学や長期欠席の友人達に対し、その就学出席を勧誘している。

配置」されたと述べている。第2章でもふれた高知県の「福祉教員」（倉石２００９）に続くものであった。[6]

こうした対策教員配置の背景としてあげられるのが、長期欠席の調査開始以来、千葉県がその多さで全国の上位を占め、１９５６年度から長欠対策が千葉県教育委員会の重点施策の一つとなったことであろう。その１９５６年度において、長欠の子どもたちが多い漁村地帯[7]にある三つの学区を実験地区として選定した調査研究が行われている。その結果は、翌１９５７年9月に89頁もの大部な報告書『長期欠席の子どもたち』（昭和32年度教育資料第3号、研究紀要第33集）として千葉県教育研究所から発行されている。なお、先の木村俊子氏がこの教育研究所のメンバーとして参加している。ここではそのうち銚子市の実践が取り上げられている章を紹介したい。

先ず現状として、銚子市内で一番長欠率が高い中学校の１０年間の長欠率（１９４７～５６年）が掲載されているが、１９５０～５２年度には2割以上（20～24％）という数字が示されている。そこから以下に述べる様々な取組がなされた結果、１９５６年度には８・１％にまで低下したことが報告され、「二中はどんな手をうってきたか」と題された節には以下のような実践が記述されている。

１９４７年度：新学制の実施により、義務教育制度最初の中学生としての1年生の数が学齢生徒に比較して余りにも少なく、欠席、不就学の多さに驚いた学校が、長欠調査および家庭訪問を行う。

１９４８年度：長欠者や学習の遅れた生徒のために「研究学級」を創設して、専任教師1名がこれに当り、指導と督促に専心。

１９４９年度：継続して研究学級の指導を重点とし、全職員による家庭訪問を実施。保護者の意識を啓蒙し、研究学級への出席を求めた。

１９５０～５２年度：研究学級による指導の充実を図り、長欠生徒の学校への関心を高めることに努力した。

1953年度：銚子市教育委員会から対策教員助手1名が派遣。研究学級を長欠生徒のみを対象とした「補導学級」と改称して督励と指導を専門的に実施。

1954〜55年度：長欠対策専任教員並びに助手は補導学級の運営に専念し、全職員も定時に補導学級の指導にあたる体制を整える。

1956年度：千葉県教育委員会より長欠対策教員1名配当。長欠対策協議会の設置。県教委より長欠対策研究校の指定及び県教育研究所の実験学校の依頼により、様々な調査と対策が実施される。

さらに、次の「督励はどんな方法で行われたか」において、「長欠問題解決の重要な鍵の一つ」は家庭訪問（一にも訪問、二にも訪問、三にも訪問）であるとし、「どういう方法で督励することが最良であるかと言う結論は出せない」ので、「本校の実施している督励訪問の仕方について」「批判を仰ぎたい」と表1－3のような具体的方法が述べられている(8)。

加えて、銚子市教育委員会のバックアップも次のように展開されていた。まず、1953年度から長欠救済策として長欠の実態調査を開始し、毎月の欠席報告を求めた。報告は、2週間以上、1月以上、前年度3月より引続き長欠、の3段階とし、学期末ごとに長欠理由を調査し、家庭訪問によって児童生徒の実態把握を進めた。この調査結果から二つの中学校に長欠が多いことがわかり、それぞれに1名ずつ訪問教師を配置し、長欠生徒の家庭訪問や民生委員等との連携を担当させた。さらに、児童福祉協議会（民生委員協議会）に市内の長欠状況を詳細に報告して協議を求め、長欠生徒の個別調査に基づき約400名の「長欠生徒および要注意者」について諮って対策を講じた。その会議の熱気あふれる様子まで記述されているが、最後には「銚子市教委においては全市、全学校のあらゆる機関をあげてその対策を講じている」、

表1-3　家庭訪問の具体的方法

①訪問の日時

a. 定時訪問　隔週水曜日放課後（全職員）。

b. 随時訪問　放課後のあき時間、対策教師は午前午後昼夜を問わず必要により。

②訪問者

a. 全職員協力して行う。担任教師、長欠対策教師、学年主任、部落担当教師、教頭、校長。

b. 父兄の状況により、1人より2人、3人ずつ組んでやる。

c. 常に同じ職員ばかりでなく、いろいろ組合せを変えて行く。

③出発前の打ち合わせ

a. 本日の訪問の目標を明確にし、問題点ある生徒を予め選び分担を決める。この際父兄の硬軟により教師の組合せを考える（担任、専任、男女、老若、経験等）。

b. 長欠生徒個人カードをわける。

c. 家庭状況及び対象生徒の状態について、夫々お互いに連絡して認識を深める。

④訪問

a. 父兄及び生徒とよくうちとけて話し合う。

b. 長欠の真の原因がどこにあるか。生徒の出校を阻害しているものは本当に何であるかをよくつきつめる。

c. 父兄と共に問題を解決して行く様努力する。

d. 父兄のその場逃れの解答に満足しないで、常に問題を残しておく。

e. 個人だけの問題で解決出来ない場合には町全体の問題として、父兄雇主だけでなく民生委員、青年会、その他の協力を求め懇談会などを開いて共同の問題として共に解決して行く方法を講ずる様にしむける。

f. 状況により、硬軟の手段をとる。

g. あきずに根気よく何回も訪問する。

⑤訪問後

a. 訪問の結果を個人カード及び訪問簿に記録する。

b. 訪問の結果を夫々連絡し話し合い、次の対策を考える。

c. 訪問時の問題点は機を失せず直ぐに手をうつ。

d. 約束等不履行の場合にも同様直ぐに手をうつ。

e. 長期間休んでいる場合には、登校するといっても、登校しにくい事はわかっているので、当然友達に誘わせるか迎えに行くかの方法をとる。

「このような膨大な経済的援助と協力をしているのは千葉県内でも稀な方である」と記されている。

3 不就学と長期欠席の連続性

上記2(1)の大阪府教育委員会が「新しく発足した地方教育委員会が、教育の機会均等という基本原則に立脚して、先ず努力を傾注すべき問題は、この不就学長期欠席者対策」と記したように、全国で展開された地道な実践によって、不就学者と長期欠席者の減少という成果が生まれたと考えられる。第2章でも述べたように、この時代は不就学と長期欠席は連続しているものとして捉えられ、その背景に人身売買や年少労働(不当労働慣行)があったことから、文部省だけではなく、厚生省及び労働省といった関係各省が連携して解決に向けて努力していたことが確認できる。言うまでもなく、その象徴が上記1で詳述した三省通達であった。この点に関して国会議事録から戦後の長欠認識を追った小林(2003)は、「長欠に関する言及」が文教委員会だけではなく、社会労働委員会でも1950年代に集中的に議論されていたことを明らかにし、「長欠問題が年少労働や社会福祉行政と深い関連があることを示唆している」と指摘している。

また、当時から不就学と長期欠席の連続性について、冨田(1953)は「長欠の形の不就学者」と表現してこの問題を指摘している。就学を免除、あるいは猶予された「認められた不就学者」がいる一方で、就学免除/猶予が認められず学校に籍があるために「長期欠席の体裁をとっている実際上の不就学者」＝

「事実上の不就学者」がいて、茨城県ではこれを「不就学不規則欠席」と記している。当時は、こうした問題が「小学校には見られない中学校の特色」であり、漁村と同和地区（西 1956）に多くみられたことからそうした地域が調査対象となっていたようである。このうち長期欠席とはいえ事実上の不就学者たちは、原級留置となって義務教育年齢が過ぎると除籍されることによって中学校卒業資格を得られなかったのである。上記1で取り上げた柳沢もその論考の冒頭で、「不就学長期欠席児童生徒の大部分の将来に約束づけられた悲しむべき事実」として中学校卒業資格が得られず、「理容師、美容師など、法律に基づく許可を必要とする職業につくことはできない」ことをあげている。しかし同時に、「実際に不就学となっている児童生徒の数は、現在のところ、国として調査されていない」と述べ、また座談会でも「文部省の調査でも、実際に不就学者がどれくらいいるかということはつかめていない」と発言している。それが新制中学校の就学率99％とされていたものの実態であったろう。実際、1953年当時、松本少年刑務所に収容されていた青少年受刑者252人のうち3／4以上にあたる200人が義務教育未修了であったことがそれを裏付ける。このため1955年に、この松本少年刑務所の中に松本市立旭中学校「桐分校」が開校され、以来2009年度第55回生まで卒業生は691人を数える（角谷 2010）。

そして、ようやく三省通達において「『不就学児童生徒』とは、学齢期にある者のうち、学齢簿に記載されていない者および学齢簿に記載されている者で、義務教育諸学校に入学していない者である。この不就学児童生徒の中には、次のような者が含まれる。a.保護者が就学させない児童生徒／b.保護者が学齢児童生徒の所在地の変更中途退学、区域外就学等の場合の手続きを怠り、また誤ったため不就学となっている生徒／c.戸籍面からの脱落、または居所不明等により不就学となっている児童生徒／d.就学義務の猶予または免除を受けて就学していない児童生徒」（表1-1：25頁）と整理されることになる。

4　1年以上居所不明

さらに、1957年には「学齢簿および指導要録の取扱について」（文部省初等中等教育局長通達）が出され、その中で上記「c.戸籍面からの脱落、または居所不明等により不就学となっている児童生徒」について「学齢児童生徒の居所が一年以上不明であるときは、住民票が削除されるまでの間、その旨を異動事項欄に記入し、学齢簿の編成上、就学義務の猶予または免除のあった者と同様に別に簿冊を編成すること」となった。そして、この「1年以上居所不明児童生徒数」が1961年度以降学校基本調査の「不就学」の中に掲載されるようになって現在に至るのである。なお、この1957年通達も上記1でふれた2011年「義務教育諸学校における居所不明の児童生徒への対応について（通知）」（文部科学省初等中等教育局初等中等教育企画課長）の参考法令等として掲載された通知であり、現在でも適用されているものである。

以下の**事例3**は、1960〜61年にかけてこうした「居所不明児童」であったと考えられる。

事例3　**居所不明児童**（児童文学者の自伝）

1950年東京都に生まれる。10歳の秋、父が人に騙されて家に住んでいられなくなり、一家離散の中で母方の親戚（千葉県九十九里村）に1人で預けられる。その後、母と姉の3人で東京（根津）の知人宅に隠れ住むが、借金取りに知れると困るという理由で転校手続きを取らずに学校には行けないまま過ごす。やがてそこからも逃げることとなり、父と2人で東京（池袋）の簡易宿泊所で暮らすようになる。翌年9月、父が教育委員会に学校復帰について相談にいって、10月から養護学園（千葉県南房総）に入学することになるが、出席日数不足により再度の5年生となる。中学生になると同時に母に引き取られて2人で暮らすようになり、その後高校に進学。「ボロボロの青春時代を経て」、小学校教員となるが、短期間で退職。結婚後、担任をしていた頃の思い出を児童文学として書き始める。35歳で毎日新聞主催の「小さな童話大賞」に応募して「落合恵子賞」を受賞、37歳で児童書を出版。作家の傍ら埼玉県の児童館館長を11年勤め、２００２年から埼玉県教育委員、２００５年7月から２００６年10月まで同委員長を務めた。２００６年に自らの体験を綴った自伝本『10歳の放浪記』を出版して話題となる。

大阪府教育委員会（１９５９）は１９５７年の文部省通達を受けて、早くも１９５８年9月に「長期欠席児童生徒生活実態調査」（大阪府教育委員会 １９５９）を実施している。なお、この調査は、中学生の長欠者の生活実態を把握するために行われた抽出調査（長欠の多い１３２校、1学期に20日以上欠席した者）である。その結果、調査対象者の約8割が前年度の長欠者（50日以上）、また前年度全欠者の約9割が翌年度1学期間全欠であり、「こげつき状態にある」と記されている。また、「就学事務手続未了」４８３名のうち「学令超過で本年全欠」３００名、「転校手続未了」62名、「1年以上居所不明」76名、「1年未満居所不明」45名と発表している。大阪府全体の調査ではないが、おそらく「1年以上居所不明」については本邦初の調査結果であり、「1年未満居所不明」にいたってはこの後も含めてこの調査結果しか確認できない。

そして、続く１９５９年度調査（大阪府教育委員会 １９６０）では、大阪府全体の「学齢超過者および学齢内で1年以上居所不明者の欠席日数」を発表している。その数は、「小学校：学齢超過者37人、学齢内で1年以上居所不明者216人。中学校：学齢超過者643人、学齢内で1年以上居所不明者119人」、つまり1年以上居所不明の小中学生は335人とされる。

さらに、1959年度調査においては、長欠率が平均を上回る中学校（99校：全体の約4割）を抽出して学校調査（前年度長欠者で本年度も長欠＝4～9月で20日以上）を実施している。その対象者は2009人、長欠率は2・2％であったが、うち1588人（約8割）が調査期間中（4～9月）において全欠席であった。また、前年度（1958年度）においても長欠者のうち1年間全欠は約4割、うち2／3は1957年度も全欠であったことから、「一度全欠になった者で再び登校する者は少なくほとんど全欠を続けている事がわかる」と報告している。さらに、この学校調査で長欠概況がわかったとして、次に「長欠者個人の実態（欠席理由、欠席中の状況、父母の有無、保護者の職業、家庭訪問等）を知るため、調査班（7班）を編成し、2月1～3日の3日間にわたり、42校、1222人の長欠者について調査を実施」している。その結果、1222人（先の学校調査の長欠者の約6割）のおよそ1／4にあたる295人は、「事務処理を要する者」であり、このうち調査日までに事務処理されていたものは32人（約1割）にすぎなかった。そのうち過半数を「学令超過で就学意思のない者」（53・6％）が占めていて、「就学意思なき外国人」（21・0％）と「1年以上居所不明」（18・6％）がそれに続く。この報告書の最後には、次のように記されている。

「直接学校に出向いて長欠者の生活実態を調査する事は始めてのこころみであったが、実態の把握と学校に対する指導上、次の点に効果があったと考えられる。

① 学校の長欠対策は、郡部の学校の方がより組織的であった。これは中心部の学校では現に出席している者の中に多くの非行者がおり、この者への対策が急で長欠者まで手が廻りかねるようである。

② 欠席日数は約8割が全欠者であるが、この中に把握し得なかったが、入学当初より1日も出席しない者も相当数あった。
③ 事務処理に要する者が約1／4存在したが、事務取扱について直接学校を指導し得た。
④ 欠席理由は、一応統計上主たる理由で分類したが、実際には家庭の貧困といっても無理解と表裏一体（少ない収入を家庭で浪費）で、これに本人の学校ぎらいが重なることが多く、この者には経済援助のみで出席さすことはむつかしい。
⑤ 事務処理を要する者を除く長欠者の約4割が他人に雇われ、しかも工員が多いことは中小企業の多い本府の特長であるが、特に泉南地区に織物工場が多いために著しい。この者は10～12時間労働で、5000円から1万円の収入を得ている」。

この1961年度以前から行われていた大阪府調査は、他の都道府県の様子と比較するとその独自性がさらに際立つ。例えば、神奈川県教育委員会は1970年に『教育統計要覧（昭和33～42年）：10年間の教育統計資料』を発行しているが、そこには小中学校の長期欠席児童生徒数について「1961年以前は資料がなく不明」と記載されている。第2章に記した『公立小学校・中学校長期欠席児童生徒調査』（文部省、1953～58）にあたることなく、学校基本調査だけに頼ったからであろうと考えられる。また、埼玉県教育委員会（1959）も、『長期欠席児童生徒調査報告書（昭和33年4月学年始め～34年3月学年終り）』でそれまでの調査方法を変更して「1年以上居所不明の者」を除いて実施している。そのためとりわけ中学校で大幅減（1026名、出現率にして2・3%から1・8%に減少）を示したが、特にそれについての分析も追加調査もなされていない。それどころか報告書の「まえがき」では、この減少について「関係者の熱意ある努力と、父兄の教育に対する重要性の再認識並びに社会経済状勢の好転によってもたらされたものと思います」と記されている。なお、調査票が付されているので、それが大阪府と同じ様式であること、及びそこには「在学者のうち超過年齢者」という項目があり、その下位項目に「1年以上欠席者」と「居所不明」があることが確認できる。付け加えるならば、次年度報告書（『長期欠席児童生徒と社会教育の実態』に名称変更）以降「調査の目的と方法」の中では「1年以上居所不明の者は除かれている」という記載自体もなくなっている。

しかし、1961年度から学校基本調査の「不就学」という項目の最後にこの「1年以上居所不明児童生徒数」が掲載されることになる。そして、後に詳述するように忘れられていた長い期間を経て、2011年度にその調査の不備が明らかになる（第7章参照）。

注

（1）現行の学校教育施行令「第四節　督促等」は以下の通り。

「（校長の義務）

第19条　小学校、中学校、義務教育学校、中等教育学校及び特別支援学校の校長は、常に、その学校に在学する学齢児童又は学齢生徒の出席状況を明らかにしておかなければならない。

第20条　小学校、中学校、義務教育学校、中等教育学校及び特別支援学校の校長は、当該学校に在学する学齢児童又は学齢生徒が、休業日を除き引き続き七日間出席せず、その他その出席状況が良好でない場合において、その出席させないことについて保護者に正当な事由がないと認められるときは、速やかに、その旨を当該学齢児童又は学齢生徒の住所の存する市町村の教育委員会に通知しなければならない。

（教育委員会の行う出席の督促等）

第21条　市町村の教育委員会は、前条の通知を受けたときその他当該市町村に住所を有する学齢児童又は学齢生徒の保護者が法第十七条第一項又は第二項に規定する義務を怠つていると認められるときは、その保護者に対して、当該学齢児童又は学齢生徒の出席を督促しなければならない。

なお、学校教育法の第１４４条には上記の違反に対して「十万円以下の罰金に処する」とある（第3章注（4）参照）。
（2）労働者本人、この場合は「子ども」の意向とは無関係に雇用契約が結ばれ、自由を奪われたかたちで労働に従事すること（山口 ２０１６）。なお、労働基準法については第Ⅲ部第1章参照のこと。
（3）この長欠を完全に解消した実践は、京都大学の研究対象となり、ＮＨＫの放送資料としても取り上げられたという（千葉県教育研究所 １９５７）。
（4）巻末には「参考」として児童福祉法の条文（第34、39、40、41条）が記載されている。
（5）１９５８年、大阪市は小中高等学校に男女各1名のディーン（生活指導係）を配置し、子どもだけでなく、家庭を含めた環境に着目したスクールソーシャルワーク実践に近い活動を担わせた（新修大阪市史編纂委員会）。戦後まもなくのこの実践は、アメリカの制度をそのまま輸入して行われたため英語名称（ディーン）が使用されていた（中西 ２０１６）。
（6）この千葉県の制度は、その後何度か名称変更はあったものの現在まで継続され、２０１７年度「訪問相談担当教員」として11名が配置されている（金高 ２００９）。その他類似のものとして、夜間中学と連携した訪問教師（八王子市）や、補導員制度（尼崎市）などがあった（木村 ２０１５）。
（7）冨田（１９５０、１９５３）、嵯峨（１９５２）、佐藤（１９５７）など、当時から漁村に多い長期欠席者は調査研究の対象であった。なお、冨田（１９５０、１９５３）では、千葉県の漁村にある中学校が調査対象となっている。
（8）文部科学省（生涯学習政策局男女共同参画学習課長及び初等中等教育局児童生徒課長）と厚生労働省（雇用均等児童家庭局総務課長）から「生徒指導、家庭教育支援及び児童健全育成に係る取組の相互連携の推進について（依頼）」（２０１６年5月20日）が出され、「今後、教育分野と福祉分野がそれぞれの特長を生かしながら、学校、地域が一体となって子供や家庭を巡る状況把握を行い、子供や家庭に対する支援体制の一層の充実を図ることが重要」となるため、今後は家庭訪問がより積極的に実施されることになろう。その中で参考とされる『訪問型家庭教育支援の関係者のための手引き』（「家庭教育支援手法等に関する検討委員会」監修、２０１６年3月）においても、「実施要項の策定」が求められているので、こうした先行実践が参考になると考えられる。

第4章　不就学・長期欠席と経済支援（1960年代）

1　不就学・長期欠席の減少と経済支援制度

第3章2で取り上げた千葉県教育委員会（1957）の報告書『長期欠席の子どもたち』では、「長欠をなくすため」の条件として、①地域の貧困の解消のための経済的社会的な対策が根本であること、②現実的な生活の中で教育に価値を見出せるようになること、の2点をあげている。このうち①については、先に取り上げた大阪府教育委員会（1955）の『不就学長期欠席対策のしおり』においても援護奨励費の増額や総合的な就学奨励制度が提案され、「不就学長期欠席者の最大原因が経済的な事情にあるが故に、国家も地方公共団体もその他の関係団体も、この原因除去に対する強力な措置を早急に講じなければならない」と述べていることと重なる。さらに、前章で詳述した柳沢（1955）の「不就学・長期欠席児童生徒をめぐって」においても、都道府県教育委員会の経済的援助に対して文部省（当時）が「積極的援助」をすることを指摘している。

しかし、戦後の公的な経済支援は、当初戦前からの救護法、母子保護法、軍事扶助法、医療保護法によって対応していた。１９４５年11月に生活困窮者緊急生活援護要綱の閣議決定を経て、ようやく１９４６年旧生活保護法が制定されて法律による貧困救済がスタートした（岩田２０１７）。さらに、１９５０年には新たな生活保護法が制定されたが、保障される保護基準は決して十分ではなく、１９５７年には憲法で保障されている「健康で文化的な最低限度の生活を営む権利＝生存権を侵害する」とした訴訟が起こされている。これは、重度の結核で岡山県津山市の療養所で長期入院中であった朝日茂氏が、それまで音信不通であった兄からの仕送りが始まると、福祉事務所が「月１５００円のうち９００円は医療費自己負担に、残り６００円で生活するように」との保護変更決定をしたため、生存権の侵害として訴えた裁判である。これを契機に国民的な訴訟支援運動が巻き起こり、東京地方裁判所も当時の生活保護基準を違憲とする判決を下したため、保護基準が見直された。なお、東京高等裁判所は、逆に朝日氏敗訴を言い渡したが、最高裁判所に上告後同氏の死亡により訴訟は終結となった[1]。これによって当時の生活保護基準を違憲とした東京地方裁判所判決が出された１９６０年には生活保護基準が大幅に引き上げられ、ようやく生活保護の在り方が転換したと言われる。その後、さらに算定基準が変わった１９６５年以降、高度経済成長による国民所得の増加をふまえ、「絶対的貧困」から「相対的貧困」[2]の解消へと施策目的が変化した時期とされる（橋本２０１９）。

一方、新制中学校の発足と同じ１９４７年に施行された学校教育法第25条（当時：後述）では、経済的理由によって就学困難と認められる学齢児童生徒の保護者に対し、市町村が必要な援助を与えるべきことが定められていた。第３章２（１）で記したように、大阪府の一部自治体（大阪市、布施市、泉大津市など）が教育費又は学習費等の補助として年額１０００円前後を負担していたのはこれに基づくと考えられよう。それがようやく１９５６年に至り、「就学困難な児童のための教科用図書の給与に対する国の補助に関する法律」が制定され、生活保護に規定する要保護者に準ずる程度に困窮している者に対して教科書の給与を行う市町村に対して、国がその全額を補助することとなった。その後、この法律は１９５９年に修学旅行費、１９６１年に学用品と通学費が加えられることになる。また、戦前から就学奨励政策として認められていた学校給食費も、１９５６年から「学校給食法」に基づいて準要保護者に給与されることになり、１９５７年には学校保健法によって要保護者および準要保護者に対する医療費の給与も行われるようになった。こうして児童生徒の就学奨励は、教育の機会均等を確保しようとする施策として位置づけられることとなり、その理念的根拠を法令（憲法、教育基本法、学校教育法）に求めることができるようになった（林部１９６１）。[3]

当然、１９５０〜６０年代の長欠率（図1-2a・b＝再掲）や1年以上居所不明児童生徒数（図1-3、次々頁）の減少は、こうした生活保護法や総合的な就学奨励制度（現在の就学援助体制）が整えられていったことが直接の要因であろう。さらに、その背景には１９５０年代後半から日本社会全体が高度経済成長期へと向かい、（「長欠をなくすため」の条件としてあげられた）現実的な生活の中で教育に価値を見出せるようになっていったことが大きいと言えよう。

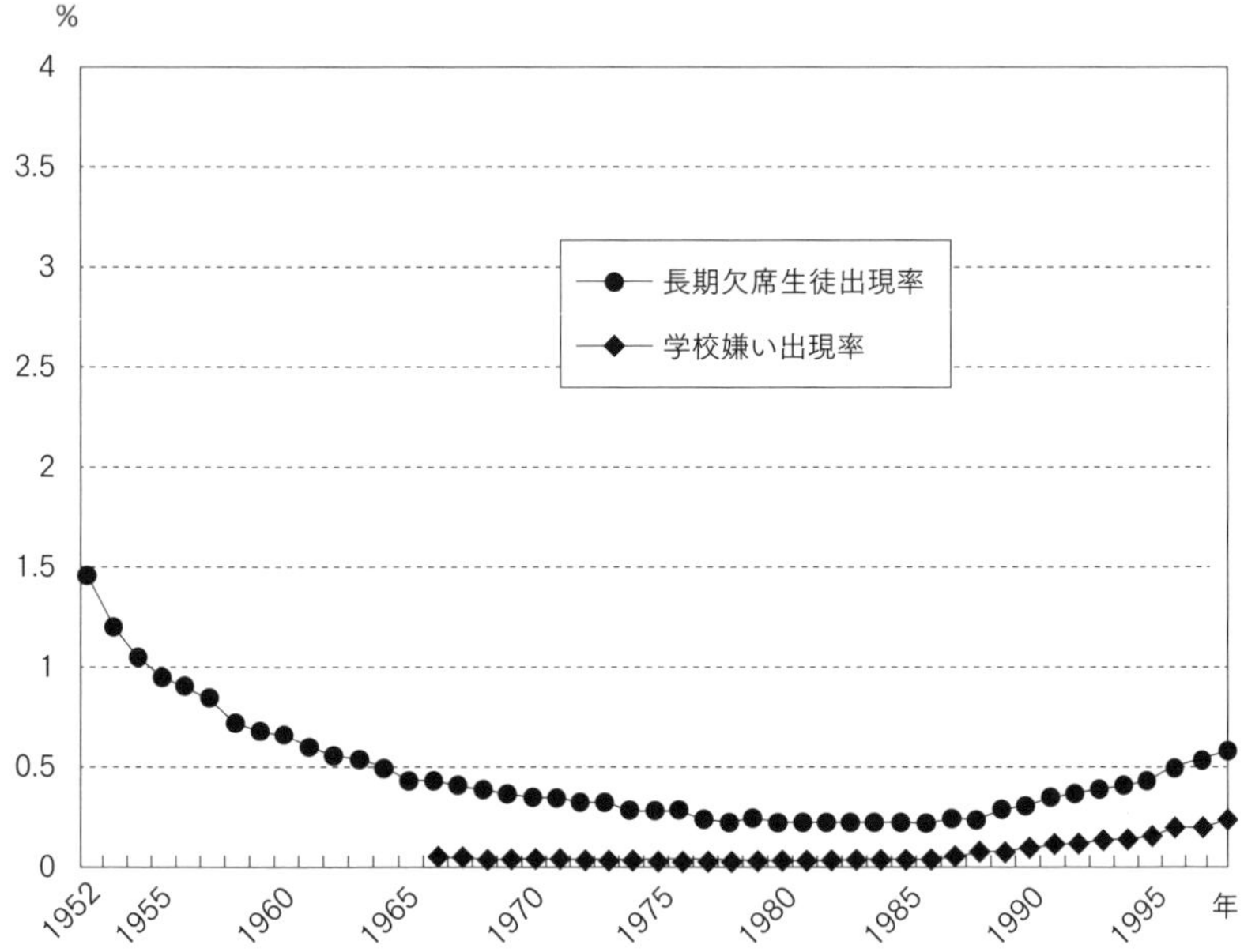

図 1-2a　小学生の長欠率

公立小学校・中学校長期欠席児童生徒調査及び学校基本調査より作成

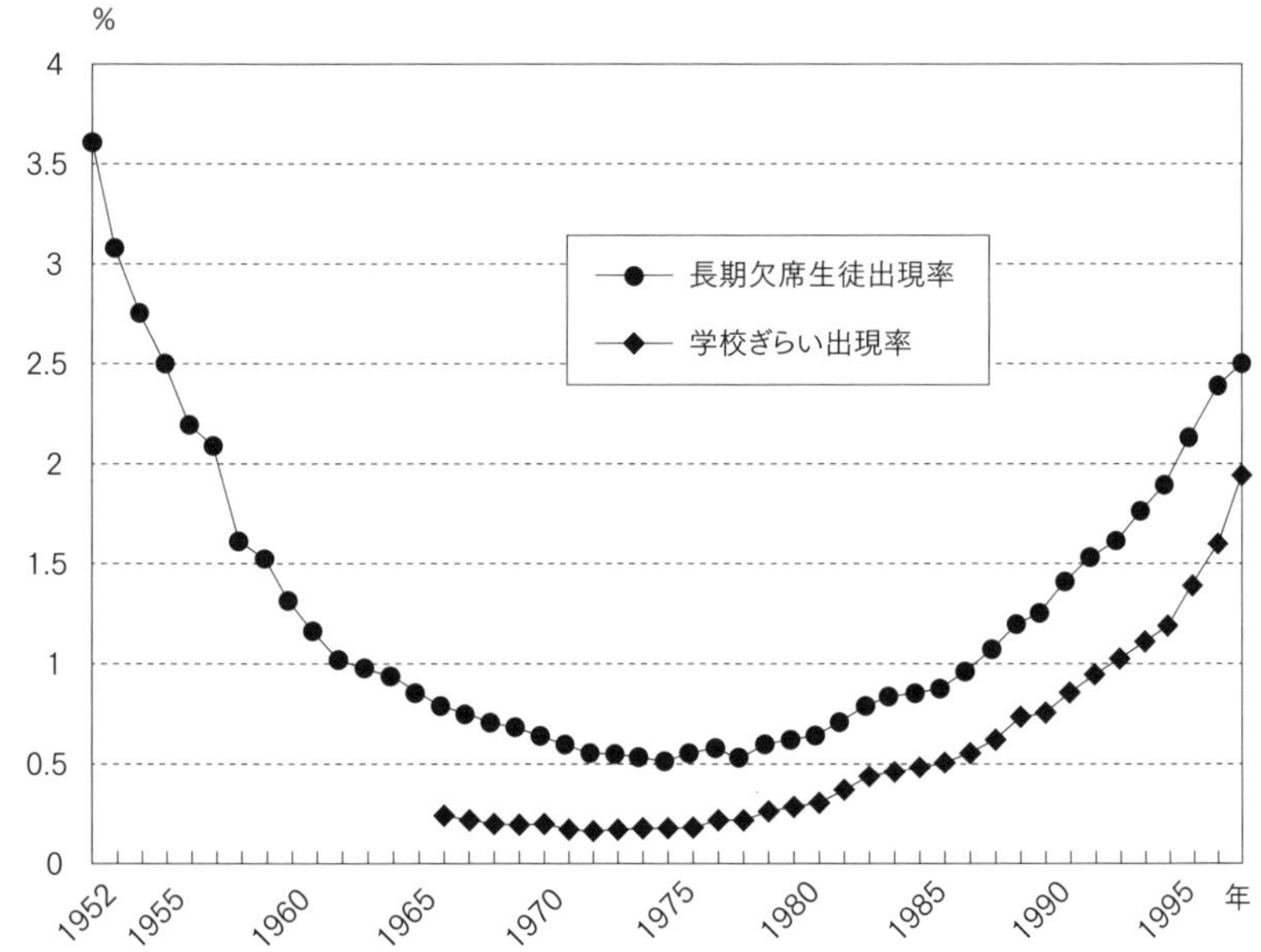

図 1-2b　中学生の長欠率（再掲）

公立小学校・中学校長期欠席児童生徒調査及び学校基本調査より作成

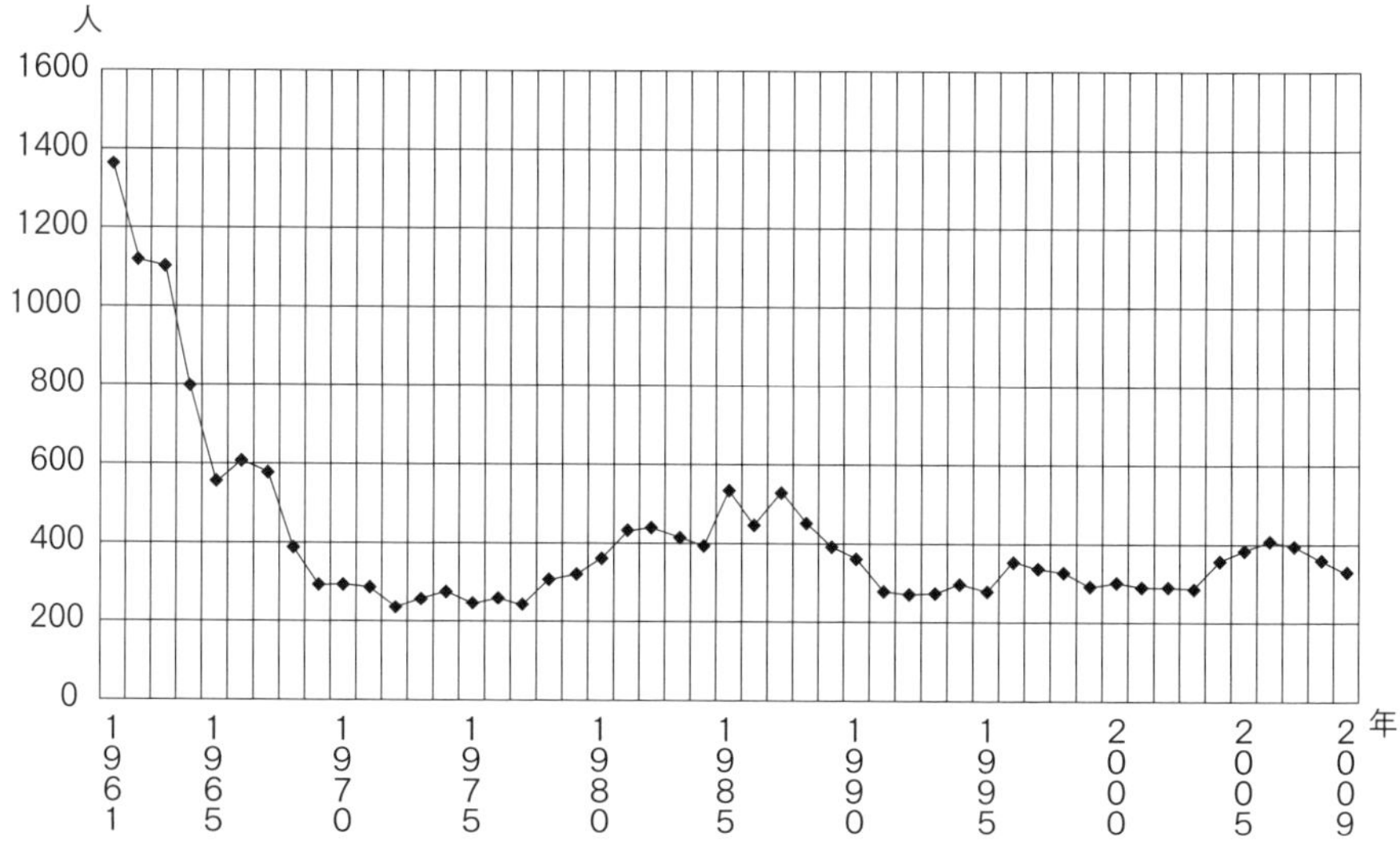

図1-3　1年以上居所不明児童生徒数　　学校基本調査より作成

2　取り残された地域

一方で、こうした動きから取り残された地域も存在していた。例えば、全国的な救護活動を目的として発足した長欠児童生徒援護会（黄十字会）は、「長欠の五大発生地域」として「漁村、未解放部落、スラム街、町工場地帯、炭坑地[4]」をあげている。また、当時国会で長期欠席問題が最も多く論じられたのが、「福岡その他北九州地域を中心とした炭坑地域の不況問題においてである」という。そこでは、欠食と長欠という従来長欠論になかった新しい論点が国会における長欠認識の特徴の一つであった（小林2003）。

以下では、このうちの「スラム街」にあたる大阪の愛隣（釜ヶ崎）地区、東京の山谷地区、横浜の寿町地区で展開された不就学・長期欠席対策としての学校あるいは学級の設置を中核とした教育実践について報告する。この三地域は、戦前から日雇労働者（都市部の下層労働者）が生活する簡易宿泊所（木賃宿）が集中しており、建設労働者に対する需要が高まった高度成長期に多くの人々が職を求めて集まりつつあった。こうした人々のもとで暮らす子どもたちの中に不就学や長期欠席となっている実態が明らかにされ、その対策が求められていたのである。

（1）大阪の愛隣（釜ヶ崎）地区

１９５６年、この地区の児童民生委員である永田道正氏が中心となって「不就学児を学校に入学させることを目的」とした「萩町仲よし子供会」が発足した。ボランティアが週2回の活動（ゲームや学習指導など）を行って、1年目にして88人の会員をもつまでに成長したという。この活動を記した小柳（１９７８）によれば、このうちの約半数を小中学校に就学させることに成功したのがその前史にあたるという。また、当時の子どもたちの実態としては、１９６０年に大阪府青少年補導センターと西成警察署が共同で調査を実施し、約２００名の不就学児がいることを明らかにしている。

こうしたところに釜ヶ崎事件（第一次西成暴動）が起きたのである。１９６１年8月1日夜、西成区の路上でタクシーが人をはねて死亡させる交通事故が発生。西成警察署は、被害者は既に死亡しているとして遺体をそのままに現場検証を行い、終了後に収容した。これを見ていた日雇い労働者は、即座に遺体を収容しなかった警察に抗議し、暴動へと発展したのである（原口 ２０１６）。

この事件直後に大阪府と大阪市による民生対策[5]のための連絡協議会が開催され、そこで教育委員会の責任において不就学児への対策が実施されることとなってその準備が始まった。具体的には、市教育委員会主催のクリスマス会や新年会が西成市民館講堂で開催されて、集まった子どもたちに対して先の永田氏や婦人警官らの協力を得て入学の勧めや名簿の整理が行われた。この２回の集会で約90人の不就学児の参加があり、このうちの50名が入学願書を提出したという。そして、わずか３週間の突貫工事でプレハブ校舎が建設され、１９６２年２月１日に大阪市立萩之茶屋小学校、同今宮中学校分校あいりん学園（特殊学級）が開校された。小学校２学級、中学校２学級編成で、職員は学園主任として指導主事１名、教諭２名、嘱託１名、現業員１名の配置であった。54名の入学者でスタートしたが、７月には88人（小学生62名、中学生26名）となり、９月からは完成したばかりの愛隣会館４～５階が校舎となった。さらに、１９７３年12月には新校舎に移転、同時に校名も大阪市立新今宮小中学校に変更となった（小柳 １９７８）。

ここに大阪市教育委員会がケースワーカーを採用したのである。１年間の非常勤嘱託で、大阪市教育委員会の辞令には、「特殊教育（後には養護教育）に関する事務を委嘱する」と記されていた。そこに勤務（１９６８～７５年）した小柳（１９７８）は、この仕事を「教育以前」（後、自著のタイトルとする）と位置づけ、「今日的に言えば、『教育と福祉の接点』などと言い換えることができるかもしれない」と述べている。その著書によれば、学校経営は次のようなものであったという。なお、彼が勤務し始めた１９６８年度には小学生74名、中学生32名の計１０６名、職員は23名になっていた。以下、その実践について小柳（１９７８）より引用する。

「本学園は当地区に住んでいる学齢期の子どもであって、社会的、経済的、その他種々の事情のために不就学になった子どもたちを就学させ、個々の児童生徒の学力に応じた教育課程を編成し、小学校、中学校普通教育の目標に到着するように努めると共に、児童生徒の実態にもとづいて、適切な生活指導と職業指導に特に力を入れる。

以上の趣旨に則って次の様な指導計画の重点を作成している。

1　地域の特異性にかんがみ、よりよい生活態度の確立につとめる。

2　基礎学力の充実につとめる。

3　労作、勤労教育を重んずる。

4　情操教育を重んじ視聴覚教材の利用をはかる。

5　本学園の手続きについて（注・この点については附された説明を加える）

本学園入学の対象児童生徒は、すでに述べた如く不就学長欠児であるが、殆どが正式な手続きによって普通学校に行けない者か、経済的な理由による場合である。前者は出生届や転入手続きが未完了のため区役所の学齢簿に記載されていない者なのである。居所をかくすための転入者もある。以上のような複雑な原因をもっている子どもたちであるので、普通（正規）の就学手続きがとれず、次のような方法がとられている。

民生委員の居住証明を受けた本学園所定の入学願書を提出したものについて保護者と面接その他の方法によって審査をして入学させ、学園より区役所に報告して学齢簿を作ってもらっている。

また、長欠児の場合は、極力在籍校に復帰させるようにしている。籍のない者には、入学後に入籍手続きを関係機関と連絡をとって正常な状態になるよう励めて（ママ）いる。学力もつき普通校の児童生徒についていけるようになり、住民登録もでき、家庭の状態も整えば、普通の学校に転校させる予定である。

6　本校に在籍する児童生徒の教育費は、一切無料で、市の予算で賄われる」。（中略）

「また、不就学児として発見された子どもたちは、次のような基準によりその入学が許可される。

『入学許可基準』

本校の児童生徒は、いわゆる釜ヶ崎地区に住む学齢期の子どもで、不就学になった者である。
Ⅰ　種類
①　戸籍のない者。
②　住民登録をしていない者。
③　地域の学校に籍はあるが、長期に欠席して不就学の状態にある者。
④　欠席は割合に短期間であるが、在籍校の対策では、就学せしめることが非常に困難で、その状態を続けると不就学になる危険度の高いもの。
Ⅱ　その就学対策
A　①②については本校に就学せしめ、戸籍、住民登録等の手続きを促進せしめる。
B　③④については、その実態をよく調査し、原則として在籍校に出席するように指導する。③④を本校に入学させる場合は、特に慎重に審査する。注意：本校に入りたいため（注・教育費が、一切無料であるため）、住民登録を怠る等の者がないようにする。
Ⅲ　本校の就学後の対策
a　学齢期の学力をつける。
b　①②の者の籍（戸籍、住民登録）をつける指導。
c　保護者の生活指導→会館。
これらによって、地域の学校に転校させ得る者から順次手続きさせる。（以下略）」
さらに詳しく子どもたちの状況を述べれば、ある年度の小学校6年生の平均不就学（長期欠席）期間が

4年2ヶ月であり、約10ヶ月の学校生活しか経験していない。また、戸籍がないまま入学した者が多かったある学年の調査では、80％以上が就籍手続きが進まず無戸籍のままであった。毎年、児童生徒のうち1／3が入学生で、また1／3が転校していく。例えば、ある年度4月の小学生在籍者は55名で、2月には62名であったが、その実際は転出13名、入学20名で差し引き7名増、つまり半数以上の33名が異動者なのである。こうした中で小柳（1978）自身が扱った事例に次のようなものがある。

事例4　貧困による不就学

児童相談所の相談員が不就学児（14歳男子）を発見、その原因は母子家庭で貧困によるもの。小学校3年から働いているため学校には行っていない。発見時も新聞配達をして家計を助けていた。関係諸機関の相談の結果、校区の学校ではなく、あいりん中学校（2年生）に入学となる。彼は2年間で7年間分の学習をして卒業し、製造業に就職すると同時に定時制高校に入学した。「かれの中学2年間の生活は、友だちの協力、教師たちの努力なしにはなかったと言えよう」、「どれだけ身についたかは別として、その学習がその後の彼の歩みにプラスになったことは否定できない」と小柳（1978）は記している。

その他特に記しておきたいこととして、このあいりん学園では、全校の児童生徒の朝食実態調査が行われ、朝の特別給食が1970年1月から始まっている。これについては教師間でも議論は分かれ、「教育を保障するという点で、昼の授業としての給食とは別に、朝の特別給食は必要ということでやっと意見が落ち着いた」という。「毎朝の特別給食は、1時限がはじまると同時に欠食児童の調査が始まる。その数が確認されると、担当者が近くのパン屋さんに走る。さらに、ソーセージと牛乳が用意され、休み時間を待つ。1時限と2時限の休みになると、子どもたちはバタバタと職員室に駆け込んでくる。職員の机が臨時の食卓に早変わりする」。なお、これは大阪市教育委員会担当者から「あいりん小中学校だけ例外的に認めますので、くれぐれも他校には言わないように」ということで大阪市の財政補助を受けていたという。

（2）東京の山谷地区

長欠児童生徒援護会（黄十字会）[4]が、1960年に山谷地区に分室を開設し、専任スタッフ2名とボランティア大学生数名で長欠対策に乗り出したのが始まりとされる。この活動を評価した東京都が、1963年に地元小中学校の分室「ひなぎく学級」（専任教員2名）を開設、その後、1966年城北福祉センター内の城北学園を経て、1969年には教職員12名が配置された荒川区立台英小中学校として独立する。

子どもたちの実態としては、1967年度の児童生徒の在籍は51名、このうち住民登録のあるもの19名、ないもの32名、出生届のあるもの37名、ないもの14名と報告されている。やがて1974年度には中学生1名の在籍となり、1974年3月に閉校となった（小柳 1978、小林 2006）。当時の新聞記事は次のように伝えている。

「児童ゼロの小学校。過疎地の話ではない。東京都台英小学校がそれ。（中略）同小は山谷地区に住みながら、戸籍や住民票がないため、小学校へ通学できない子供たちのために、昭和44年4月、台英中学校とともに設置された。46年度は36人の児童がいたが、48年度4月にはわずか4人に。しかし、うち3人は夏休みが終わると次々に転校。たった一人残った子供も4月に転校する。同小は1月初旬、山谷地区の簡易旅館などを1軒1軒当たり、未就学、新入児童の調査をしたが、該当者は一人もいなかった」。（毎日新聞（1974年2月16日付夕刊）

ここでも以下のような「無戸籍」の事例が報告されている。（なお、この無戸籍の問題については、あらためて第6章で詳述する。）

事例5　無戸籍の子ども

Kの両親は内縁関係のまま、正式に結婚しないうちに別れてしまった。その間に生まれたKを長男とする三人の子どもたちは、いずれも出生届を出していない。（中略）その後、母親の居所を確かめ本籍までは明らかになったが、父親には今さら生別した母親との戸籍上の婚姻をする意思がなく、またKの出生証明についてもすでに年月が経ちすぎているために産院から証明ももらえず、進展しない状態であった。

（3）横浜の寿町地区

横浜の寿町においては、1963年横浜市によって青少年相談センターが設立された。その頃から子ども会を結成してこの地区の子どもたちとの関係を深めつつあったボランティアグループのリーダーであった岩井清氏は、青少年相談センターのカウンセラーでもあったが、「寿町福祉センター設置計画案」を立案して横浜市に提出する。これが1965年「横浜市寿町生活館」となって実を結び、氏は自らその職員となって赴任することになる。それに先立つ1964年9月には、その「設置計画案」にあった不就学・長期欠席児童生徒対策が始まっている。横浜市教育委員会から長欠対策専任教員が派遣されて横浜職業安定所に間借りした「ことぶき学級」が発足し、生活館建設後はその2階の2教室を使って3人の職員が配置された。在籍数は、1964年度26名、65年度45名、66年度20名、以降減少したため初期の目的が達成されたとして1967年9月をもって閉鎖された（野本 1996）。その3年間で101人が在籍し、90％が「復学」したとされている（小林 2006）。

なお、1966年8月には、青少年相談センター内に「登校拒否児」への対策として「心理治療室」が設置されたが、これが1970年度より横浜市富士見中学校の情緒障害児学級として認可され、現在の適応指導教室（第Ⅱ部第4章2参照）の源流とし位置づけられている。

3　夜間中学校の実践

一般には、1949年4月に設立された神戸市立駒ケ林中学校の「長期欠席・不就学児童生徒救済学級」が戦後の夜間中学のはじまりとされるが、1947年には大阪市立生野第二中学校で夜間授業が開始されているという（栗田 2001）。実に、新制中学校開設の半年後のことになる。[6] もっとも、「夜間学級と呼ばれなくても、昼間なかなか学校へ通えない生徒たちがいることに心を痛めた教師たちが、非公式で夜学を開く場合が、その頃からよくあった」と言われている（上田 1998）。このような学校は、一般には「夜間中学」と呼称されたが、文部省は「夜間に授業を行う学級をもつ学校」、「中学校夜間学級」として正規の学校と認めなかった。第3章で取り上げた文部時報の座談会の中でも、三省通達で何故書かなかったのか、公式の通達としてはタブーか、と聞かれた柳沢（1955）は「通達でうたいますと、夜間中学の者は昼間に通うようにしろということになりやすい。それよりも長欠の対策としては、気持としては昼間通えない者は夜に通うようにしても通わせろというねらいもあるわけです」と答え、あえてこれを否定していない。しかし、学齢期の生徒が生活のために就労しているという現実を義務教育の理念からは認めることはできない。それゆえ文部省にとっては、制度上存在しないもので黙認していくことになった（木村2015）。国会における夜間中学に関する議論においても、「与野党、官僚いずれも、夜間中学を必要悪として消極的に認めつつ、漸次なくす方向に持っていくというのが共通理解」（小林2003）であった。

このような状況の中で、第3章4の大阪府調査が明らかにしたように、不就学・長期欠席のまま学齢を超過してしまう多くの生徒の存在も放っておけず、夜間中学校は全国各地で次々と設置されていったのである。1951年東京都足立区立第4中学校に夜間中学が「暫定的対策」として設置され、翌1952年には立川市立第3中学校も夜間授業を設けたが、その報告に際しては次のように記されている。「夜間中学校の設置については従来、文部省では六三制の教育態勢を崩すものとして望ましくないとの意見であった。しかし折衝の結果、実験的に実施することに諒解がついた」（東京都教育委員会1952）。

夜間中学校は、1955年のピーク時には全81校の在籍者数が約5000人となるが、その後減少に転じ、1960年代後半から1970年代前半にかけて最も減少する。しかし、再び学校数・生徒数ともに増え続け、1980年代になると学校数は30～35校、生徒数は2000～3000人前後で落ち着くことになる。この夜間中学校の歴史的経緯を詳細に分析した大多和（2017）によれば、この間（1960～1980年代）に夜間中学校は大きな変貌を遂げ、「入学者が学齢生徒から義務教育未修了者の学齢超過者へと移行し」、「行政側の政策の面からも学齢超過者を対象とする教育機関へ変容した」とされる。

本来、夜間中学校は、学校教育制度上は学校教育施行令第25条第5号[7]を根拠とする二部授業として位置付けられ、正式には「夜間学級」と呼称されてきた。開設当初から、学齢期の生徒が対象とされたが、当時多数存在した学齢期に学校に通うことができなかった15歳以上の人々（つまり義務教育未修了者）も受け入れていた。これについて大多和（2017）は、「1980年代後半まで学齢生徒の在籍はあったものの、行政側の政策として夜間中学校の対象者を学齢超過者に限定した意味は大きい」と指摘する。すなわち、それまで文部省は、夜間中学校に対して消極的対応＝「法制度的に正規に認めることは困難だが、趣旨については一応認められる」であったが、対象者を学齢超過者に限定することによってその役割を認める方向に転換したのである。そして、ここには国が公式に認めた実質的な不就学者＝義務教育未修了者の学齢超過者が存在していた。

一方で、1970年代にはこの夜間中学校の入学資格をめぐって、中学校の卒業資格はもつものの、長期欠席で実質的に中学校卒業程度の学力に達していない「形式卒業者」の入学が問題化する。これについては、小柳（1978）が全国夜間中学校の研究大会（1970年）で大阪市教育委員会が「形式卒業生オール1」（20歳）に対して当初夜間中学入学を拒否したことをめぐって抗議が始まり、大会2日目には「入学を認めざるを得なかった」というエピソードを紹介している。一方、東京都教育員会は、1974年に「義務教育未修了者の就学対策について」を発表している。その特徴は、実態を踏まえて「中学校教育を希望するものに対して、等しく教育の機会を提供することが必要である」として、制度・施設それぞれの体系について夜間中学が対象とする生徒についての対策を述べたものである。形式卒業者の再就学の扱いについては原則として認めないが、市区教育委員会が学校長の意見を聴いて許可することができるとして再就学への道も開いた。また、千葉県市川市の大洲中学校に開設された夜間中学校に入学を希望した

「不登校児」に対して地元長生村の教育委員会が「この人は中学を卒業していない」という副申書を提出したという事例（１９８０年）もある（松戸市に夜間中学校をつくる市民の会２０１５）。

この問題に関しても文部科学省が２０１５年７月、「義務教育修了者が中学校夜間学級への再入学を希望した場合の対応に関する考え方について（通知）」を出したところであるが、それについては後述（第Ⅰ部第８章）する。

4　大阪の先進性

保坂他（２００８）は文献研究によって、１９７０年代から大阪が児童虐待問題の先進地域であることを明らかにしている。具体的には、１９７０～７４年にかけて「虐待を受けた児童とその家族の調査」を行い、１９６２年の大阪市立児童院ではいちはやく被虐待児への心理的ケアに取り組んでいる。こうした実践の積み重ねの上に、大阪市児童相談所がその紀要において「児童虐待の処遇についての特集」（１９８９）を組み、大阪児童虐待調査会が「被虐待児のケアに関する調査報告書」（１９８９）を出している。こうした動きの中から、大阪府が関係諸機関（保健、福祉、医療、教育、警察、司法等）からなる「児童虐待対策検討会議」を１９８９年に設置し、その成果として「被虐待児の早期発見と援助のためのマニュアル」を作成し、同時に「児童虐待防止協会」が１９９０年に設立されている。なお、東京で「子どもの虐待防止センター」が設立されるのは１９９１年、その後１９９７年に児童福祉法の改正、２０００年に児童虐待防止法が成立する。

そうした児童福祉行政の先進地域としての活動は、第3章の調査と上記2（1）のあいりん小中学校における教育実践（不就学・長期欠席対策）がその源流の一つであったと言えよう。そして、その象徴が「教育と福祉の接点」となった大阪市教育委員会雇用の「スクールソーシャルワーカー」であったろう。こうした人材がいたからこそ可能であったのだろうが、校区外の不就学・長欠児童生徒を受け入れ、その後に転校させるという「中継的な要素」をもっていたことがきわめて重要な実践だったと言える。そして、この実践においては、これまでみてきたように不就学と長期欠席が連続したものと捉えられ、かつ学校教育と児童福祉の連携が図られている。それゆえ同じ取り残された地域の他の学校（台英小学校、ことぶき学級）が、その地区の不就学に絞って活動し、短期間（山谷11年間、寿町3年間）でその役割を終えたのとは対照的に、1984年まで22年間も存続したのであろう[8]。

上記で特に記した特別給食もまた、大阪市教育委員会担当者の言葉が示す通り、きわめて異例な実践であったろう。さらに、その「入学許可基準」で示した「戸籍のない者」と「住民登録をしていない者」について、「民生委員の居住証明を受けた本学園所定の入学願書を提出したものについて保護者と面接その他の方法によって審査をして入学させ、学園より区役所に報告して学齢簿を作ってもらっている」という実践、すなわち学校への就学と戸籍及び住民登録手続きへの援助にも驚かされる。実際、スクールソーシャルワーカーは、入学した児童生徒の就籍手続きに必要な出生証明書のために地方出張したり、家族の記憶をたよりに産院や助産婦宛に問い合わせをするなどしているのである。

これについても、2009年文部科学省から「配偶者からの暴力の被害者の子どもの就学について（通知）」が出され、1967年の文部省初等中等教育局長通達「住民基本台帳法の制定に伴う学校教育法施行令及び学校教育法施行規則の一部改正について」が付されている。その中の「就学手続きについて」には、「住民基本台帳に記載されていない者であっても、当該市町村に住所を有するものであれば、この者についても学齢簿を編成し、就学の通知等の就学手続きをとること。この場合、教育委員会は、住民基本台帳に脱漏又は誤載があると認める旨を遅滞なく当該市町村長に通報することとされていること」と記されていることからしても、その先進性が際立つと言えよう。

注

（1）全国生活保護裁判連絡会HPより要点略記。

（2）「絶対的貧困」とは、食べ物がなくて飢えるような、生活というよりは「生存」が脅かされる状態を指し、第Ⅰ部第2章1で記述した戦後混乱期の子どもたちの「生存の危機」がそれに当たる。一方、「相対的貧困」とは、「社会的、相対的に定義される『必要』を欠く状態」である。つまり、「絶対的貧困」が必要栄養量の欠如を基礎にしているのに対して、「相対的貧困」は社会の一員として社会生活を送ることができる水準を基礎にしている（松本 2016）。

（3）保護者が生活保護を受けている子ども（要保護）に対して、それに準ずる程度に困窮している保護者の子どもを「準要保護」という。詳細は第Ⅲ部第2章5参照のこと。

（4）「黄十字の友」第1号（昭和36年6月）。なお、黄十字会は、文部省が「公立小学校・中学校長期欠席児童生徒調査」（第2章2参照）を打ち切った翌1961年、政界及び財界の有力者が集まって発足させた財団法人である（松崎 1979）。

（5）具体的には、家族持ちの労働者の生活指導のために大阪市立今池生活館及び愛隣寮が建設された。

（6）同校は、新制中学校となって第1回の入学生850名のうち1割にあたる85名が長欠生徒で、工場などで働いて家計を支えていた。教員たちがこれを知って、生徒に仕事をやめさせることは不可能だが、仕事を終えた後ならば登校させられると判断し、夜間授業を計画するに至った。しかし、文部省や大阪市教育委員会の「圧力」により、3年後には廃止に追い込まれた（栗田 2001）。

（7）学校教育施行令第25条「市町村の教育委員会又は市町村が単独で若しくは他の市町村と共同して設立する公立大学法人の理事長は、当該市町村又は公立大学法人の設置する小学校、中学校又は義務教育学校（第五号の場合にあつては、特別支援学校の小学部及び中学部を含む。）について次に掲げる事由があるときは、その旨を都道府県の教育委員会に届け出なければならない」。の第5号に「二部授業を行おうとするとき」とある。

（8）荘保（２０１６）によれば、その後１９９５年に「あいりん子ども連絡会」が発足し、福祉や教育、健康上最も困難な貧困状態に置かれている「釜ヶ崎（あいりん）地区」の子どもたちへの援助が続けられている。なお、この荘保共子が、カトリック団体の学童保育を前身とした児童館「子どもの里」の職員として紹介された記事（『朝日新聞』２０１４年9月6日付「寄り添う心が支え」）がある。そこには彼女らに支えられて短大まで進学して教員となった「無戸籍」（第6章3参照）の事例が紹介されているが、「就籍」のための援助などこの地域ならではの実践が行われていたことがわかる。

第5章　転換期としての1970年代

1　注目されなくなった不就学と長期欠席

1950年代初めには中学校で3％、小学校でも1％以上あった長期欠席率は、これまでに見てきたような様々な取り組みによって減少していき、1970年には中学校で1％以下、小学校では0・5％以下になる（図1-2a・b、48頁）。同時に不就学や1年以上居所不明児童生徒数（図1-3、49頁）も目に見えて減少したため、不就学と長期欠席はそれまでのようには注目されなくなっていった。高度経済成長期（1955〜74年）を背景に、学校に行くことが明日への幸せにつながるという見通しをもった人々が、子どもたちを学校に通わせる「学校の黄金期」が出現したのである（広田 1999）。第Ⅱ部で詳述することになるが、高等学校の進学率で見れば、1950年の42・5％から1960年には57・7％となるが、その後も上昇が続いて1970年には80％台、1974年以降は90％台となっていくのである。

この長期欠席率がきわめて低く、不就学も居所不明者も少なくなった1970年代、つまりは子どもたちが皆よく学校に行っていた頃は、「子どもは毎日学校に行かなくてはならない」という観念が国民各層にいきわった時代と言われている（長岡　１９９５）。筆者自身はこの時代に学校生活を送ったが、「学校を休むことは悪いこと」という雰囲気を強く感じていた。実際、子どもたちの間では義務教育という意味は「子どもが学校に行くことが義務」と思われていた節がある。堀尾（１９９７）は、戦前の「臣民の義務」としての就学義務から戦後の「保護者による就学義務」へと大きく変わったにもかかわらず、「学校は行くべきところ」という意識は連続していて、「権利としての教育」という観念を浸食し続けてきたと指摘している。(1) それゆえ子どもたちの日常生活だけでなく、家族の価値観にも、「学校的価値」が浸透し、社会全体が学校化する学校化社会が成立したとされる。

2　１９７０年代の不就学と長期欠席の実態

１９７０年代に長期欠席率が１％以下になったとはいえ、当然ゼロになったわけではない。学校基本調査によれば、１９７０年度の長期欠席は小学生、中学生ともに約３万人、また１９７５年度は小学生、中学生ともに約２万５０００人と報告されている。この当時の長期欠席、つまりは年間で50日以上欠席している5〜6万人もの小中学生とはどのような子どもたちだったのだろうか。その具体的な姿がわかる調査報告の一つを確認しておきたい。

宇都宮地方法務局と栃木県人権委員連合会（１９７６）は、親の無理解により自分の子どもを長期にわたって学校を欠席させていた子どもたちに対して、教育・福祉関係機関・人権擁護委員会等が協力してその解決に努力したことをきっかけに「県内小・中学校における長期欠席児童・生徒の実態調査」を実施している。調査時期は1975年8月、人権擁護委員が県内各教育委員会に出向いて長期欠席児童・生徒（2か月以上にわたる欠席）を把握して調査票を作成、それに基づき各家庭を訪問して直接保護者及び関係者から実情を聴取するという本格的なものであった。

その結果、『教育を受ける権利に対する侵犯』に該当するおそれのあるものとして今後調査を必要とする事件等」が74件も報告されている。このうち「親の無理解」等によって「教育を受ける権利」が侵されているおそれがあり、「人権侵犯事件」として立件を要するものが14件（小学校9件、中学校5件）あった。そのうち5件は、解決例として掲載され、「特別人権侵犯事件」として法務省に報告されている。これらの事例は、関係機関と連携しながら解決をはかったと報告されているが、「放任状態」「監護教育を怠り」といった記述から、いずれも現在の児童虐待（ネグレクト＝保護の怠慢ないし拒否）にあたると考えられる。なお、「その他」として居所不明児童が2例、報告されている。他に未解決のまま学齢超過により学籍から除籍されたものが3件、そして未解決事例の一つとして以下のような事例が掲載されている。

事例6　人権侵害事件

スナックホステスの母親と無職の祖父の3人暮らしの男子児童（父親は不明、認知なし）。1971年に小学校入学、1年生で15日、2年生で48日、3年生で1日登校した記録があるが、4年生以降は全く登校しないまま6年生になる。学校は1年生のときから福祉機関に相談しており、担任はもちろんのこと児童委員や児童福祉司も家庭訪問を行っていた。本児が2年生3学期から母親が関係者の訪問に対応しなくなったため、1975年（本児5年時）には児童相談所が母親の「出頭を要請」し、「応じない時は児童福祉法第28条の措置をとる旨通知したるも反応なし」。なお、本児は「毎日近くの釣り場に行って遊んでいる」と報告されている。

ついに学校は法務局に協力を要請し、「母親の無理解による児童の登校拒否事件」として立件、法務局職員が校長から事情聴取。法務局職員と児童擁護委員が家庭訪問するが、母親は対応しないか「黙秘」。法務局と児童相談所、学校関係者が「教育侵犯事件」として「処理対策打合会議」を開催するが、児童相談所の対応待ちで「未解決事例」と報告されている。なお、同報告書では、児童相談所長の意見として「法（児童福祉法）第28条の措置を取る考えはない。教育委員会でその措置をとることを希望している」、さらに1976年（本児6年時）9月時点では「『本件の強制措置』について検討中」との記載がある。

児童相談所には、この児童福祉法第28条[2]が与えられているが、その運用例は1970年代初頭においてわずかに数件しかない。また、民法834条[3]の親権喪失申立てが認められた件数も1968年に11件、1970年に6件、1975年に17件であった（土屋 2014）。

上記の「教育委員会の措置」というのは、学校教育法違反、つまり正当な理由がない就学義務の不履行として告発することを指していると考えられる。1970年代に岐阜家庭裁判所においてこの学校教育法違反として罰金[4]に処された以下のような事例がある（羽間他 2011）。

事例7　学校教育法違反1

1974年4月に小学校入学予定の長男をもつ母親は、夫、長女と4人暮らし。夫のギャンブルで生活が苦しく、高利貸しから借金をしており、ランドセルも買ってやれない状態で入学当初から2年時7月まで全く本児を登校させなかった。この間、校長による毎月の家庭訪問や教育委員会による就学義務の履行の督促を受けたが、本児の病気、転居、生活苦等の弁明を繰り返す。その後、夫が自殺したため保険金や遺族年金を受け取っていたにもかかわらず、本児を就学させないまま子ども2人を残して外泊するようになる。さらに、長女に新聞配達をさせて、そのアルバイト代を前借りするようになり、長女が担任教師に相談したことから本件が発覚。なお、事件後（1975年8月末）、姉弟は養護施設に「収容され、同所から元気に通学している」。

このように時代の転換点を迎えた日本社会においても、約5万人（1975年度）の長期欠席児童生徒の中には、このように「教育を受ける権利」を侵犯された「保護されるべき児童」が一定数いたことが確認できる。

3　不就学・長期欠席への無関心

上記2の事例7に出てくる養護施設に目を転じてみたい。1968年から1980年まで全国の養護施設関係者は「子どもの人権を守るために」という集会等を開き、全国の施設にいる子どもたちの作文を募集して『泣くものか―子どもの人権10年の証言』を刊行（同書は毎日出版文化賞を受賞）している。同書は、

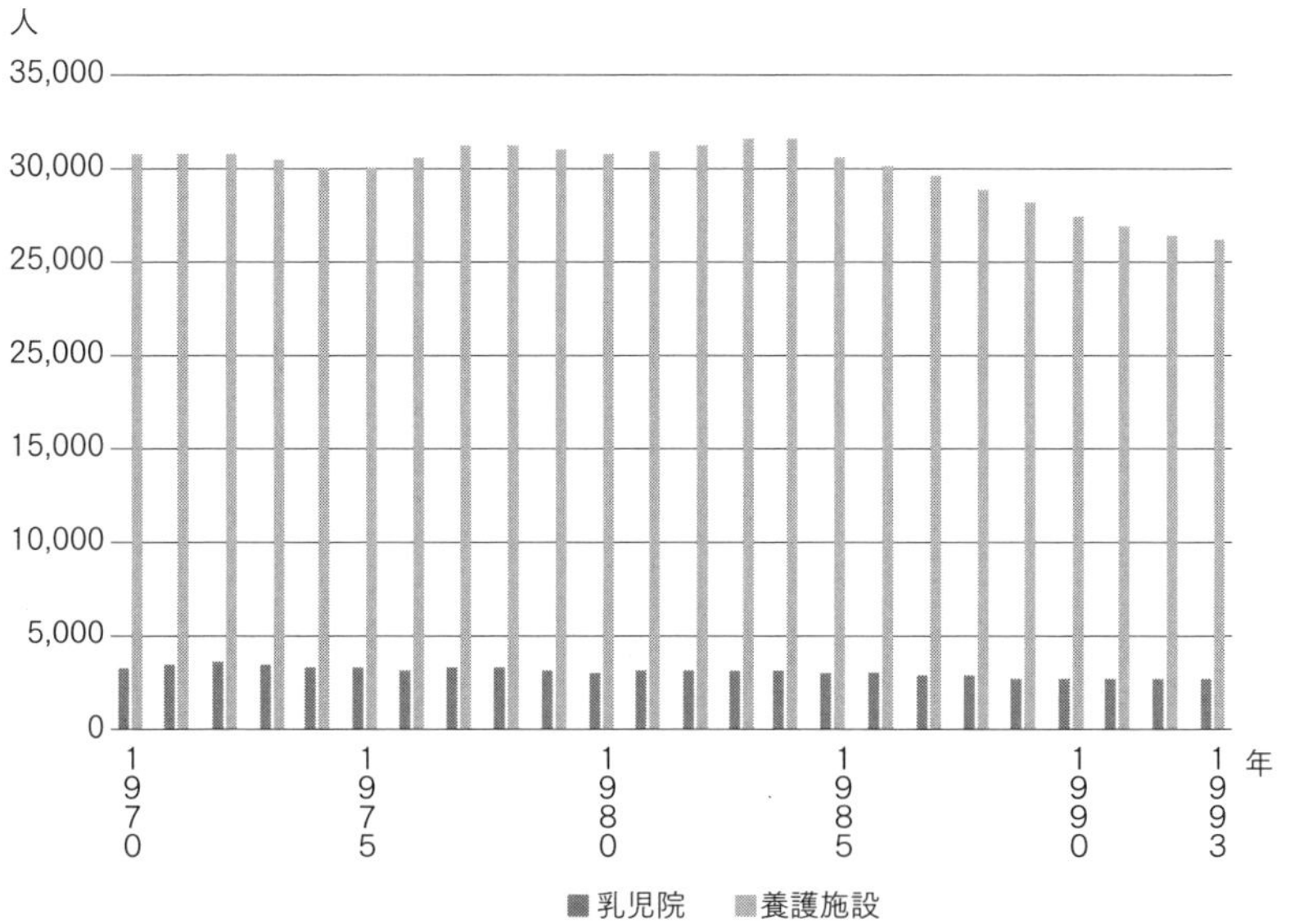

図1-4　養護児童数の推移　「社会福祉施設調査報告」及び「社会福祉行政業務報告」より作成

高度経済成長政策下の家族の生活の激変と、それにともなって起こった家族崩壊、さらには家族離散の中での子どもたちの赤裸々な嘆きを社会に訴えている。事実、養護施設在籍人数は1958年以降減少に転じるが、わずかな減少であり、乳児院については1951年に施設数113（在籍人数約2000人）であったのが、第2次ベビーブーム（1971～1974年）まで増え続け、1972年に施設数131（在籍人数約4000人）でピークとなり、その後微減あるいは横ばい状態が続く。また、**図1-4**に示す通り、乳児院と養護施設の在籍人数は、1970～80年代を通じてほぼ同じであり、1980年代以降子どもの数全体の減少にともなって減少していく。しかし、この間の養護施設の入所児童率でみれば、0・10～0・11%となっている。つまり孤児・浮浪児対策が終了し、かつ戦後の第一次ベビーブーム以降、出生数が低下し続けてもなお、施設入所の児童は一定数存在し続けたのである（保坂2008）。

ただし、この時期を「日本社会における社会的養護をめぐる内実が大きな転機に差し掛かっていた」と捉える土屋（２０１４）は、「家庭のない児童」を収容保護するために設置された児童施設の整理縮小が模索され、「保護されるべき子ども」が変質していったと分析している。具体的には、入所児童の中で「親のいない子ども」が減少し、先の事例7のような経済的理由などで児童相談所が入所申請を受け付けた「消極的受入」の増加である（土屋 ２０１７）。また、土屋（２０１４）は、上記の集会が「『子どもの人権を守るために』と題されてなされたことに象徴されるように」、『親権』に対する『子どもの人権』の優位性が、社会的養護の枠組みの中で初めて確認されていく過程」としても捉えて、社会的養護の元にある子どもたちの人権問題を世に広く喚起したことを評価している。

一方で、飢えに苦しむほどの経済的困窮から復興して豊かな生活が可能となった日本社会において、その9割が「中流」であると回答する時代が到来していた。実際、総理府（現在の内閣府）が１９５８年から行っている「国民生活に関する世論調査」の階層帰属意識についての質問がある。そこには、「上」「中の上」「中の中」「中の下」「下」という五つの選択肢があり、「中」に属する三つの選択肢を選んだ場合に「中流意識」とされた。その比率は、１９５８年の72・4％から上がり続け、１９６４年には87％に達し、１９７０年に89・9％、１９７３年には90・2％となっている（橋本 ２００９）。

事実、「三種の神器」とも言われた家電製品（洗濯機、冷蔵庫、テレビ）を多くの家庭が持つようになるほど、国民の生活水準は目に見えて上がっていた。「高度経済成長期とは、『何が豊かな生活であるのか』の共同意識が比較的安定して持続し、人々がその追求に邁進していった時代」であり、国民の9割が中流と答える背景には、実際にそれらの人々が自らを「豊かだ」とみる実感が存在し、生活水準が着実に上昇してきたことに裏付けられていた（盛山 １９９０）。こうして高度経済成長がもたらした豊かさによって、学校に行くことが明日への幸せにつながるという見通しをもった人々の9割以上が高校まで子どもたちを通わせることができる「学校の黄金期」が出現したと考えられる。こうした中流意識が実際にはまだ残っていた長期欠席と不就学問題を遠ざけることとなったのではないかと筆者は考えている。上記の養護施設でいえば、先の活動にも関わらず多くの人々はその存在すら意識せず、入所児童は親のいない子どもたちではなく、親がいても経済的理由などで施設にいる子どもたちであることなど知る由もなかった。『貧困の戦後史』を著した岩田（２０１７）は、「高度経済成長によって貧困が解消したという言説には与しない」と述べているが、筆者もここで挙げた事例等からこの見解に同意する。

4　「不就学」調査の形骸化

実際にはまだ残っていた長期欠席と不就学問題から人々の関心が遠ざかった要因がもう一つ考えられる。それは養護学校の義務制に伴う「不就学」調査の形骸化である。

戦後の六三制学校教育制度を基礎とする教育改革は、当然障害児を対象とする盲・聾・養護学校も対象としていた。しかし、戦前から制度的に確立していた盲・聾学校が、１９４８年から学年進行で義務制が実施されて１９５６年に完全実施された一方で、養護学校は未整備なままであった。学校教育法で養護学校の義務制の施行日を別に政令で定めるとしていたため、設置義務も就学義務も課せられていなかったのである。ようやく１９５６年に公立養護学校整備特別措置法が定められて養護学校の整備が始まったが、

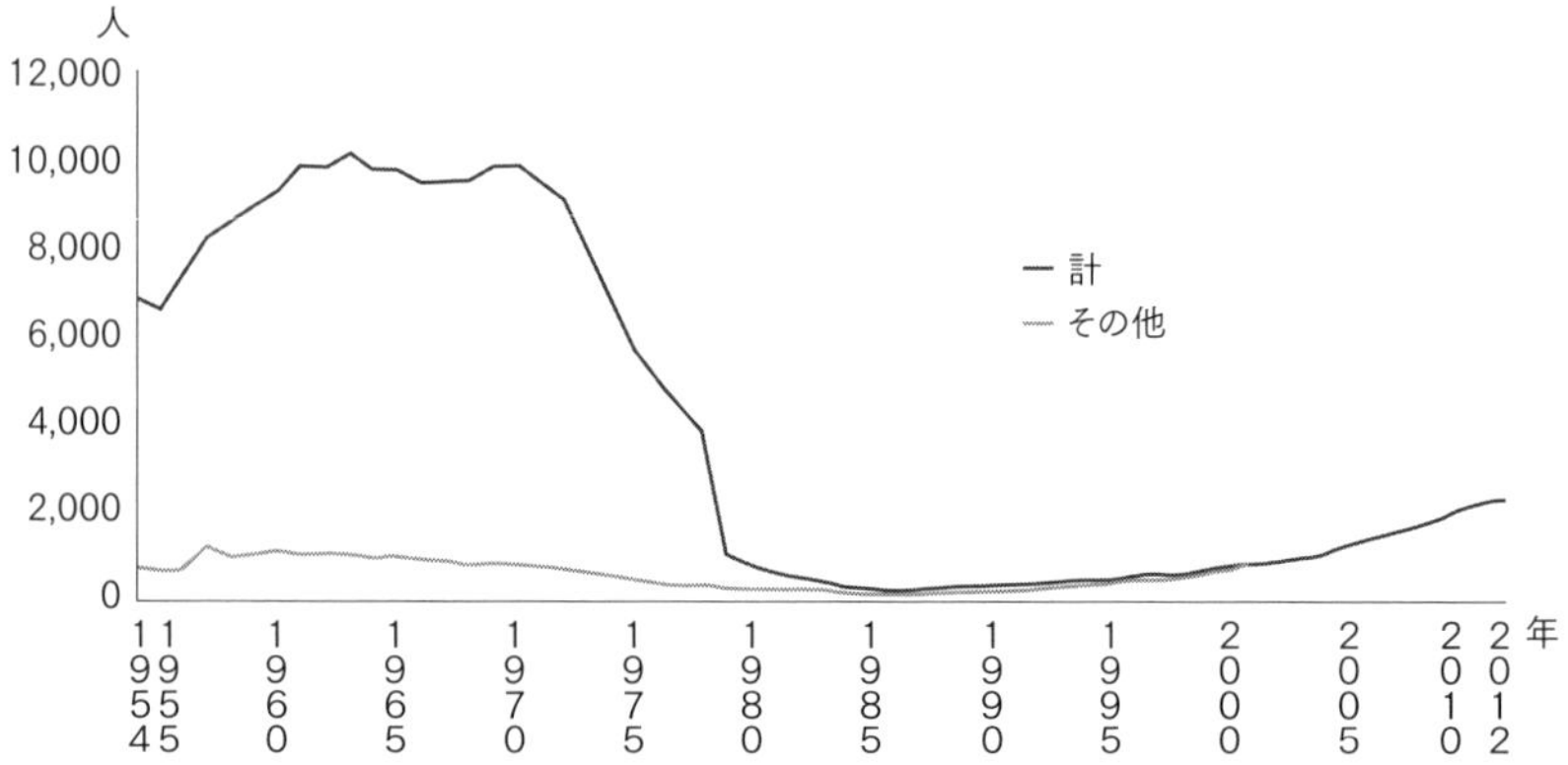

図1-5　就学免除

学校基本調査より作成

その進捗状況は緩慢であった。１９７１年に至り、参議院内閣委員会において文部省設置法の一部改正案に対する附帯決議の一項目として養護学校義務制実施の促進が採択され、さらに中央教育審議会が「これまで延期されていた養護学校における義務教育を実施に移す」ことを提言した。これを受けて文部省は、１９７２年から７カ年計画を策定し、１９７８年度末までに養護学校対象児童生徒すべてを就学するために必要な学校の整備を開始した。そして、１９７３年「学校教育法小中養護学校の設置義務に関する部分の施行期日を定める政令」により、１９７９年度から養護学校教育が義務制になることが確定したのである[5]。

こうして養護学校の義務制が完成した１９７９年には、前年に比べて学校数約１５０校、生徒数約１万８０００人、教員数約５８００人と急激に増加している。そして、当然ながら図1-5、6が示すようにそれを契機に不就学（就学免除・猶予）数が激減していくことになる。この養護学校の児童生徒数が増えるにつれ、養護学校の長期欠席児童生徒数も増えている。具体的な数字を挙げれば、１９６５年の１２２７人（出現率１・４％）から増え続け、１９７５年には１６６０人（同３・２％）となり、１９８０年３１１７人（同５・４％）がピークで、その後は減少に転ずる。これもまた、

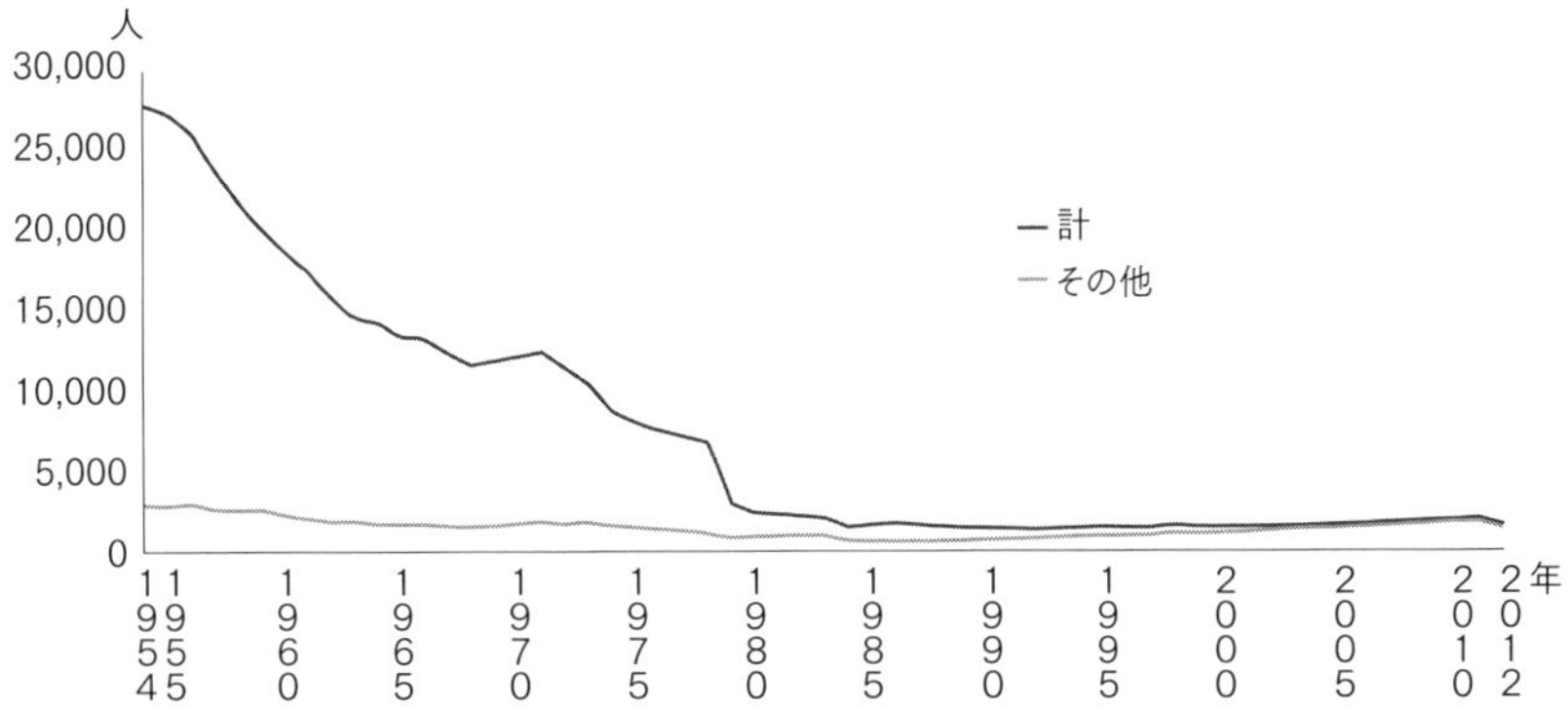

図1-6　就学猶予　　学校基本調査より作成

養護学校の義務制がもたらしたものと考えられよう。なお、この１９７０年代の就学猶予の事例として以下のようなものがある。

事例８　就学猶予の事例

１９７０年代ある地方で屋外の小屋に放置されている姉弟が、通報により救出された。両親はいるものの、養育が欠如したネグレクト状態で、極度の発達遅滞があった。発見時６歳の姉は１歳半程度、５歳児の弟はさらにひどい状態。この２人の上に５人ものきょうだいがいて、当時父親は無職、家庭内暴力もあって家計は極度に窮乏していた。この２人を含めて７人もの年子を産んだ母親は心身ともに疲弊し、次第に養育を放棄するようになっていた。特にこの姉弟に対してはミルクを抱いて飲ませた記憶もなく、食事・排泄・言葉かけといったケアがないままであったとされ、こうした過酷な養育環境で生きていたこと自体が奇跡だったと言われる。一時保護の後、児童養護施設に措置されて、専門家が中心となって特別な支援プログラムが組まれた。２人はこの専門家チームが驚くほどの回復を示し、就学猶予によって１年遅れで小学校に入学し、その後は順調に高校卒業まで至る。

表1-4　不就学学齢児童生徒調査の内訳

区分		2012年度	2013年度
就学免除者		2,249	2,393
	肢体不自由（※2）	1	−
	病弱・発育不完全（※1）	4	11
	児童自立支援施設又は少年院にいるため	18	8
	重国籍のため	−	2,046
	その他	2,226	328
就学猶予者		1,272	1,179
	肢体不自由（※2）	3	−
	病弱・発育不完全（※1）	27	31
	知的障害（※2）	9	−
	児童自立支援施設又は少年院にいるため	47	31
	重国籍のため	−	858
	その他	1,186	259

※1　2012年度は「病弱・虚弱」
※2　2013年度は項目から外されている

学校基本調査より作成

図1-5、6からわかるように、１９８０年代も「不就学学齢　児童生徒調査」（学校基本調査）における「不就学」、つまり「就学免除者」及び「就学猶予者」はともに減少していく。「就学免除者」数は１９７９年の９６０人から１９８７年には１７８人（過去最低数）まで減少し、「就学猶予者」数は１９７９年の２４２４人から１９８４年には１０４６人（過去最低数）まで減少していく。しかし、その後はそのうちの「その他」という区分の者が増加に転じる。この「その他」とは、「就学免除者」及び「就学猶予者」のうち「肢体不自由」「病弱・発育不全」「知的障害」「児童自立支援施設又は少年院にいるため」以外の理由によるものである（表1-4参照）。なお、図1-5、6では、これら「肢体不自由」など全区分の総数を「計」として「その他」とともに示した。具体的に「就学免除者」数で見ると、１９８９年度計２１８人中「その他」が１０１人（約46%）、１９９９年度計６１６人中「その他」が５３６人（約87%）、２００９年度計１７７７人中「その他」が１７５０人（約98%）

となっていく。ついに2012年度学校基本調査では、就学免除者計2249人のうち「その他」2226人と実にその99％にも達しているが、その実態は不明であった。ようやく2013年度の学校基本調査から「重国籍のため」という新区分（表1－4）が登場して、それが日本に在住していない「日本国籍」を持つ子どもたちで、在住地の国籍をもち、その国の教育は受けていると推測できるようになった。なお、これは1984年の国籍法の一部改正により、出生による国籍の取得が、父が日本国民の場合に加えて母が日本国民の場合も可能となったことが影響している。この改正に伴い、「重国籍者の保護者から就学義務の猶予又は免除の願い出があった場合には、重国籍者が将来外国の国籍を選択する可能性があることをかんがみ、家庭の事情等から客観的に将来外国の国籍を選択する可能性が強いと認められ、かつ、他の教育を受ける機会が確保されていると認められる事由があるときには、学校教育法第23条の規定により、保護者と十分協議の上、猶予又は免除を認めることができる」（「国籍法の一部改正に伴う重国籍者の就学について」文部科学省初等中等教育局長通知：1984年12月）となった。

この実態からすれば、すでにこの「不就学学齢　児童生徒調査」は形骸化していると言ってよいだろう。一方で、この調査の中には「1年以上居所不明者数」があり、これまで詳細に記した通り、ここに実質的な不就学の子どもたちが含まれていたのであるが、2011年に再発見されるまでまったく忘れさられていたのである。

また、「重国籍」を除く就学免除者では328人、就学猶予者でも259人が「その他」となっていて、その実態はわからない。それ以外では、就学免除者8人、就学猶予者31人が「児童自立支援施設にいるため」であり、「病弱・発育不完全」を理由とするものは、就学免除者11人、就学猶予者31人となっている。これが現在の「不就学学齢　児童生徒調査」の実態であり、調査項目等の再検討が必要であろう。

表1-5　質疑応答集

〈少年院・児童自立支援施設〉

（問）

「少年院及び児童自立支援施設に送られている者は，在学者としない」。とありますが，就学義務の猶予・免除を受けないまま少年院又は児童自立支援施設に入所して教育を受けている者は，その学校の在学者として扱ってよいでしょうか。

（答）

家庭裁判所の審判決定等によって少年院，児童自立支援施設に送致された者は，通常，保護者の願い出により就学義務を猶予（免除）し，学校に籍がなくなることになるため，在学者として扱いません。ただし，就学義務猶予（免除）の手続をしていない者は，指導要録がある学校の在学者として扱います。　また，児童自立支援施設内に置かれている当該学校の分校に在籍している者は分校の在学者として，分教室に在籍している者は当該学校の在学者とします。


〈児童自立支援施設入所者〉

（問）

児童自立支援施設に入っている生徒で，就学免除の手続をしていますが，在籍していた中学校の校長から卒業証書を交付されています。この者を当該学校の卒業者として扱っていいでしょうか。

（答）

教育的配慮から，条例等に基づき児童自立支援施設入所者等に卒業証書を交付しているものと考えられますので，卒業者とはしません。


（文部科学省 HP「学校基本調査：質疑応答集」より）

　ただし１９９７年の児童福祉法の改正によって、児童自立支援施設に学校教育を導入されることが明文化され、「児童自立支援施設にいるため」という就学免除及び猶予は、事実上の違法状態と指摘されている。実際、この改正以前においては全国57施設のうちわずかに10施設でしか行われていなかったが、国立きぬ川学園が２００１年、国立武蔵野学園も２００６年に導入されて、２００９年４月時点で実施率は７割となっていた（小林他 ２００９）。その後、読売新聞の調査によれば、法改正から１２年が経過した２０１０年時点で未だ15施設で学校教育が行われていないことが判明し、全国児童自立支援施設協議会が厚生労働省に要望書を提出している[6]。一方で、現在でもこの学校基本調査の質疑応答集においては、**表1-5**のような応答が掲載されていて、児童福祉法の改正による児童自立支援施設への学校教育の導入についてはまったく触れられていない。

5 「登校拒否」への注目

これまで述べてきたように、1951年度から始まった長期欠席児童生徒の全国調査は、1960年度から学校基本調査の中に取り入れられた。データとしては前年度、すなわち1959年度からになるが、1959〜1962年度データまではそれまであった長期欠席の理由別は掲載されていない。それが1963年度データから再び理由別（病気、経済的理由、その他）が登場し、このうち「その他」とは「主として学校ぎらいによるものと思われる」と記されている（1964年度学校基本調査）。さらに、1966年度データからこの理由別に「学校ぎらい」が復活して今につながる4分類となり、一般にはここから「学校ぎらい」の全国調査が始まったとされる。

一方、精神科医等の専門家によって1950〜60年代頃にかけて病理としての「登校拒否」が発見され[7]、1960年頃から急増して1960年代前半「第1次ベビーブーム」の頃に「第一波」、それ以後1968年頃から急増、さらに1975年頃から激増したと言われる（安藤 1978）。この「登校拒否」についての新聞報道で最も古いものに属するのが、『朝日新聞』「登校拒否児 全国的に増える傾向 市川には〝病院学校〞誕生（1965年6月11日付）」と『日本経済新聞』「増えてきた学校恐怖症（同9月2日付）」であるという。また、雑誌では『朝日ジャーナル』の「文化ジャーナル 増えてきた登校拒否」

（1966年6月12日号）が最も古い記事とされる（朝倉 1995）。こうした動きを受けて、先にも述べた通り1966年データから「登校拒否」の全国調査が始まったとされる。

この「登校拒否」に対して文部省が具体的に取り組み始めたのが、この1970年代であり、学校教育における不就学と長期欠席問題を考える際の新たな動向と言えよう。具体的には、1971年に『生徒指導資料第7集：中学校におけるカウンセリングの考え方』が、中学校教員を対象に「生徒指導の手引き」として作成され、その中の「中学生の精神医学的な諸問題」として「登校拒否」が扱われている。これに続いて「登校拒否」が主たる項目として登場する「生徒指導資料集」が1974年、1976年、1980年と作成されるようになり、それまでの長期欠席や不就学と入れ替わって「登校拒否」が生徒指導上のテーマとなっていくのである。

なお、欧米においては「学校恐怖症」が多く使われたのに対して、何故か日本では「登校拒否」という名称の方が一般的に広まっていった。これは「恐怖症」という精神病理学的なイメージを避け、一般的な不適応行動として捉えて関わっていこうとする風潮の表れだったとされる（鑪 1989）。その結果、もともと長期欠席の代表である怠学から分離・独立した一類型であったものが、日本においては「登校拒否」という上位概念が広がって「学校に行かない」という不適応行動を指すようになり、その中に怠学も含まれていくようになった。

21世紀に入った現在の我々は、1970年代が様々な分野で大きな転換点であったという共通認識を持ちつつある。例えば、子どもの写真集『子ども　やがて悲しき50年』（村上義雄編 1995）は、戦後50年を10年ごとに区切って小見出しをつけているが、1960代後半から1970年代前半が「疾走する10年」、その次が「戸惑う10年」となっていて、その解説では次のように述べられている。「日本の子どもたちは『疾走する10年』（１９６０年代後半から１９７０年代前半）を境として、それ以前とそれ以後では画然として変貌をとげたように思われる」。その後、この認識は、子どもをめぐる様々な問題、例えば非行（土井２００３）、あるいは虐待（保坂２００７）などについてもあてはまることが指摘されている。この第Ⅰ部で注目した「学校教育における不就学と長期欠席」においても、１９７０年代は不就学と長期欠席への関心が薄れ、入れ替わって登校拒否への注目が始まった転換期であることが確認されたと言えよう。

注

（１）前文部科学省事務次官の前川（２０１８）は、今でも「義務教育は子どもたちが学校にいく義務だと思っている人たちがいます。けっこう偉い人たちの中にもいます」という興味深い指摘をしている。

（２）児童福祉法第28条「都道府県又はその委任を受けた児童相談所長は、保護者に児童を監護させることが著しくその児童の福祉を害する場合等において、施設入所等の措置が保護者である親権者等の意思に反するときは、家庭裁判所の承認を得て、施設入所等の措置を採ることができる（同項1号）。なお、保護者が親権者等でない場合において、その児童を親権者等に引き渡すことが児童の福祉のため不適当であると認めるときは、家庭裁判所の承認を得て、施設入所等の措置を採ることができる（同項2号）。」

（３）民法８３４条「父又は母による虐待又は悪意の遺棄があるときその他父又は母による親権の行使が著しく困難又は不適当であることにより子の利益を著しく害するときは、家庭裁判所は、子、その親族、未成年後見人、未成年後見監督人又は検察官の請求により、その父又は母について、親権喪失の審判をすることができる。ただし、２年以内にその原因が消滅する見込みがあるときは、この限りでない。」

（４）正当な理由なく学校を休ませることは就学義務違反（学校教育法１４４条）となり、保護者は罰金（10万円）を科されると定められている。「学校教育法第百四十四条　第十七条第一項又は第二項の義務の履行の督促を受け、なお履行しない者は、十万円以下の罰金に処する。」なお、文中の第17条は以下の通り。「第十七条　①保護者は、子の満六歳に達した日の翌日以後における最初の学年の初めから、満十二歳に達した日の属する学年の終わりまで、これを小学校、義務教育学校の前期課程又は特別支援学校の小学部に就学させる義務を負う。ただし、子が、満十二歳に達した日の属する学年の終わりまでに小学校の課程、義務教育学校の前期課程又は特別支援学校の小学部の課程を修了しないときは、満十五歳に達した日の属する学年の終わり（それまでの間においてこれらの課程を修了したときは、その修了した日の属する学年の終わり）までとする。② 保護者は、子が小学校の課程、義務教育学校の前期課程又は特別支援学校の小学部の課程を修了した日の翌日以後における最初の学年の初めから、満十五歳に達した日の属する学年の終わりまで、これを中学校、義務教育学校の後期課程、中等教育学校の前期課程又は特別支援学校の中学部に就学させる義務を負う。」

（5）文部科学省ＨＰ「養護学校義務制への道」より要点略記。また、制度的には、小学校教育を義務制とした１９８６年の小学校令で「疾病、家計困窮、其の他止むを得ざる事故」のある子どもには「就学猶予」が規定され、さらに１８９０年の第二次小学校令で「就学免除」の規定が加わった。このうち家庭の経済的事情が、就学猶予・免除の理由から外れるのは１９４１年の国民学校令からである（山住 １９８７）。こうして戦後の学校教育法の成立後も養護学校の未整備により、この「就学猶予・免除」規定が障害児の教育を「学校教育」の対象とするか、「福祉医療」の対象とするかの選別の役割を果たしたと言われる。

（6）『読売新聞』２０１０年6月23日付記事「児童自立支援15施設、学校教育行われず」

（7）日本においては、初めて佐藤（１９５９）が「神経症的登校拒否」という名称で研究報告を行い、続いて鷲見ら（１９６０）が「学校恐怖症」という名称で研究報告をしている。また、高木ら（１９５９）の長期欠席の精神医学的調査報告でも「学校恐怖症」に一致するものが記載されている。厚生省児童局監修の『児童のケースワーク事例集』（１９４９年創刊）の１９５７年版にも宮城県からの「登校拒否」とみられる事例報告があり、以降毎年数例の報告が続いた。この登校拒否（不登校）は、学校教育が開始されてからの怠学研究の中で、従来の怠学とは違った神経症的症状を持つものがいるとの指摘から始まった。つまり、学校教育が問題とした長期欠席の代表である怠学から分離・独立した一類型として認められることからスタートした。その源流は、トレイナーによる「学校病（school sickness）」とジョンソンらによる「学校恐怖症（school phobia）」の二つとされるが、その後「学校嫌い（reluctance to go to school）」、「登校拒否（school refusal）」という名称が使われるようになったとされる（保坂 ２０００）。

第6章　1980年以降2000年までの長期欠席と不就学

1　長期欠席の中の不登校への注目

1980年代に入ると、学校に行くことが明日への幸せにつながるという見通しをもった保護者が子どもたちを学校に通わせる「学校の黄金時代」も終わりを迎える。すでに1980年以降、子どもたちの日常生活だけでなく、家族の価値観にも「学校的価値」が浸透した社会において、ほとんどの子どもたちが高校に進学し、10代後半まで学校教育の制度内ですごすことが当たり前になっていった。しかし、こうしてより多くの子どもたちが、より長く学校教育を受けられるようになるのと反比例して、学校に対する社会からの批判が増していくことになる。学校に行きたくても行けない子どもたちが多数いた時代から、そうした子どもたちも学校に行けるようになる時代への変化は、明日への幸せにつながった学校教育が、抑圧をもたらすものとして語られるようになる変化と重なっていた。

そして、第三の波と言われる非行問題、校内暴力、いじめといった問題行動が噴出し、それがマスコミによって大きく報道されていく。様々な取り組みによって減少していた長期欠席も、1980年頃を境に増加に転じ、そうした問題行動の一つ、ただし第5章で指摘したように「登校拒否」、あるいは「不登校」として大きな注目を集めていくことになる。

こうした新たな動向の中で文部省は、『生徒指導研修資料第12集（生徒指導資料第18集）』を「登校拒否問題を中心に」と題して1983年に発行する。この中で先に挙げた学校基本調査における長期欠席のうちの「学校ぎらい」を「登校拒否にほぼ相当すると考えられる」としたが、この時点ではこれに続けて括弧書きで『『病気』の項目にも一部含まれている」と記載していた。また、『登校拒否の指導・相談事例集』（文部省 1988）においても「学校ぎらい」の調査データは「恐らく大部分が登校拒否と見られるもの」としながら、同時に「実態としては、当然、この数字より多くなっていることは予想されるところである」とも述べている。

しかし、その後は『生徒指導資料集第22集：登校拒否問題への取り組みについて』（1997年）の中で、「文部省では、学校基本調査において、昭和41（1966）年度から登校拒否児童生徒として『学校ぎらい』を理由に50日以上欠席した児童生徒を調査している」と明記したため、これ以降調査上の「学校ぎらい」＝「登校拒否」という図式が定着していくことになる。さらに、この当時の学校基本調査における「学校ぎらい」の操作的定義が、「他に特別な理由はなく、心理的な理由から登校をきらって長期欠席した者」となっていたため、「学校ぎらい」＝「登校拒否」は「心理的な理由」による長期欠席という見方が主流となっていく。

なお、第5章でも述べた通り、欧米においては「学校恐怖症」が多く使われたのに対して、日本では「登校拒否」という名称の方が一般的に広まっていった。その結果、もともと長期欠席の代表である怠学から分離・独立した一類型であったものが、日本においては「登校拒否」という上位概念が広がって「学校に行かない」という不適応行動を指すようになり、その中に怠学も含まれていくようになっていった。例えば、全国の児童相談所が扱った事例を集めた『児童のケースワーク事例集』第19集（１９６７）には、「怠学および学校恐怖症に関するもの」という項目があり、13事例が掲載されている。また、図1-7は教育関係者の間でよく使われた小泉（１９７３、１９８０）によるものであるが、狭義の登校拒否として「神経症的登校拒否」（従来学校恐怖症とよばれたものを含む）が挙げられる一方で、広義の登校拒否の中に「怠学傾向」が位置づけられていた。

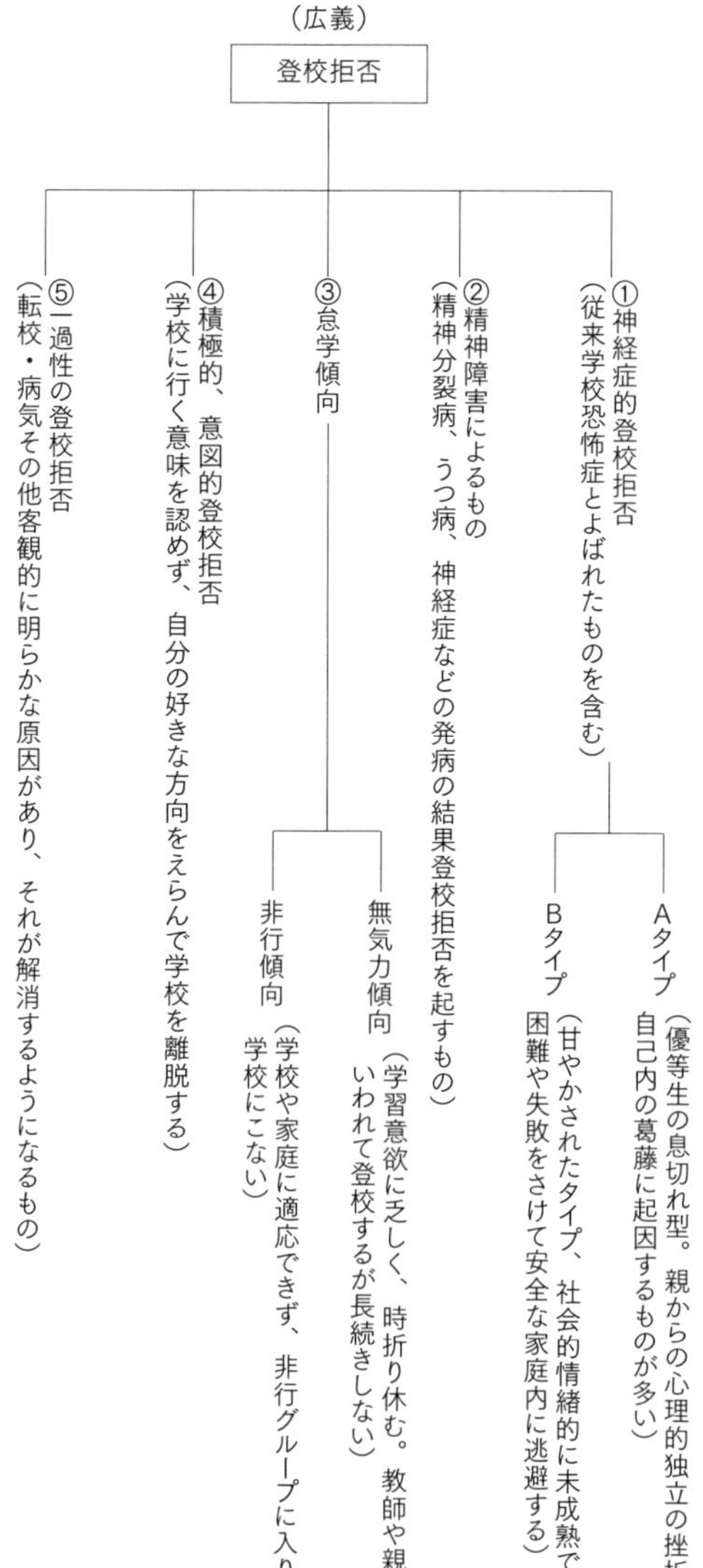

図1-7　登校拒否　　小泉（1973）16頁より転載

これに関連して、先に取り上げた『生徒指導研修資料第12集（生徒指導資料第18集）』（1983）では、「登校拒否の態様」の中で「怠学すなわちずる休みによる拒否で、非行に結び付きやすい登校拒否の型」を上げながら次のような解説もしている。「広い意味では登校拒否に含まれるが、本人にあまり登校の意思が見られないという点を考えると、狭い意味では登校拒否の範ちゅうからは除外することも可能な型である」。しかし、その後の『登校拒否の指導・相談事例集』（1988）では、「登校拒否」の一分類として「怠学すなわちいわゆるずる休みによる拒否で、非行に結びつきやすいと見られる型」が確立されている。

こうした中で、1980年代以降、「登校拒否」と並んで「不登校」が使われるようになる。そして、文部省が設置した「学校不適応対策調査研究協力者会議」の『中間まとめ』（1990）で初めて「登校拒否（不登校）」という表記が公式に使われ、1999年（データとしては1998年度）から学校基本調査の理由分類「学校ぎらい」が「不登校」に変更された。なお、この「不登校」の操作的定義は、「何らかの心理的、情緒的、身体的、社会的要因・背景により、児童生徒が登校しないあるいはしたくてもできない状態にあること（ただし、病気や経済的な理由によるものを除く）」とされた。また、この50日以上の調査に加え、1991年度から8年間は30日以上と50日以上の2本立てで調査されることとなり、1999年度（データとしては1998年度）から30日以上に統一されて現在に至っている。

一方、出席に目を転じれば、1992年度9月から月1回の土曜日の休みが導入され、3年後の1995年度4月から月2回、そして10年後の2002年度4月から学校5日制が完全実施となった。つまり、この10年間で学校に行くべき日数は、およそ240日から200日へと40日も減ったことになる。**事例1**（美空ひばり）及び**事例2**（香取慎吾）の時代、つまり240日のうちの50日以上の欠席と、200日のうちの30日以上の欠席をまったく同じに扱うことはできないだろう。こうした出席すべき日数や、長期欠席・不登校の定義（欠席日数）が変化してきた経緯から言えば、長期欠席・不登校が以前と比べて増えた（あるいは減った）という単純な比較はできないことになる。

それにしても図1-2（48頁）に示した通り、長期欠席にしても、そのうちの「学校ぎらい（不登校）」にしても、1980年以降は増加し続けていると見ることができる。この増加を受けて、1985年から文部省は、『児童生徒の問題行動の実態と文部省の施策について[1]』の中で、長期欠席の一分類であるこの「学校ぎらい＝登校拒否」だけを取り上げて「学校別・性別・態様別」等といった詳細な調査を行った上で学校での措置や指導について分析するようになる。さらにこの分析は、年を追うごとに詳しくなっていき、調査項目に「適応指導教室」（1991年）、「指導要録上の出席」（1992年）、「前年度からの継続状態」（1993年）等が加わっていった（保坂 2000）。その結果、長期欠席の全体像は後衛へと退き、入れ替わって「学校ぎらい（1997年度データまで）」つまりは「登校拒否」、そして不登校（1998年度データから）」だけが注目を集めていく。

こうした調査の変化は、先の学校不適応対策調査研究協力者会議の報告書『登校拒否（不登校）問題について：児童生徒の「心の居場所」づくりを目指して』（1992）が、「登校拒否（不登校）」を「どの子にも起こりうるものである」という考えを打ち出して、それまでの「登校拒否（不登校）」についての捉え方や対応を大きく転換させたことがその背景となっている。

2 「脱落型不登校」の発見

保坂（2000）は、1989〜97年度にかけてある市の全小中学校を対象にして、学校基本調査の元になる毎月の長期欠席児童生徒報告書（学級担任による指導記録）を詳細に分析した。その結果、「病気」、「経済的理由」、「その他」として分類されている長期欠席者の中にも「学校ぎらい（不登校）」とみられる事例が多数あることを見出し、「学校ぎらい（不登校）」だけを捉えることに疑問を呈し、「長期欠席全体の方が不登校の実態に近い」ことを指摘した。これを受けて山本（2008）は、各類型における都道府県の出現率の差を統計的に分析し、本来地域差が生じにくいはずの「病気」に大きな差があることを見出し、「公衆衛生上の較差では説明できない」ことを明らかにした。また、「病気」及び「その他」の出現率がきわめて高い府県（「病気」では千葉と愛媛、「その他」では大阪と奈良）があって、「都道府県のあいだで分類の基準が著しく異なっている可能性が強く示唆される」と指摘した。そして、『『不登校』公式統計は不登校現象の『実態』を表す指標として妥当性を欠いている」ため、その指標として「長期欠席統計を採用することを推奨する」と結論づけている。

さらに、保坂（2000）は、実態が曖昧となってしまった長期欠席（不登校）の大多数を占める二つのタイプとして「神経症的不登校」と「脱落型不登校」を提唱した。[2]「神経症型不登校」は、従来からの狭義の「登校拒否」であり、登校しようとしても心理的な理由から登校できないという葛藤状況にあるのが特徴であるのに対して、「脱落型不登校」は、怠学（学力不振）も含んで広く学校文化からの脱落（ドロップアウト）という側面を特徴とする。また、この「脱落型不登校」ついて、学校に行くための前提とも言うべき家庭環境が整っていない場合もあり、その中には家庭の養育能力欠如という点で虐待（ネグレクト）と水面下でつながっている危険性を指摘した。ここで重要な視点としては、この「脱落型不登校」がこれまで注目してきた１９５０年代からの長期欠席及び不就学とつながる存在であるということだろう。

実際、先にあげた文部省調査『児童生徒の問題行動の実態と文部省の施策について』の態様別（１９８６、１９８７年度データ）を見ても、「不安を中心にした情緒的な混乱によって登校しない、神経症的な拒否の型」（「神経症的不登校」に相当する）は小学校で約１／３、中学校で１／４程度であるのに対して、「怠学すなわちいわゆるずる休みによる拒否で、非行に結びつきやすい型」（「脱落型不登校」に相当する）は小学校で約４割、中学校では半数以上を占める。それにもかかわらず、教育関係者の間でも、一般にも、不登校は「神経症型不登校」だけのイメージで語られていくようになる。これを「かなり奇妙なこと」と指摘した小玉（２０１０）は、１９９０年代が「『心の教育』、『心の居場所』、『生きる力』などが教育政策上のキーワードになった時代」であり、「こうした『心』を重視する政策の広がり」の影響をあげる。上記１に述べた通り、文部省が設置した学校不適応対策調査研究協力者会議の報告書の副題のキーワードが、「心の居場所」であることが象徴的と言えよう。まさに伊藤（２００７）が指摘するように、１９９０年代に問題行動は「心の中で起こる」、「問題は心の中にこそある」といった理解が一般化していったと考えられる。

しかし、後に少年法改正の契機となった神戸連続児童殺傷事件が１９９７年に起きる。事件の概要は以下の通りである。

事例9　神戸連続児童殺傷事件

神戸市内の中学校正門前で行方不明だった男児（小6）の切断された頭部が発見され、口には「さあ、ゲームの始まりです」という言葉で始まる挑戦状がくわえさせてあった。さらに「酒鬼薔薇聖斗」の名前でマスコミに犯行声明文が届き、「透明な存在であるボクを作り出した義務教育と、義務教育を生み出した社会への復讐も忘れてはならない」などとあった。犯人は中3男子（14歳）と判明、これ以前に少女たちへの暴行（一人は死亡）も行っていた。神戸家庭裁判所は精神鑑定を行って医療少年院への送致を言い渡した。この事件はその後、少年法の改正等をめぐって様々な議論を巻き起こした。

この事件を受けて大阪府教育委員会が小中学校の長期欠席の実態調査を行ったところ、保護者が行動を把握できず、学校も連絡が取れない児童生徒が112人いることが明らかになっている。当然、これらの児童生徒の欠席理由は「怠学・非行など」であることから、「脱落型不登校」と考えられる（保坂2000）。なお後述するように、こうした事件を契機とする調査は、これ以降全国的に3回実施されるのだが、第4章同様ここでも大阪の先進性が確認できる。こうした中での「脱落型不登校」の提唱であったが、「学校ぎらい（不登校）」＝「登校拒否」は「心理的な理由」による長期欠席という一般に広がった見方を覆すには至らなかった。

3 新たな不就学問題

一方、1988年7月には、「巣鴨子供置き去り事件」と呼ばれる事件が明るみ出る。後に映画化（『誰も知らない』是枝裕和監督、2004年）されるこの事件の概要は以下の通りである。

事例10 巣鴨子供置き去り事件

東京都豊島区西巣鴨のマンションに長男とその妹3人が母親によって置き去りにされ、子どもたちだけで暮らしていることを知った大家が警察に通報。子どもたちは、それまで母親が子どもの数を偽って部屋を借りていたため、外出することも禁止されていた。警察が乗り出したことによって、2歳の妹が長男とその友人によって折檻されて死亡し、遺体は雑木林に捨てられていたことが発覚。長女と次女（3歳）は栄養失調の状態で保護されて入院となり、母親は保護者遺棄・致傷で逮捕・起訴された。長男は東京家庭裁判所に送致されたが、「養護施設送致」という少年審判では異例の寛大な処分となった。また、東京都児童センターに保護された妹2人も別な養護施設に保護された。

この事件で母親（40歳）によって置き去りにされた子どもたちは、1973～1986年頃に生まれた「無戸籍」の状態であり、2歳の妹（三女）を折檻死させてしまった兄（14歳）と、その妹である長女（7歳）

は戸籍がないゆえに学校教育も受けていない不就学の子どもたちであった。当然、「無戸籍」ゆえに学校基本調査の「不就学」調査（第5章参照）においては捉えられていないことになる。なお、この事件は当初からマスコミによって大きく報道されて注目を集めたが、それは少年事件、つまり未成年者による殺人事件としてである。当然、母親の責任を追及する声もあったものの、児童虐待（ネグレクト）という認識が、当時一般にはもちろんのこと、専門家の間ですら欠けていたことに驚きを禁じえない。さらには、それ以上にこの子どもたちが、出生届が出ていないために戸籍がない「無戸籍」であったことは、全くといっていいほどふれられていない。第2章で述べた通り、その後ようやく最近になって「行方不明の子どもたち」が取り上げられる中で、この「無戸籍」者の存在が認識されて、法務省による実態調査が行われるようになる（第7章参照）。

自らの子どもが無戸籍になった井戸（2015）は、その著『無戸籍の日本人』の冒頭でこの事件の子どもたちを取り上げ、こうした「無戸籍」が生まれる理由を五つあげている。その第一が、民法722条の「嫡出推定」、いわゆる「離婚後300日問題」[3]などの法律が壁になっているケースである。つまり、「離婚後、もしくは婚姻中に妊娠・出産した子どもが、法律的に推定される父の子となるのを避けるために、出生届を出さない場合。その背景には、前夫によるDVなどの問題で、離婚がしにくい事情があることが多い」。このような形での無戸籍児は、病院で出産する数が自宅で出産する数が逆転する1965年以前にはほとんどいなかったと井戸（2015）は推定している。裁判記録によれば、子どもが「300日規定」にかかると思ったら母親が助産師（産婆さん）に相談して誕生日を何ヶ月もずらしていたことがわかるという。しかし、こうした方法が取れなくなったことによって無戸籍児が数多く誕生することとなったと考えられる。

なお、この規定は明治民法下で作られたものであるが、当然離婚と再婚が増えた現代社会で見直しが必要となっている。2007年の法務省調査で、女性が離婚後300日以内に出産した子どもは年間3000人近く存在することが明らかになった（坂本 2008）。マスコミが大きく報じたこともあって、国会審議でも取り上げられが民法改正には至らなかった。その後、2016年6月に民法の一部を改正する法律が成立し、女性の再婚禁止期間が6か月から100日に短縮された。これによって女性が前婚の解消若しくは取消しの時に懐胎（妊娠）していなかった場合又は女性が前婚の解消若しくは取消しの後に出産した場合には再婚禁止期間の規定を適用しないこととなった。さらに、2018年法務省は、この「嫡出推定」のあり方を議論する研究会を立ち上げ、法改正の必要性なども検討するとされている[4]。

また、その次が「親の住居が定まらない、貧困などの事情により、出産しても出生届を出すことにまで意識が至らないか、意図的に登録を避けるケース」で、「ほとんどが自宅出産で援助者もなく、養育環境も整っていない。日常的に児童虐待が行われていることもある」と指摘する。これについては2010年に事件化して明らかになった事例として次のようなものがある。

事例11　20年間無戸籍の男性

2006年に埼玉県鳩ケ谷市で二十歳の男性が窃盗容疑などで逮捕されたが、20年間戸籍がなく、学校教育も受けていないことが判明する。1986年に生まれたとされるが、親が生活苦（貧困）から出生届けを出さなかったと言う。男性は二十歳まで家族以外に知られることなく生きてきて、存在を知られたのはこの事件がきっかけだった。2007年3月、さいたま地方裁判所は、男性の生い立ちを踏まえ、「教育と基本的な生活習慣や社会常識を身につけさせることが急務」と、執行猶予付きの判決を言い渡した。この裁判における弁護人の「裁かれるべきは遺憾ながら被告の両親だ」という発言には誰しもが同意しよう。市は男性の戸籍を作り、自立支援に向けて会議を開き、小学校1年生の教室に机を置くことを複数の学校長に打診したが断られ、やむなく市役所の会議室でお辞儀の仕方や靴の揃え方から教えたが、専従教員は置けずに担当は日替わりだった。そのため市立教育研究所の所長にマンツーマン授業を依頼したが、所長の退職とともに半年余りで終了。その後、男性は夜間中学校で3年間学んで卒業し、現在は母親と暮らしながら、障害者の福祉施設で働く。

この事例のような貧困という視点からは、1986~92年まで群馬県前橋市に設置された『天使の宿』[5]がある。また、親が育てられない子どもを匿名で預かる慈恵病院（熊本市）の「こうのとりのゆりかご」（赤ちゃんポスト）は、2007年5月に開設された。それから10年で130人の子どもたちが預けられた。この『赤ちゃんポスト』については、マスコミ等でも大きく取り上げられ[6]、現在まで様々な議論をまき起こしている（NHK取材班 2018）。

1980年代以降も、こうした置き去りを含む捨て子や、戸籍がない子どもの存在が調査や報道等から確認できる。実際、『児童福祉年報1984、85年版』（全国福祉協議会 1985）によれば、「離婚又は死別によって父子、母子家庭になってから置去りにされた児童」は1677人、養護施設児童の人権侵害状況調査によれば「就籍されないまま入所した児童」は146人と報告されている。また、1987年度には、生まれて何年もたってから出生届が出されたケースが1158件あったという[7]。つまり、貧困などの事情により捨て子や、出生届が出されないまま無戸籍になってしまう子どもたちが一定数存在していたことがわかる。

1989年に行われた大阪児童虐待調査研究会や全国児童相談所長会調査を受けて、厚生省は1990年から児童相談所で扱う児童虐待ケースの統計を取り始める。それが増加を辿る一途の中で、ようやく日本社会もこの児童虐待問題に目を向けることになる。1980年代以降家庭での養育が困難なため保護を必要とする「要保護児童」は増加しており、乳児院・児童養護施設のいずれにおいても、その在籍児数は1995年以降は増加に転じている（保坂2007）。

これまで詳述した通り、戦後の日本でも、1960年代頃までは貧困ゆえの長期欠席と不就学は連続して捉えられていた。それゆえ第5章で紹介した実践のように、戸籍の無い子どもたちも学校教育の視野に入っていて、そうした子どもたちが発見されると「就籍」という手続きが取られていた。主としてそうした対策を担っていた大阪・西成地区（1962〜84年）、東京・山谷地区（1963〜74年）、横浜・寿町地区（1964〜67年）に設置された学校（学級）が次々と閉鎖されたことによって、「無戸籍」という問題とそれへの対応が忘れ去られていってしまったのだろう。ところが、これまで述べてきたように貧困や「嫡出推定」によって「無戸籍」の子どもたちは存在し続け、多くの人が気づかないところで新たな不就学問題が生じていたのである。

注

（1）この名称は1991年から『生徒指導上の諸問題の現状と文部省の施策について』に、また1999年から『児童生徒の問題行動等生徒指導上の諸問題に関する調査』に変更された。さらに、2015（平成27）年度調査からその中で、学校基本調査の理由別長期欠席調査を含めて「小学校及び中学校における長期欠席（不登校等）の状況等」と統一されて発表されている。なお、この『問題行動調査（略称）』には2004（平成16）年度から高等学校の長期欠席調査が掲載されていたが、この統一に合わせて「高等学校における長期欠席（不登校等）の状況等」と変更された。
（2）保坂（2000）が提唱するもう一つのタイプが「積極的・意図的不登校」＝「スポーツや芸能活動など学校以外で自分のやりたいことを見つけて、それを優先する（つまりは学校を欠席する）子どもたち」である。第Ⅰ部第1章で挙げた事例1・2は、このタイプに属するとも言える。
（3）「300日規定」とは、離婚後300日以内に生まれた子どもは前夫の子と推定する以下の民法772条2項を指す。

民法772条（嫡出の推定）

1妻が婚姻中に懐胎した子は、夫の子と推定する。

2婚姻の成立の日から200日を経過した後又は解消若しくは取り消しの日から300日以内に生まれた子は、婚姻中に懐胎したものと推定する。

（4）『朝日新聞』2018年9月18日付社説「子の無戸籍　制度を見直して解消を」、同10月15日付記事「「嫡出推定」のあり方を議論」。
（5）群馬県大胡町に1986～92年までおよそ6年間、「天使の宿」と名付けられた施設が、児童養護施設「鐘が鳴る丘」の施設長であった品川博氏によって設置されていた（出川 2008）。
（6）『朝日新聞』2017年5月9日付「おれ、要らなかったの？　赤ちゃんポスト明日10年」、同27日付「16年度最小の5人　赤ちゃんポスト受け入れ」、同29日付「必ず迎えに行くね」他。
（7）『AERA』（1988年10月18日）「ルポ置き去り時代」。

第7章　2000年以降の長期欠席と不就学

1　長期欠席と不登校

第6章で述べた通り、文部省が設置した「学校不適応対策調査研究協力者会議」の報告書が、「登校拒否（不登校）」を「どの子にも起こりうるものである」という考えを打ち出して、それまでの「登校拒否（不登校）」についての捉え方や対応を大きく転換させた。さらに、その10年後の2002年には「不登校問題に関する調査研究協力者会議」が設けられ、2003年に『今後の不登校への対応に在り方について（報告）』が発表された。

この報告書では、不登校に対する基本的な姿勢として「社会的自立」がキーワードとして取り上げられ、また「不登校の要因・背景が多様」であり、「教育上の課題としてのみとらえることが困難な場合がある」と指摘された。この指摘は、前章で取り上げた「脱落型不登校」（保坂 2000）に関連して重要な位置を占める。それゆえこの報告を受けて作成された生徒指導資料『不登校への対応と学校の取組について：小学校・中学校編』（国立教育政策研究所生徒指導研究センター、2004）において、従来の「登校拒否」＝「神経症的登校拒否」だけではなく、以下のような2事例が掲載されることになる。

事例12　不登校状況を呈した被虐待児童への対応（小学校）

C（6年生女子）は、小学校入学時から父子家庭で育ったが、父親の家出により小学校3年生の時に伯母宅に同居することになった。その後、小学校の高学年から不登校状態になり、昼夜が逆転した生活を送っている。伯母宅には小学校と中学校に通う姉妹がいるが、伯母は夜遅くまで友達を連れて遊ぶなど、生活状態は乱れ、従姉妹たちも学校を休みがちであった。姪にあたるCは適切な養育がなされておらず、不登校によるひきこもり状態から対人関係での極度の不安や集団生活への不適応があり、情緒的にも未成熟さが顕著である。伯母宅に関する近隣や地元自治会からの情報提供もあり、学校では、学年主任、学級担任、養護教諭を中心に家庭訪問をし、実態把握に努めるとともに、校長・教頭が教育委員会と児童福祉担当課に相談に行った。

事例13　校内・校外で問題行動を繰り返す生徒への対応（中学校）

D（2年生男子）は、中学校入学時よりたびたび授業を抜け出し校内を徘徊していた。2年生になると、家庭での生活の乱れを背景に、欠席なども頻繁に見られるようになった。また、学校に来ても、その問題行動はさらに激しくなり、教師の指導に対して暴言を吐いたり、物を投げつけるなどの行為が目立った。厳しく指導すると学校を休んでしまうという状況であった。また、学校外でも深夜徘徊や万引きを繰り返し、これまでに何度か警察に補導されたこともある。家庭は、父親と小学生の弟の3人家族で、父親は定まった仕事をもたず、経済的にも苦しく、家にも不在のことが多い。

第6章で述べた通り、保坂（2000）は、実態が曖昧となってしまった長期欠席（不登校）の大多数を占める二つのタイプとして「神経症的不登校」と「脱落型不登校」を提唱した。このうち「脱落型不登校」は、怠学（学力不振）も含んで広く学校文化からの脱落（ドロップアウト）という側面を特徴とする。また、この「脱落型不登校」ついて、学校に行くための前提とも言うべき家庭環境が整っていない場合もあり、その中には家庭の養育能力欠如という点で虐待（ネグレクト）と水面下でつながっている危険性を指摘した。それを踏まえて、ここで重要な視点としては、上記の2事例がこの「脱落型不登校」であり、1950年代からの長期欠席及び不就学と同様な存在に他ならないということであろう。つまり、依然として「不登校」は「心理的な理由」による長期欠席という一般に広がった見方は変わらなかったが、こうした報告書等においてはその存在が登場していたのである。

2　事件を契機とした全国調査

2003年11月、大阪府岸和田市で長期間学校を休んでいた中学3年男子生徒が、その父親と内縁の妻によって餓死寸前まで放置され、意識不明の昏睡状態で病院に運ばれた。事例概要は以下の通りである。

事例14　岸和田中学生虐待事件

大阪府警捜査一課と岸和田署は25日、同府岸和田市トラック運転手と内縁の妻の2人が、中学3年の長男に対し、1年半近くにわたって暴行や食事を与えないなどの虐待を加えたとして、殺人未遂容疑で逮捕した。長男は事件前に41キロあった体重が24キロにまで減少。意識不明の重体という。調べでは、容疑者らは2002年6月頃から、長男に対し、ささいなことを理由にたばこの火を押し付けたり、殴るけるの暴行を加えるなどした。さらに、数日に1食程度しか食事を与えないなどの虐待を続け、昨年8月からは寝たきりに近い状態になったのに放置、同年11月2日に長男が死亡したと考えた容疑者が119番通報するまでの間、虐待し続けた疑い。府警は『放置すれば死亡するのは明らかな状態だった』と判断。『未必の故意』による殺人未遂容疑を適用した。長男には中学2年の弟がおり、同様の虐待を受けていた。2人は数回、親族宅などに逃げ、弟は昨年6月、実母宅で保護された。しかし、長男は容疑者らに連れ戻され、その後もしつような虐待を受けていた。長男が通う中学校の校長は『担任や級友が家に行ったが、会わせてもらえなかった』と説明。児童相談所『府岸和田子ども家庭センター』は『虐待を受けているかもしれない』と中学校から2回の連絡を受けたが、家庭訪問などはしていなかった。

この事例は、後に岸和田中学生虐待事件として知られるようになる（佐藤 2007）。事件そのものは、学校や児童相談所が、虐待のおそれがあるという情報を得ていたにもかかわらず、適切な援助が行われなかったという点で社会全体に大きな衝撃を与えた。さらには、学校側が内縁の妻の「登校していないが、元気に出歩いている」という説明を信じて長期欠席（不登校）と認識していたことが、学校関係者にとってはあらためて長期欠席児童生徒の状況をどう把握するかという問題を浮き彫りにした（中谷 2004）。

この事件が全国的な大規模調査「現在長期間学校を休んでいる児童生徒の状況及び児童虐待に関する関係機関等への連絡等の状況について」（文部科学省 2004）の実施に直結することになる。この緊急に実施された全国調査において、「学校を30日以上連続して休んでいる児童生徒数」は約5万人、このうちおよそ2割（9945人）が「学校も他の関係機関の職員も会えていない」と報告された。この学校も関係機関等の職員も会えていない理由として、「児童生徒が家出・徘徊等により在宅していない」5％（457人）、「その他」16・7％（1656人）となっている。注目すべきことに、この「その他」の内容として「居所が不明（家庭が多額債務等により転居を繰り返し、所在がつかめない）」、「連絡が取れない（電話連絡が取れず、家庭訪問しても誰も出てこない）」、「外国籍の児童生徒が帰国したまま戻ってこない」といった例が報告されていた。しかし、不思議なことにこの調査報告においては、学校基本調査の「1年以上居所不明児童生徒数」（第3章参照）についてはまったくふれられていない。

ここからおよそ10年後、再び文部科学省は、2015年2月に川崎市で発生した中学生殺人事件を踏まえ、同じような危機にある児童生徒を把握するために「児童生徒の安全に関する緊急確認調査」（2月27日～3月9日）を実施することになる。この事件の中学1年生の被害者が長期欠席中であったからである。すなわち、事件を踏まえて、①「7日以上連絡が取れず、その生命または身体に被害が生じるおそれがあると見込まれるもの」、②「学校外の集団（成人が主たる構成員であると思われるものを含む）との関わりの中で、その生命または身体に被害が生じるおそれがあると見込まれるもの」を調査した。その結果、それぞれ①232人、②168人の計400人、①については「不登校状態が続いているものの、保護者の協力が得られないため、児童生徒本人と連絡が取れない事例」や「家出で捜索願が出されている事例や行方不明で捜索願が出されている事例、家族を含めて居所不明で連絡が取れない事例」が含まれていると発表する（文部科学省 2015）。

なお、この全国調査の契機となった事件の概要は以下の通りである。

事例15　川崎中学生殺人事件

2015年2月20日早朝、神奈川県川崎市の多摩川沿いの土手を散歩中の地元住民が、河川敷に全裸で転がっている遺体を発見。被害者は中学1年生の少年。1週間後、主犯格の少年（18歳）が警察に出頭し、共犯の少年2人（ともに17歳）が殺人容疑で逮捕された。彼らは日頃から被害者を子分のように扱い、犯行当日は態度が悪いと言いがかりをつけて暴行。さらに寒夜に裸で川を泳がせた末、カッターで致命的な傷を負わせたまま放置。被害者は暴行を受けた後、助けを求めるため這って移動している途中で死に至った。

川崎市教育委員会は、この事件直後に検証委員会を立ち上げ、わずか3ヶ月後に報告書を公表したが、これが事の重大さを象徴していると言えよう。そして、その報告書の中には次のような一文がある。「本事案における最大の課題は、学校がAさんの状況を把握できなかったことにある。12月までは登校していたAさんが、1月以降突然続けて登校しなくなった時点で学校は危機感を高め、組織的な支援体制をとり、登校できない原因や背景を探るべき何よりも本人・保護者と直接会って話を聞き、Aさんがおかれていた心理的な状況を汲み取る働きかけを最優先に対応すべきであった。」（川崎市教育委員会 2015）

しかしながら、Aさん一家は県外からの転居で保護者は母親、つまりひとり親家庭でダブルワークをしていたことからも経済的な困難さがうかがわれた。「危険な欠席」と認識するに足る情報を学校は持っていた可能性が高いと筆者は考えている。そうであるならば、上記の「登校できない原因や背景を探るべき何よりも本人・保護者と直接会って話を聞き、Ａさんがおかれていた心理的な状況を汲み取る働きかけ」よりも、「危険な欠席」（少なくとも「気になる欠席」）との判断こそが必要だったのではないだろうか。

こうした事件を契機とした緊急調査は、第６章で取り上げた神戸連続児童殺傷事件を契機とした大阪府調査（１９９７年）から数えれば３度目（うち全国調査は２回）ということになるが、いずれの調査においても学校基本調査の「1年以上居所不明児童生徒数」についてはまったくふれられていない。

3 「危険な欠席」という視点

上記のうち事例14（岸和田中学生虐待事件）は、この頃国会で行われていた児童虐待防止法の改正案についての議論にも影響を与え、通告すべき範囲が「虐待を受けた児童」から「虐待を受けたと思われる児童」へと拡大されたと言われている（朝日新聞大阪本社編集局 ２００８）。これに関連して羽間他（２０１２）は、学齢期の児童虐待死亡事例を再検討して、三つの事件（千葉松戸市中学生死亡例、大阪西淀川区小学生死亡事例、東京江戸川区小学生死亡例）においていずれも長期欠席があり、学校教員の家庭訪問を家族が拒否するなど接触困難であったことを共通点として指摘している。(1)

さらに、２０００年代には次のような二つの事件が報道されている。

事例16　福岡監禁事件

Ａ（18歳、女性）の母親は、２００５年10月、自宅においてＡが留守中に勝手にテレビを見ていたことに激昂し、Ａに暴行を加えて障害を負わせた容疑により逮捕された。警察からの照会によりＡの学校状況を確認したところ、１９９４年４月の小学校入学式を含め、１日も学校に登校していないことが判明した。本事例は、Ａが長期間にわたり、教育を受ける権利や社会的活動に参加する権利を奪われていたもので、子どもの重大な権利侵害であり、かつ心身の健康な発達を阻害する重度のネグレクトであった。しかしながら、学校や教育委員会は事件発覚まで不就学児童としており、長く虐待としての認識はされていなかった。また、児童相談所も、虐待を疑ったものの重度のネグレクトという認識はなかった。そのため18歳となり今回の事件発覚により保護されるまで重度のネグレクトとしての介入や、Ａの保護者への支援が行われないまま見過ごされてきた。

事例17　札幌監禁事件

札幌市の女性が小学校６年生から19歳までの約８年間、母親によって自宅に監禁状態にされていたことがわかった。中学校は「不登校」と判断していたという。札幌市は記者会見を開き、「不登校の背景に虐待があるのを認識できていなかった」と対応の遅れを謝罪した。女性は小学校３年生から登校日が減り、小学校６年では１日しか登校しなかった。中学校入学後は、１年時に２日登校しただけで、２年以降はまったく登校しなかった。小中学校とも担任教諭が何度か自宅訪問したが、母親に断られて様子を確認することができなかったという。女性が監禁中であった２０００年には児童虐待防止法が施行され、２００４年には虐待が疑われる場合にも通告が義務づけられた。市教委は、「中学当時は両親などの話から虐待といえる状態ではないと判断していた」と話している。

さらに、最近でも次のような事件が報道されている。

事例18　寝屋川女性衰弱死事件

２０１７年12月、大阪府寝屋川市の住宅の隔離された小部屋で成人女性（33歳）が衰弱死した事件で、両親が監禁や保護責任者遺棄容疑で逮捕された。女性は小学校6年生の1月から学校を休み、中学校には1日も通っていなかった。17歳を迎える２００１年に複数の病院で統合失調症と診断されており、両親は「療養のため」などとして監禁容疑を否認している。中学校ごろまでの学齢期にすでに監禁状態に置かれていた可能性があり、学校が当時どう対応したかも問われている。市教育委員会担当者は、子供の出席状況や成績を記録する文書の保管は5年のため「当時の状況はわからない。検証は難しい」という。当時の同級生らは、彼女の「異変」を心配し、学校に指摘していた。中学校時代の担任の一人が取材に応じ、「家を訪問したり、電話をかけたりしたことは覚えているが、保護者からどんな回答があったかは覚えていない」と答えた。彼女が隔離状態にあったかどうかは「想像もしていなかった」とし、「するべきことをしていたと思うが胸が痛い」と話した。

驚くべきことに、**事例14**（岸和田中学生虐待事件）も含めてこれらの事件（**事例16**、**17**、**18**）のすべてにおいて、学校も関わりがあった児童相談所も「不登校」（あるいは「不就学」）という問題にマスキングされてしまい、虐待（ネグレクト）の危険性を認識していなかった。そこには虐待につながる「危険な欠席」という視点がまったく欠けており、「長期欠席」を「不登校＝心の問題」にのみに限定して捉えていたことがその背景にあると言わざるをえない。

１９８０年代以降、こうした「不登校＝心の問題」という見方が席巻する中で、長期欠席の背景に虐待がある事例は稀であると言われてきた（梅野他 ２００３）。しかし、筆者はこうした事例や、児童虐待防止法成立（２０００年）以降の児童虐待問題の増加を考えれば、決して稀ではなく少なからず存在していたと考えている。実際、不登校に長く関わってきた精神科医の斎藤（２００７）は、その著『不登校対応ガイドブック』の中で、「児童虐待と不登校」という項目を立てて、「家族の問題が大きく関与する不登校のなかには虐待の問題が潜んでいることがある」と指摘し、ネグレクト（食事の世話もできない状況など）により「施設入所」となった事例を掲載している。そうした実態を考えれば、学校教育関係者や児童福祉関係者は、長期欠席の中の「脱落型不登校」には虐待（ネグレクト）へとつながる「危険な欠席」があるという認識を持つ必要があったと言えよう。

4　長期欠席（脱落型不登校）の実態

こうした「心の問題」だけでは捉えきれない長期欠席（不登校）の存在は、不登校の増加が注目され始めた１９９０年代から指摘されていた（久冨 １９９３、森 １９９４）。これをふまえて保坂（２０１０）は、いくつかの小中学校の協力を得て欠席の多い児童生徒のどれくらいが「脱落型」なのかについての調査を行った。その結果、小学校6年生で年間10日以上欠席した児童59人中35人（59・3％）、中学3年生で年間10日以上欠席した生徒26人中20人（76・9％）が脱落型不登校であることを明らかにした。この調査対象校（小学校7校、中学校3校）においては、欠席10日以上の児童生徒のうち6割以上を脱落型不登校が占めていることになる。(2)

また、上記調査と同様に「脱落型不登校」と判定された2年連続100日以上欠席していた10事例について事例研究を行った（保坂 2013a）。なお、この10事例のうち小学校が2事例、中学校が8事例であったが、4事例が一つの中学校に集中していたことは注目に値する。そこから抽出された共通点は、以下4点である。

① 10事例のうち3年連続して欠席日数が100日を超えていたものが7事例。例えば、「小学校年から中1まで1度も学校に行っていない」、「中学校3年間ほとんど学校に行っていない」など。

② 就学援助を受けていたものが3事例。これ以外にも他にも就学援助を受けてはいないが、「集金の滞納」など経済的に厳しい状況にある事例が見られた。

③ 一人親家庭、家族が病気、きょうだいも長期欠席など家族成員にハンディを抱えたものが7事例。例えば、「一人親家庭で、その親が病気で下の兄弟の面倒を見る必要がある」など。

④ 転居（転校）しているものが3事例。

これら4点のうち、複数の要因を抱え、かつ保護者と学校との連絡も途絶えがちになっている7事例が「危険な欠席」、さらにうち3事例はほとんど児童生徒本人と会えていないきわめて「危険な欠席」と考えられた。(3)

こうした実態調査から、不登校を「心の問題」だけで捉えきれないことは明らかであり、「子どもの貧困問題」という視点とそれに基づく福祉的な対応が必要であったと指摘できる。実際、池谷（２００８）は、都内のある自治体では、生活保護受給世帯から１割以上、およびそれに準ずる準要保護世帯から３％以上の不登校児童生徒が出ており、一般世帯の出現率を大きく上回ることを明らかにしている。また、盛満（２０１１）も、ある中学校の生活保護受給世帯出身生徒11人のうち５人が「脱落型不登校」であることを報告している。ただし、これら二つのデータも不登校だけではなく、病気・経済的理由・その他を含めた長期欠席全体から捉え直せば、より多くの「脱落型不登校」が見出せる可能性があるだろう。

５　「行方不明の子どもたち」への注目

（１）厚生労働省による調査

２００４年に児童虐待の防止等に関する法律、及び児童福祉法が改正されたことをうけて、この法律に基づく「児童虐待防止法等にもとづく立入調査等の状況について」が、厚生労働省虐待防止対策室によって調査された。これは２００５年度中に児童虐待のおそれがあるとして立入調査が行われた２０７件の状況を詳細に調査したものである。その中には立入調査の執行が困難であった20例の理由が、「保護者の拒否、抵抗：８件」、「保護者の不在：７件」、「子どもの不在：３件」、「家族で行方不明：２件」と報告されている。実際、２０１０年大阪市西区で起きた２幼児餓死事件では、児童相談所が５度も家庭訪問したにもかかわらず安全確認ができなかった。この事例概要は以下の通りである。

事例19　漂流する親子（大阪2児餓死事件）

母親（23歳）は、2010年6月に長女（3歳）と長男（1歳）に食事を与えなければ死亡する可能性が高いと知りながら2人を自室に閉じ込めて外出、帰宅せずに放置し、餓死させた。7月30日に『部屋から異臭がする』との通報で駆け付けた警察が2児の遺体を発見。死後1ヶ月ほど経っていた。なお、遺体が発見されるまで『子どもの泣き声がする』と虐待を疑う通報が児童相談所に何度かあったが発覚しなかった。母子は三重県四日市市で離婚後、住民票を移さずに大阪に転居。母親は水商売をしながら育児をしていたが、しだいに部屋に子どもたちを置いて遊びに出るようになった。殺人罪に問われた母親に対しては、2012年12月に懲役30年の判決が確定した。

この事件をうけて、厚生労働省は「児童の安全確認の徹底について」という通知を出した上で、全国の児童相談所を対象とした「児童の安全確認の徹底に関わる調査」を緊急に実施している。その結果、2010年4～6月の3ヶ月間に児童虐待の通告があった1万3469件のうち8月30日時点で安全が確認できていないケースが261件あることが判明した。また、前年度中に安全確認していながら、その後子どもの状況がわからなくなっているケースが27件あることも明らかになった。ここにも「住所等が特定できていない」ものが238件、「行方不明」が19件も報告されている。なお、ここで「その他」と報告された3例はいずれも死亡が確認されている（石川 2011）。ところが、この二つの厚生労働調査は、次に述べる文部科学省学校基本調査「1年以上居所不明児童生徒数」についてはまったくふれていない。

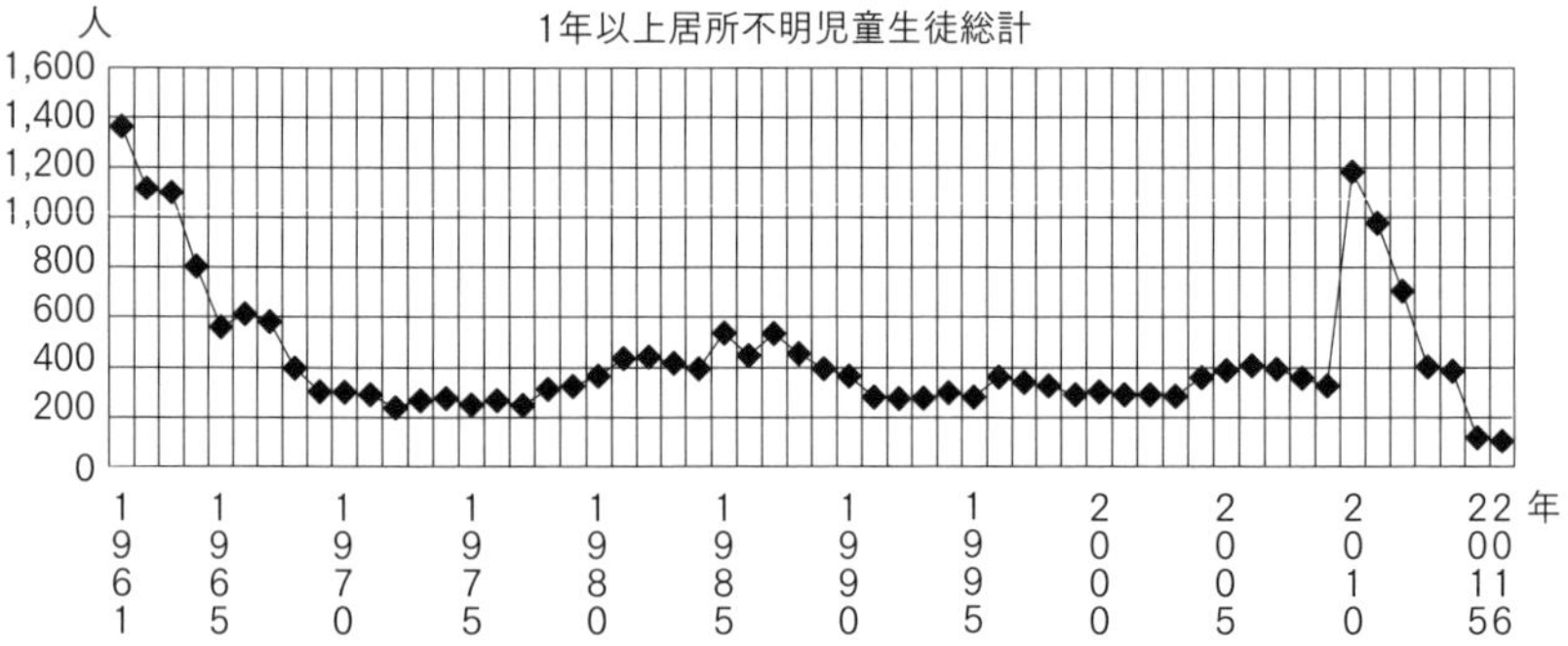

図1-8　1年以上居所不明児童生徒数（1961―2016）

（2）1年以上居所不明児童生徒数

すでに第3章で述べたように、学校基本調査の「不就学」という項目の最後に「1年以上居所不明児童生徒数」が掲載されてきたが、ほとんど注目されることはなかった(4)。この「1年以上居所不明児童生徒数」、いわゆる「行方不明」の子どもたちについて2011年1月1日『産経新聞』が「所在不明の小中学生326人、教委ずさんな調査、毎年度「ゼロ回答」も」として大きく取り上げた。この中で同紙は、2010年11～12月にかけて19の政令指定都市に対して独自の聞き取り調査を行い、学校基本調査に正しく回答していたのは3市（相模原、北九州、福岡）にすぎない実態を報告している。この報道を受けて、文部科学省は調査方法についての緊急調査（「平成22年度学校基本調査『不就学学齢児童生徒調査』における『1年以上居所不明者数』の計上方法について」2011年1月）を行った。これによって様々な調査上の不備が明らかになり、2011年4月に「学校基本調査『不就学学齢児童生徒調査』における『1年以上居所不明者数』の取扱いについて」という通知が出されるに至る(5)。

こうして2011年度学校基本調査の調査票における「1年以上居所不明児童生徒数」の説明事項が改められることになったのである。その結果、2011年8月に発表された速報値において「1年以上居所不明児童生徒数」は、2009年度の326人から2010年度1183人へと突然急増し、多くのマスコミが注目することとなった（図1-8）。この学校基本調査には都道府県別のデータ（表1-6）もあるので、大都市（政令指定都市）を抱える都道府県で急増したことがわかる。さらに、学校基本調査とは別に、東京都（表1-7）、大阪府（表1-8）、千葉県（表1-9）が、市区町村別データを発表しているため、東京都では区による違いが大きいことや、大阪府（大阪市・堺市・東大阪市）と千葉県（千葉市・船橋市・松戸市）では都市部で多いことが確認できる。

事例20　捜索されなかった男子児童

小学校4年から1年半ほど学校に通えなかった男子は、父親の仕事の事情で夜逃げ同然で家を出て、車上生活を送っていた。その間、公園のトイレを使い、風呂も入れず、一つの弁当を家族（6人）で分けて食べて暮らしていた。当時在籍していた小学校の校長は、来なくなった男子の行方を捜し、自宅を訪問するだけでなく、大家立ち会いのもと自宅の中まで確認して、荷物を残したまま夜逃げ同然でいなくなったことを把握した。その上で児童相談所に相談し、他の自治体にある母親の実家を訪ねて祖父母のもとにいないか確認したが、手がかりはつかめなかった。実際には、その頃一家は他県に車で逃げていた。当時の校長は取材に対し、児童相談所と「捜索願い」を出すべきか検討したが、姿を消す直前に虐待の情報もなく保護者と一緒と思われる状況のなか、踏み切れなかったと語った。結局、父親が死亡するまで、行政機関がこの男子の所在を確認することはなかった。

なお、この事例を明らかにしたのは全国の児童養護施設1377箇所を対象にしたNHK調査だが、そ

表 1-7　1 年以上居所不明児童生徒数（東京都市区町村別）

	2009 年度	2010 年度	2011 年度	2012 年度	2013 年度
計	27	200	216	155	114
千代田区	–	–	3	2	–
中央区	–	–	–	–	38
港区	–	–	–	–	–
新宿区	–	1	4	11	16
文京区	–	5	2	2	2
台東区	–	15	19	16	5
墨田区	–	–	–	–	–
江東区	–	4	12	2	2
品川区	–	1	5	1	3
目黒区	–	–	1	1	1
大田区	–	11	22	18	8
世田谷区	–	8	11	10	3
渋谷区	–	3	2	1	8
中野区	–	–	–	1	1
杉並区	–	4	2	2	–
豊島区	–	–	2	–	–
北区	–	4	8	–	–
荒川区	–	1	–	–	–
板橋区	1	4	11	9	4
練馬区	–	44	21	17	1
足立区	–	31	30	16	–
葛飾区	–	43	10	7	2
江戸川区	22	8	12	13	1
八王子市	–	–	12	5	1
立川市	–	3	3	2	4
武蔵野市	–	–	–	–	–
三鷹市	–	–	–	–	–
青梅市	–	–	–	–	–
府中市	–	–	–	–	–
昭島市	2	–	–	–	–
調布市	–	–	–	3	1
町田市	1	7	–	1	1
小金井市	–	–	–	–	–
小平市	–	–	–	1	–
日野市	1	–	1	1	1
東村山市	–	3	8	7	6
国分寺市	–	–	–	–	–
国立市	–	–	–	–	–
福生市	–	–	–	–	–
狛江市	–	–	–	–	–
東大和市	–	–	–	–	–
清瀬市	–	–	–	–	–
東久留米市	–	–	–	–	–
武蔵村山市	–	–	–	–	–
多摩市	–	–	–	–	–
稲城市	–	–	–	–	–
羽村市	–	–	–	–	–
あきる野市	–	–	2	–	–
西東京市	–	–	2	2	–
瑞穂町	–	–	11	4	5
日の出町	–	–	–	–	–
檜原村	–	–	–	–	–
奥多摩町	–	–	–	–	–
大島町	–	–	–	–	–
利島村	–	–	–	–	–
新島村	–	–	–	–	–
神津島村	–	–	–	–	–
三宅村	–	–	–	–	–
御蔵島村	–	–	–	–	–
八丈町	–	–	–	–	–
青ヶ島村	–	–	–	–	–
小笠原村	–	–	–	–	–

表 1-6　1 年以上居所不明児童生徒数（都道府県別）

	2009 年度	2010 年度	2011 年度	2012 年度	2013 年度
計	326	1,183	976	705	397
北海道	7	21	23	11	3
青森	–	–	1	–	–
岩手	2	–	1	1	–
宮城	–	–	14	7	5
秋田	–	–	–	–	1
山形	2	2	3	1	1
福島	1	–	1	1	2
茨城	8	11	2	7	9
栃木	5	3	7	15	12
群馬	2	7	3	1	2
埼玉	40	38	64	37	5
千葉	21	96	115	75	23
東京	27	200	216	155	114
神奈川	19	142	136	112	43
新潟	1	3	–	2	2
富山	1	1	2	2	–
石川	1	1	2	–	–
福井	–	4	2	–	–
山梨	–	–	–	–	–
長野	1	–	6	4	–
岐阜	2	7	7	7	6
静岡	1	6	11	12	3
愛知	47	272	63	43	27
三重	6	12	16	3	–
滋賀	8	9	10	7	8
京都	4	7	12	11	9
大阪	48	153	149	96	64
兵庫	6	73	28	24	16
奈良	18	21	19	16	9
和歌山	1	1	1	1	1
鳥取	12	13	3	2	1
島根	–	–	–	–	–
岡山	1	5	8	11	7
広島	1	22	11	7	7
山口	1	2	–	–	–
徳島	–	–	–	1	2
香川	4	1	1	2	1
愛媛	–	–	1	–	2
高知	3	3	–	–	1
福岡	8	20	28	19	8
佐賀	1	5	3	3	–
長崎	1	4	1	1	–
熊本	6	4	–	–	–
大分	2	3	1	–	–
宮崎	–	–	–	–	–
鹿児島	4	7	2	–	–
沖縄	3	4	3	8	3

表 1-9　1 年以上居所不明児童生徒数（千葉県市区町村別）

	2012 年度	2013 年度	2014 年度	2015 年度	2016 年度
計	115	76	23	122	114
千葉市	46	24	5	23	18
銚子市	—	1	—	—	1
市川市	—	1	6	4	8
船橋市	15	13	6	15	8
館山市	—	—	—	—	—
木更津市	—	1	2	—	—
松戸市	43	27	—	23	15
野田市	—	—	—	—	—
茂原市	—	—	—	—	—
成田市	2	1	2	2	7
佐倉市	—	—	—	1	—
東金市	—	—	—	1	—
旭市	—	—	—	—	—
習志野市	—	—	—	4	—
柏市	—	—	—	13	16
勝浦市	—	—	—	—	—
市原市	—	1	1	7	6
流山市	—	—	—	—	—
八千代市	3	2	—	7	2
我孫子市	—	—	—	1	—
鴨川市	—	—	—	—	—
鎌ヶ谷市	—	—	—	—	—
君津市	—	2	—	5	8
富津市	2	2	1	2	2
浦安市	—	—	—	2	—
四街道市	—	—	—	—	—
袖ヶ浦市	—	—	—	1	—
八街市	—	—	—	1	—
印西市	—	—	—	1	—
白井市	—	—	—	—	—
富里市	4	—	—	1	—
南房総市	—	—	—	—	—
匝瑳市	—	—	—	—	—
香取市	—	—	—	—	—
山武市	—	—	—	1	5
いすみ市	—	—	—	—	—
大網白里町	—	—	—	1	—
印旛郡	—	—	—	—	4
酒々井町	—	—	—	—	4
栄町	—	—	—	—	—
香取郡	—	—	—	—	—
神崎町	—	—	—	—	—
多古町	—	—	—	—	—
東庄町	—	—	—	—	—
山武郡	—	1	—	3	1
九十九里町	—	1	—	—	—
芝山町	—	—	—	—	1
横芝光町	—	—	—	3	—
長生郡	—	—	—	—	1
一宮町	—	—	—	—	1
睦沢町	—	—	—	—	—
長生村	—	—	—	—	—
白子町	—	—	—	—	—
長柄町	—	—	—	—	—
長南町	—	—	—	—	—
夷隅郡	—	—	—	—	3
大多喜町	—	—	—	—	1
御宿町	—	—	—	—	2
安房郡	—	—	—	—	—
鋸南町	—	—	—	—	—

表 1-8　1 年以上居所不明児童数
（大阪府市町村別）

	2011 年度	2012 年度	2013 年度
計	149	96	54
大阪市	59	48	5
堺市	56	14	9
岸和田市	9	4	3
豊中市	0	2	0
池田市	0	0	0
吹田市	0	0	0
泉大津市	0	0	0
高槻市	0	0	0
貝塚市	0	0	0
守口市	0	0	0
枚方市	0	0	4
茨木市	0	0	0
八尾市	3	1	3
泉佐野市	7	8	6
富田林市	1	1	1
寝屋川市	0	0	0
河内長野市	0	0	0
松原市	0	0	0
大東市	0	0	0
和泉市	2	3	1
箕面市	0	0	0
柏原市	0	0	0
羽曳野市	0	0	0
門真市	0	0	6
摂津市	0	0	0
高石市	0	0	0
藤井寺市	0	0	0
東大阪市	10	8	12
泉南市	0	0	0
四條畷市	1	6	3
交野市	1	1	0
大阪狭山市	0	0	0
阪南市	0	0	0
島本町	0	0	0
豊能町	0	0	0
能勢町	0	0	0
忠岡町	0	0	0
熊取町	0	0	0
田尻町	0	0	0
岬町	0	0	0
太子町	0	0	1
河南町	0	0	0
千早赤阪村	0	0	0

れによれば施設に保護されている「一定期間、社会とのつながりを絶たれた経験のある子ども」の数は、この10年で1039人に上る。このうち「親が家賃を払えず住む場所を失ったり、借金の返済から逃れるために親に連れられて夜逃げしたりして、85人の子どもがホームレス状態」になっていた。「車上生活をしていた子どもは61人、路上で生活していた子どもが22人、ほかにネットカフェなどを転々としていたケース」もあったという。

しかし、先に指摘したように、上記（1）の二つの厚生労働調査はこの文部科学省の学校基本調査「1年以上居所不明児童生徒数」にはまったくふれていない。当然、学校基本調査の対象は小中学生（児童生徒）であり、厚生労働調査の対象は18歳未満の子どもであることを考えれば、6～15歳年齢という相当数が重なっていることは言うまでもない。もちろん、厚生労働調査では1年未満の「居所不明」である可能性もある。しかし、この事実は、これまで課題とされてきた学校教育と児童福祉の連携からはほど遠い実態を象徴していると言わざるを得ない。

（3）警察庁調査「行方不明者の状況」

一方、警察庁生活安全局生活安全企画課では、行方不明者届出書が出され、警察の捜索対象となった人数を毎年発表している（図1-9）。表1-10に示す通り2017年データ（年度ではないことに注意が必要）でみれば、行方不明者8万3948人のうち9歳以下と10歳代で1／4（約2万人）を占める。それぞれの年において所在確認者数とそれまでの期間別のデータも掲載されているため、当然1年以上にわたって行方がわからない子どもたちがいるという実態も示されている。ちなみに所在が確認された行方不明者のおよそ5％が死亡であり、確認までの期間が1年以上の場合が1割弱を占める。しかし、ここでもまた文部

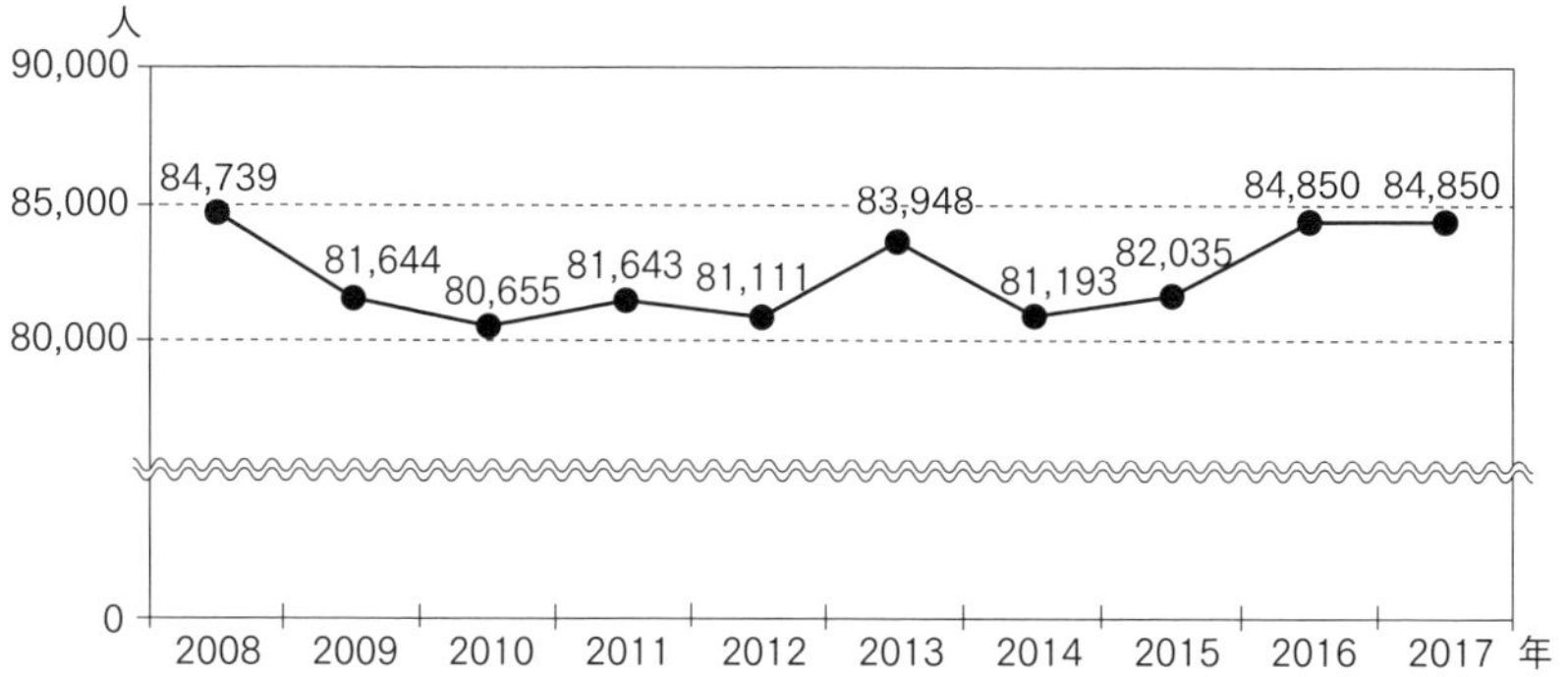

図 1-9　行方不明者数の推移　　警察庁「行方不明の状況（平成 25 年)」2 頁より転載

表 1-10　年齢層別行方不明者

	2013 年		2014 年		2015 年		2016 年		2017 年	
	行方不明者数	人口 10 万人当たり	行方不明者数	人口 10 万人当たり	行方不明者数	人口 10 万人当たり	行方不明者数	人口 10 万人当たり	行方不明者数	人口 10 万人当たり
9 歳以下	943	8.9	969	9.2	900	8.7	1,132	11.0	1,198	11.8
10 歳代	19,858	167.7	17,763	151.6	17,071	146.2	17,118	148.2	16,412	143.6
20 歳代	14,952	114.3	15,814	122.8	16,005	126.8	16,038	127.9	17,052	136.2
30 歳代	11,179	67.0	10,814	67.0	10,827	68.5	10,495	68.2	10,615	70.8
40 歳代	9,248	51.2	8,993	48.9	8,980	48.3	8,769	46.2	8,502	45.0
50 歳代	6,493	42.0	5,991	38.8	5,856	37.5	5,649	36.6	5,507	35.0
60 歳代	6,115	33.3	5,648	31.2	5,715	31.2	5,942	32.2	5,663	31.9
70 歳代	8,237	59.3	8,075	56.9	8,558	60.5	9,589	68.8	9,425	65.0
80 歳以上	6,923	74.4	7,126	73.8	8,123	81.5	10,118	97.5	10,476	97.5
総数	83,948	−	81,193	−	82,035	−	84,850	−	84,850	−

警察庁「行方不明の状況（平成 25 年)」2 頁より転載

科学省の学校基本調査「1年以上居所不明児童生徒」についてはまったくふれられていない。

なお、この「行方不明者」という名称は、国家公安委員会がそれまでの「家出人発見活動要綱」に変えて「行方不明者発見活動に関する規則」を制定（2009年12月）したことによる。これによりそれまでの「捜索願」は、「行方不明者届出書」に変更された（丸山 2011）。さらに、ここで重要なことは、この届出を提出できるものとして、「福祉事務所の職員その他行方不明者の福祉に関する事務に従事する者」が加わったことであろう。しかし、上記2で取り上げた「児童生徒の安全に関する緊急確認調査結果」（文部科学省 2015）において、未だ「捜索願」と記述されているように、その周知が徹底されていないことがわかる。（なお、「行方不明の子どもたち」をめぐる報道においても、しばらくは以前の「捜索願」という用語が使用され、「行方不明届」と正しく使われるようになったのは最近のことである。）

6　新たな問題としての「行方不明」の実態

このように様々な調査において、「行方不明」の子どもたちの実態が明らかになり、新たな長期欠席と不就学問題が浮かび上がったと言える。これらをふまえて、保坂（2013）は、いくつの事件報道や補足調査（各種のマスコミ調査や独自に行った教育委員会と教員への聞き取り調査）などから「行方不明の子どもたち」を次のような整理している。

（1）就学前ではあるが、住民票を移さないまま一家で転居するなどし、行政機関がその所在や安否を確認できない乳幼児がいる。2010年8月に毎日新聞がこうした子どもたちについて市町村にアンケート調査を行っている。具体的には、乳幼児健診に現れなかったため、自治体職員が家庭訪問するなどして住民登録地に居住実態がないことが確認された人数（2008、09年度）が延べ355人と報告された。調査対象となった74自治体のうち、所在不明事例がない（13自治体）、統計がない（26自治体）場合を除く35自治体でそうした子どもたちが確認された。この乳幼児健診は、母子保健法に基づき、市町村が1歳6ヶ月～2歳と3～4歳の2回、子どもの身体計測や診察、歯科指導、発育相談などを行うものであるが、その受診率は当然100％には達していない。このように未受診の子どもが一定数存在することはわかっていたが、過去そうした家庭に対してどうするかは各自治体に任されていた。実は、ここに多くの「行方不明」の子どもたちが存在していた。ここで先にあげた**事例19**のような虐待死亡事例が起きている。そして、こうした虐待死亡事例の検証から乳幼児健診の未受診がリスクファクターとして指摘されることとなった。なお、現在ではこれを踏まえて保健師による乳幼児全戸訪問が実施されている。

（2）次に、小学校入学前に実施される就学時健康診断に現れない子どもたちがいる。そのまま入学期日になっても出席しない場合、学校及び市町村教育委員会は家庭訪問するなどして居住実態を確認することになる。そして、学校教育法施行令に従えば、その確認が取れない、つまり居住実態がない場合でも住民票がある以上学齢簿を作成しなくてはならない。従って、厚木市のアパートで白骨化した男児（5歳）の遺体が見つかった以下のような事件が起こる。

事例21　厚木市男児遺体発見事件

父親が離婚後、部屋に閉じ込めたまま十分な食事を与えず餓死させた後、死亡発覚を恐れて賃借継続。厚木市教育委員会や厚木児童相談所は男児が小学校に入学していないのを把握していたが、昨年中学になる年齢を前に所在を調査。後述の横浜市6歳女児遺棄事件（事例23）を受けて、住民票と学齢簿の照合による調査（居所不明児童生徒）を本格化させたことで発覚した。以前から断続的に調べていた厚木児童相談所も改めて訪問調査し、居住実態がないのに家賃を払い続けている点を不審に思い、警察に届け出た。

ところが、上記で述べた文部科学省による調査方法についての緊急調査が行われるまでは、住民票があっても居住実態がないとして学齢簿を作成していなかった教育委員会があったことがわかっている。ある大都市の教育委員会担当者は、筆者の聴き取り調査に対して、「1年以上居所不明児童生徒数」（図1–3：49頁）の急増は主としてこのためであったと答えている（保坂 2013b）。

（3）さらには、新潟少女監禁事件（窪田 2006）のような誘拐など、児童生徒がなんらかの事件に巻き込まれて行方不明となってしまう場合がある。こうしたケースで保護者による「行方不明者届出書（旧捜索願）」が提出されていれば警察庁調査の数に含まれていることになり、さらに行方不明から1年以上経てば、学校基本調査「1年以上居所不明児童生徒」に該当すると考えられる。しかし、中学2年生の5月2日以降に「行方不明」となった場合は、この学校基本調査「1年以上居所不明児童生徒」に該当することはありえないことに留意したい。

（4）また、（3）は子どもだけが行方不明になっている場合であるが、保護者とともに行方不明になる場合もある。この「住民票を移さないまま転居したと考えられる場合」として、①家族全員が居所不明（主として経済的困難、いわゆる夜逃げが考えられる）、②夫からの家庭内暴力（DV）による母子の避難、③外国籍児童生徒の帰国、があげられる。

①が先にあげた**事例20**（捜索されなかった男子児童）にあたる。また、②については、すでに2009年には、「配偶者からの暴力の被害者の子どもの就学について」（文部科学省生涯学習政策局男女共同参画学習課長、初等中等教育局初等中等教育企画課長通知）が出されており、「住民基本台帳に記載されていない者であっても、当該市町村に住所を有するものであれば、この者についても学齢簿を編製し、就学の通知等の就学手続きをとること」とされている。一方、③については、義務教育を規定している憲法26条と教育基本法5条は、その主体を「国民」に限定していることから、外国籍の子どもについての就学義務はないとされる（田中2007）。したがって、教育を受ける権利は保障されず、要望があれば「恩恵」として「就学」を認め、居住所の判明したものへは「就学案内」を送付している（荒牧2017）。しかし、一旦就学したものが連絡もないまま帰国する事態は想定されていなかったようだ。その後、実態を把握した文部科学省は、「義務教育諸学校における居所不明の児童生徒の把握等のための対応について」（文部科学省初等中等教育局初等中等教育企画課長通知）に以下のように記載している。「海外へ転住し居所不明扱いとなっている児童生徒に関しては、住民基本台帳の記載が削除されるまでの間は、学齢簿の記載を残す必要があるが、市町村教育委員会においては、出帰国照会等により海外へ転出して1年以上が経過していることが確認された場合には、各事案の実情を踏まえつつ、学齢簿の記載の削除の必要性等について検討を行い、住民基本台帳担当との連携により、適切に対応するものとすること」。

さらに、次の事例のような④転校という形を取った行方不明もある。[6]

事例22　**養護系不登校**

女児は、小学校入学から小学5年までは、転校を繰り返しながら登校を続けていたが、小学5年時に学校を転出したまま、転入の届けがない状態が半年続いた。福岡市こども総合相談センターに通告され、調査の結果、住所が判明し、ケースワーカーが何度も足を運ぶ中で本児の安全は確認された。

このケースでは行政機関が事態を把握して積極的に動いたことにより子どもの安全が確保された希有な例であると言える。

さらには、報道によって以下のような虐待死亡事例が明らかにされている。

事例23　**横浜市6歳女児遺棄事件**

女児は、２００５年10月に出生、茨城県の母の実家に引き取られた。２０１１年6月から母と松戸市に転居（住民登録）。しかし、同年秋の就学時健診に姿を現さず、入学手続きもないため、小学校の教頭が家庭訪問をするも母子とは面会できなかった。4月12日、母子は秦野市に住民票を移して転校したが、松戸市教育委員会（学務課）は「通常の転居で引っ越し先の小学校に通っていると思っていた」と秦野市に不就学を連絡していなかった。翌5月、母子は住民票を移さず、横浜市に転居。7月には、神奈川県警が横浜市の児童相談所に女児の妹への虐待を通告、女児の未就学と虐待（ネグレクト）が把握されていた（同月中には母親の交際相手から暴行され死亡したと推定）。一方、秦野市教育委員会は、7月にこの女児の不就学を把握し、２０１３年2月に所在が確認できないとして県警に行方不明届を提出。4月に至って横浜市の雑木林で女児の遺体が見つかり、母親と交際相手の男が逮捕された。

こうした事件を踏まえて、文部科学省は「義務教育諸学校における居所不明の児童生徒のための対応について」（2013年3月）を発出するに至る。その中では、居所不明児童生徒の把握のための関係機関との連携（教育委員会の対応）について、「国内にいる可能性が高い場合」と「国外にいる可能性が高い場合」に分けて図示し、後者において東京入国管理局への照会をあげている。(7) また、前者では、「新規就学時から居所不明である場合」は健診受診歴等について市町村児童福祉・母子保健主管部局への照会、「新規就学後に居所不明になった場合」は児童虐待等の相談履歴等について児童福祉機関への照会をあげている。

さらに、厚生労働省が作成した『子ども虐待対応の手引き（2013年8月改訂版）』（日本子ども家庭総合研究所、2013）には、「虐待に至るおそれのある家庭の特徴として、転居を繰り返す家庭があることが、様々な実態調査や事例検証を通じて明らかになっている」と指摘され、市区町村や児童相談所に対して転居事例への対応手順が詳細に述べられている。そこでは、「転居事例での留意点」として、①転居の時期（学年・学期の区切りと異なる転居の事情）、②転出入手続きの実施の有無（転居が行われて速やかに転出入手続きが行われているかどうか）、③転居の回数（頻度・間隔）、④転居に伴う家族構成の変化（特に交際相手との同居の場合は、交際相手の転入か子どもと保護者の移動かにも注意を払う）など具体的なことまで記載されている。そして、文部科学省が上述の「義務教育諸学校における居所不明の児童生徒のための対応について」の中で、「教育委員会が居所不明児童生徒を把握した場合に児童福祉関係機関と連携した対応をとるように通知を発出していることに留意する」と述べていることに注目したい。

現在の学校は、様々な家庭事情をふまえての個別対応が求められている難しさがある一方で、いわゆる個人情報の保護に対しても敏感にならざるを得ない。従来からあった家庭に関する調査票には、個人情報

（保護者の年齢や職業）が記入されなくなり、それぞれの家庭のプライバシー（離婚、再婚など複雑な家族関係や経済状況、病気等）は学校に届かない状態になりつつある。このような状況において、援助を必要とする子どもにその援助の手が届かないような事態は避けなければならない。繰り返しになるが、こうした実態を踏まえて学校教育関係者や児童福祉関係者には、長期欠席の中の「脱落型不登校」に「危険な欠席」があるという認識が求められる。

注

（1）羽間他（2011）は、学校教職員の家庭訪問は教育活動の一環として位置づけられており、児童虐待の疑いがあったとしても、保護者が住居への立ち入りを拒否し、児童生徒に会わせようとしない場合、教職員は子どもの安全確認ができないという限界を指摘した。

（2）保坂（2009）が行った調査と同じA県において、2006年度に卒業した小学6年生633名（7校）、同じく2006年度に卒業した中学3年生202名（2校）を対象として欠席を調査した。その際、学級担任から社会経済的要因（就学援助等）についての情報を得た。具体的には、就学援助（要保護、準要保護）や居住形態など家庭の経済状態がわかる情報、および家族構成（一人親など）である。

（3）ある市の教育委員会の協力を得て、2009年度において年間150日以上の欠席者について詳細な情報を提供してもらった。なお、この市全体の30日以上の欠席者の出現率は小学校1・0%、中学校2・5%である。この30日以上の欠席者のうち調査対象となった150日以上の欠席者の割合はおよそ15%であった。それらの情報をもとに「脱落型不登校」かどうかの判定を行った。これによって「脱落型不登校」と判定できた12事例のうち前年度も100日以上欠席していた10事例について、市教委担当者を含めて事例研究を行った。

（4）筆者の研究会での発表や学会発表（保坂 2011）は全く関心を引かなかった。

（5）報告義務者・作成者（学校の長及び教育委員会等）に対する指導事項として次のように記載された。「1年以上居所不明のため、学齢簿の編製上、就学義務の免除又は猶予を受けている者と同様に、別に編製されている簿冊（簿冊に相当するもの（電子ファイル・データベース等であって1年以上居所不明者が抽出・検索できる仕組みになっているもの）を含む）に記載（記録）されている者（昭和32年2月25日付 文初財第83号文部省初等中等教育局長通達「学齢簿および指導要録の取扱について」一（4）に基づく者）の数を5月1日現在で記入する」。

（6）学校基本調査の質疑応答集には次のように記載されている。「（問27）ある生徒が他県へ転出しました。5月1日現在、住民票は転出手続を完了していますが、転出先の学校では受け入れた形跡がなく、指導要録は転出前の学校にあります。この場合の生徒の取扱いはどのようにすればいいでしょうか。（答）就学事務手続上、このようなことは通常ありえませんが、実態としてあった場合は指導要録の所在する学校の生徒として扱います」。

（7）これによって再三ふれた学校基本調査の「居所不明児童生徒数」が急激に減ったとされる。

第8章　新たな動向

1　新たな調査による連携の動き

（1）「居住実態が把握できない児童」に関する調査とその追跡

第７章６で述べた経緯の中で、２０１４年に厚生労働省が総務省、法務省、文部科学省、警察庁の協力を得て「居住実態が把握できない児童」に関する調査を実施するに至る。この調査によって２０１４年５月１日時点で居住実態が把握できない児童数は２９０８人と発表されたが、その後の調査でそのうち２６８４人は確認され、その約４割（１１５１人）が東京入国管理局への照会によって出国が確認できたケース、つまりは上記６-（４）③外国籍児童生徒の帰国であった。

その結果、９月１日時点で居住実態が把握できない児童は２２４人（就学前１１７、小学生53人、中学生36、義務教育修了後18人）となるが、このうち警察への通報、相談を行ったケースは26人と報告されている。さらに10月20日までに83人の居住実態が確認され、居住実態が把握できない児童は１４１人と発表された。なお、同時に都道府県別データも発表されているが、大阪府27人、兵庫県26人、神奈川県16人、東京都14

人と都市部に集中していることがわかる。

この調査は、２０１５〜１７年度（6月1日時点）まで継続的に実施され、第１回と同様に追跡調査の結果まで発表されている。そして、２０１８年度からは「未就園」についての調査が追加されて、「乳幼児健診未受診、未就園児、不就学児等の緊急把握調査(1)」となって実施されている。この省庁を越えた調査とその追跡によって図1-8（１０８頁）に見るように「1年以上居所不明児童生徒数」は急減していくことになる。

（2）法務省による無戸籍者の調査と文部科学省による「無戸籍の学齢児童生徒の就学状況に関する調査結果」

この「行方不明」の子どもたちの問題は、様々な形態の不就学（無戸籍、未就籍の問題）とつながっており、学校教育としては、新たな「不就学」問題、さらには「子どもの教育権保障」といった裾野の広い問題として捉えていく必要がある。これについて酒井（２０１０）は、外国籍の子どもの不就学や高校中退も含め、「学校に行かない子ども」という新たな捉え方を提案し、そこには「教育の機会」という問題があることを指摘している。

こうして行方不明とともに無戸籍の問題が指摘される中、法務省は初めて２０１４年10月時点で法務局や自治体（約1割）からの申告をまとめて全国で２７９人の無戸籍者を確認したと発表する。その後の調査で法務省は、無戸籍者１３０５人（２０１５年3月時点）を把握したが、戸籍取得に至ったのは半数以下の６０３人にとどまった。そのため法務省は、戸籍取得のための情報を記載したリーフレットを作製し、全国の産婦人科や保健所などを通じて配布を始めた。これを受けて各地の法務局は自治体の戸籍窓口を通じて無戸籍者の情報集約をしており、戸籍作成の案内や、裁判手続きが必要な場合には日本司法支援センター（法テラス）と連携して、戸籍取得を支援するようになった。[2]

ここに至って文部科学省も、この法務省調査（２０１５年3月10日時点）で把握された無戸籍の学齢児童生徒１４２名（小学生相当年齢１１６名、中学生相当年齢26名）についての就学状況（２０１５年3月31日時点）を調査して発表することとなった。その結果、就学していない者は1名であったが、加えて6名に未就学の期間があったことが判明した。その後この調査も、２０１６年3月31日時点に2回目（１９１名）、２０１７年8月10日時点で3回目（２０１名）が実施されている。なお、この3回目の調査では、全員が小中学校に在籍していたことが確認されているが、このうち無戸籍の解消は11人にとどまっている。

一方で、この無戸籍の問題に対して、法務省と文部科学省が連携して就学状況を継続的に調査したことが全員の就学へと結びついたと言えよう。また、上記（1）の「居住実態が把握できない児童」に関する調査とその追跡においては、厚生労働省と総務省、法務省、文部科学省、警察庁が協力して行っている。こうした省庁を超えた連携の動きが新たに始まった意義は極めて大きい。第２章において、戦後の不就学と長期欠席問題に対して当時の文部省・厚生省・労働省が共同して調査やそれに基づく対策を講じていたことを明らかにしたが、それ以来の連携の動きと位置づけられよう。

（3）文部科学省による「児童生徒の安全に関する緊急確認調査」

すでに第7章2で述べた通り、**事例15**（川崎中学生殺人事件）を契機として、文部科学省が２０１５年２月に実施したものであるが、全国データは既述した通りである。事件があった川崎市教育委員会は、この調査で「生命または身体に被害が生じるおそれがあると見込まれるもの」２名と「学校外の集団の中で生命または身体に被害が生じるおそれがあると見込まれるもの」９名とし、「その後、それぞれの所在と安全は確認済み」と報告する。さらに、「川崎市　児童生徒の長期欠席者の状況把握について」という独自調査を行なって、長期欠席者数２２５１名のうち「指導・支援が必要とされる状況」の児童生徒は１９３名と発表した。

また、東京都教育委員会も、文部科学省調査の「７日以上連絡が取れず、その生命または身体に被害が生じるおそれがあると見込まれるもの」33人について、さらにａ「不登校で保護者とも連絡が取れない」、ｂ「学校や自治体に届け出ずに転居した」、ｃ「本人が家出して保護者も行方を把握していない」に分類し、ａのケースが半数以上であることを明らかにした。なお、このうち学校外の集団とかかわりがある３人は緊急性が高いと判断し、警察と連携して安全を確保したとされる。(3) 文部科学省も調査結果を発表した２０１５年３月13日に該当する子どもの安全を確保すること、およびその安全確認の状況を報告するよう各学校に通知（「連続して欠席し連絡が取れない児童生徒や学校外の集団との関わりの中で被害に遭うおそれがある児童生徒の安全の確保に向けた取組について」）した。

２　「不登校児童生徒への支援に関する最終報告」について

２０１６年７月、不登校に関する調査研究協力者会議による「不登校児童生徒への支援に関する最終報告：一人一人の多様な課題に対応した切れ目のない組織的な支援の推進」が出された。不登校に関する調査研究としては、１９９２年の「登校拒否（不登校）問題について」（学校不適応調査研究協力者会議：第６章１）、

２００３年の「今後の不登校への対応の在り方について」（不登校問題に関する調査研究協力者会議：第７章１）に続く、第3弾に位置づく。その役割として、①不登校生徒の実情の把握・分析、②学校における不登校児童生徒への支援の現状と改善方策、③学校外における不登校児童生徒への支援との現状と改善方策、④その他不登校に関連する施策の現状と課題について調査を行うとされた。

ここでは、不就学・長期欠席という切り口との関連からこの報告書の二つの特徴にふれておきたい。まず第1点は、不登校だけではなく長期欠席全体が視野に入っていることである。すなわち、「病気」による長期欠席にも「不登校」が潜在化している可能性」や「経済的理由」及び「その他」による欠席にも目を向けている。なお、すでに文部科学省（２０１２）の国立政策研究所（生徒指導・進路指導研究センター）が作成した『不登校・長期欠席を減らそうとしている教育委員会に役立つ施策に関するＱ＆Ａ』においても、「長期欠席全てを問題にする」ことが指摘されていた(4)。

さらに2点目は、1点目から当然導かれることになるが、不登校は「心の問題として捉えられることが多いが」、「遊び・非行による怠学、人間関係のこじれ、勉強のつまずき、無気力、病気、虐待等を要因としたものも含まれる」としたことである。それゆえ「不登校の実態把握」として、「虐待等の家庭の問題、保護者の考え方や事情による意図的な長期欠席等」が考えられるようになった。つまり、「神経症型不登校」だけではなく、「脱落型不登校」も「積極的・意図的不登校」も把握されることとなった。これによって、家庭への支援として、「虐待等の深刻な家庭の問題などにより、福祉や医療行政等と連携した保護者への支援が必要な場合」や、「就労等の事情で子育てに関わる余裕がなく、支援を必要としている場合」があげられて、スクールソーシャルワーカーの積極的な活用が記されている。なお、「早期支援の重要性」として、「ネグレクトなどにより生活習慣が身についていない場合」なども指摘されている。

3　義務教育段階における普通教育に相当する教育の機会の確保に関する法律について

同じく２０１６年12月には、義務教育段階における普通教育に相当する教育の機会の確保に関する法律が公布された。タイトルからはわかりにくいが、「不登校児童生徒等の対する教育機会の確保」、及び「夜間その他特別な時間において授業を行う学校における就学の機会の提供」がその狙いである。上記2同様に、不就学・長期欠席という切り口との関連から、「不登校児童生徒」と「教育機会の確保等」についての定義にふれておきたい。「義務教育段階における普通教育に相当する教育の機会の確保に関する法律のあらまし」（平成２８年１２年14日付『官報』）では次のように記載されている。

「不登校児童生徒」＝「相当の期間学校を欠席する児童生徒であって、学校における集団の生活に関する心理的な負担その他の事由のために就学が困難である状況として文部科学大臣が定める状況にあると認められるもの」

「教育機会の確保等」＝「不登校児童生徒に対する教育の機会確保、夜間その他特別な時間において授業を行う学校における就学の機会の提供その他の義務教育の段階における普通教育に相当する教育の機会の確保及び当該教育を十分に受けていない者に対する支援」。

また、「基本理念」の中の以下の文言にも注目したい。「義務教育の段階における普通教育に相当する教育を十分に受けていない者の意思を十分に尊重しつつ、その年齢又は国籍その他の置かれている事情にかかわりなく、その能力に応じた教育を受ける機会が確保されるようにするとともに、その者が、その教育を通じて、社会において自立的に生きる基礎を培い、豊かな人生を送ることができるよう、その教育水準の維持向上が図られるようにすること」。

さらに、2017年3月に文部科学省はこの法律をふまえて「義務教育段階における普通教育に相当する教育の機会の確保に関する基本方針」を策定したが、この中で中学校夜間学級（夜間中学）を各都道府県に1校以上作ることを目標に掲げた。なお、これは全国夜間中学校研究会が1976年から提出している要望書に記載されていた内容である。(5)

4　夜間中学をめぐる新たな動向

こうした夜間中学をめぐる政策転換の契機は、全国夜間中学校研究会が2003年に日本弁護士連合会に対して、「全国への公立夜間中学校設置を目指した人権救済申立」を行ったことだとされる。野川（2018）は、「一人前の社会人として生きていくうえでの読み書き・計算を身につける基礎的な教育を保障しないのは、人権侵害にあたるとしたのがこの人権救済申立だった」と述べている。3年の審査期間を経て2006年、申立を受けた日本弁護士連合会は、「学齢期に修学することのできなかった人々の教育を受ける権利の保障に関する意見書」を国の主要機関に提出するに至る。

こうした動きを受けて、2014年には超党派の国会議員による「夜間中学等義務教育拡充議員連盟」

の結成や、政府の教育再生実行会議の提言に夜間中学設置促進が盛り込まれ、「子どもの貧困対策に関する大綱」（２０１４年閣議決定）においても「義務教育の未修了の学齢超過者等の就学機会の確保に重要な役割を果たしている夜間中学校について、その設置を促進する」と記されることになる。そして、文部科学省の実態調査（２０１５年５月時点）が実施され、８都府県において31校、１８４９人が在籍していて、その約８割が外国籍の生徒であると発表された。このうち大阪府が11校、１０２１人と在籍者の半分以上を占めている。また、いわゆる自主夜間中学（ボランティア等が社会教育施設で自主的に運営する組織）も、37都道府県で３０７の取り組みがあり、７４２２人（うち外国籍は約６割）が学んでいることも明らかになった（文部科学省 ２０１５）。こうした動きが、同年７月の「義務教育修了者が中学校夜間学級への再入学を希望した場合の対応に関する考え方について（通知）」として結実する。そこには次のように記されている。

「従来文部科学省では、義務教育諸学校に就学すべき年齢を超えた者の中学校への受入れについては、ホームページ等において『中学校を卒業していない場合は就学を許可して差し支えない』との考え方を示してきましたが、一度中学校を卒業した者が再入学を希望した場合の考え方については明確に示していなかったところです。このような状況の中、様々な事情からほとんど学校に通えず、実質的に十分な教育を受けられないまま学校の配慮等により中学校を卒業した者のうち、改めて中学校で学び直すことを希望する者（以下『入学希望既卒者』という。）が、中学校夜間学級（以下『夜間中学』という。）に入学を希望しても、一度中学校を卒業したことを理由に基本的に入学を許されていないという実態が生じています」。そして、無戸籍など不就学や不登校問題をふまえて、「入学希望既卒者については、義務教育を受ける機会を実質的に確保する観点から、一定の要件の下、夜間中学での受入れを可能とすることが適当」とするに至るのである。

すでに第4章3で取り上げた夜間中学校の入学資格問題からすれば、この通達がそれまでの文部科学省の方針と大きく違うことは言うまでもない。2016～17年に文部科学省事務次官を務めた前川（2018）でさえ、「5年くらい前までは何にもやっていなかったので、文科省も変わったもんだなと思います」と述懐している。これもまた、全国夜間中学校研究会の要望書に1987年から記載されていた内容である。[3]

実際、2014年まで中学校卒業者の受け入れはゼロであったが、この通知を受けて、2017年には73人となった。しかし、2017年の文部科学省調査によると北海道をはじめ夜間中学新設の検討や準備をしているのは、都道府県レベルで6自治体、市町村レベルでは74自治体にすぎない。2019年から開講予定の埼玉県川口市と千葉県松戸市は、以前から自主夜間中学が活動していたところである。このように設置についての手探りが続いている状況だが、今後の動向が注目されよう。[6]

これまで第I部を通して概観してきたように、戦後の学校教育は当初、長期欠席と不就学を連続したものとして捉え、文部省（当時）だけではなく他の省庁と実質的に連携して対応にあたり、特に経済支援制度を整えることを通じて長期欠席の急速な減少を達成することができた。しかし、その後1970年代以降「登校拒否」概念の登場により、「不登校（登校拒否）は心理的な理由によるもの」という見方が主流となり、「脱落型不登校」の中の「危険な欠席」という認識が欠落してしまう。それが2000年以降の「行方不明」の子どもたちの発見によって見直されることになり、上記1の新たな調査による省庁を超えた連携へとつながることになる。さらに、こうした新たな動向をより一層促進することになったのが、上記3をはじめとする法制化を基盤とした教育行政の動きであろう。そこには、ここで述べてきた夜間中学校をめぐる大きな政策転換が含まれている。こうして再び長期欠席と不就学は連続したものとして捉えられて「学校に行かない子ども」という教育機会の問題として扱う必要があることがわかってきたのである。続く第Ⅱ部では、これを踏まえて学校教育と児童福祉の連携を考えるために、中等教育からのドロップアウトを取り上げたい。

注

（1）この調査対象は以下の通り。①未就園で、福祉サービス等を利用しておらず、関係機関による安全確認ができない児童（未就園）、②乳幼児健診等の乳幼児を対象とする保険・福祉サービスを受けておらず関係機関による安全確認ができない児童（健診未受診）、③学校へ通園・通学しておらず、関係機関による安全確認ができない児童（不就学等）、④児童を対象とした手当の支給事務、必要な各種届出の手続きを行っておらず、関係機関による安全確認ができない児童（厚生労働省（２０１８）「乳幼児健診未受診、未就園児、不就学児等の緊急把握調査結果」）。

（2）無戸籍者の歴史的変遷を辿り「日本人」の輪郭を改めて捉え返した遠藤（２０１７）によれば、「国家の治める領域内に定住する者を『国民』として登録する制度のひとつが戸籍」であり、「欧米には存在せず、中国、朝鮮、そして日本という東アジア固有の伝統的な身分登録制度である」という。ただし、韓国は２００８年に戸籍制度を廃止した。

（3）『朝日新聞』２０１5年3月14日付「校外の見守り難題：川崎の事件受け『子どもの安全調査』」、「危険及ぶ恐れのある子　都内36人：緊急性の高い3人確保」。

（4）千葉県教育委員会（２０１８）の『千葉県版　不登校対策指導資料集』でも、不登校だけではなく長期欠席全体が視野に入っているため、学校基本調査の「1年以上居所不明児童生徒」が説明された上で「居所不明」のケースが取り上げられている。

（5）栗田（２００１）の資料として「２００1年度全国夜間中学校研究会要望書」が掲載されている。それによると、文部省への要望項目として、「３・全国にいる義務教育未修了者にために、各都道府県に一校以上の夜間中学校を設置されるよう働きかけたい」と、「6・中学校にはほとんど行けず、卒業してしまったいわゆる『中学校形式卒業者』も、希望すれば義務教育未修了者と同じく入学を保障されたい」がある。

(6) 2015年7月31日付『朝日新聞』「夜間中学『形だけ卒業生』に門戸」、2018年3月12日付『朝日新聞』「夜間中学、学び直す喜び」、同年9月2日付『朝日新聞』「公立夜間中学　設置手探り」等。同年10月3日付『朝日新聞』「夜間中学の意義　映画で伝えたい」、2019年3月23日付『京都新聞』「新夜間中学『需要把握できず』」、2019年4月17日付『朝日新聞』「公立夜間中学2年ぶり開校：外国人増加　需要高まる」など。また、文部科学省の調査研究（平成30年度）「夜間中学の設置推進・充実事業」を10府県・20市区が受託しているが、このうちの「夜間中学校新設準備に係る調査研究」には川口市、松戸市に加えて福島県と高知県が取り組んで報告している。

第Ⅱ部　中等教育からのドロップアウト

第1章　三つの事例から

第Ⅰ部では義務教育からのドロップアウトを概観したことになる。この第Ⅱ部でも中等教育からのドロップアウトを取り上るにあたって第Ⅰ部と同様に、まず具体的な事例から始めよう。

事例24　永山則夫（1949〜97年）

永山則夫は、1949年生まれの団塊の世代にあたる。19歳で連続ピストル射殺事件を引き起こし、逮捕後は獄中で創作活動を続けた小説家でもある。1997年、死刑執行により48歳で死亡。

北海道網走市で8人兄弟の7番目の子（四男）として生まれる。父親が稼ぎの大半を博打につぎ込み、家庭は崩壊状態。その養育環境は、現在で言うところのネグレクトと考えられる。母親代わりの長女は心を病んで地元の精神科病院に4年間入院。そんな生活の中で彼が5歳の時に、母親が青森県の実家に逃げ帰ってしまう。子どもたち皆の汽車賃が出せないため、彼を含む4人を網走に残したままの家出だった。残された4人きょうだいは、漁港で魚を拾ったり、ゴミ箱を漁ったりしていたものの、年少の永山は始終兄や姉たちから虐待を受けていたという。しかし、近隣住民が福祉事務所に通報したのをきっかけに、4人は母親の元に引き取られた。小学校入学後は欠席が多かったのだが、5年時に長姉が退院して家族の面倒を見るようになると欠席は8日のみとなる。が、長姉が再入院とともに元に戻る。中学入学後も長期欠席状態（出席は11日、32日、124日）。中1の時点で父が旅先で死亡。母入院のために中1の11月から3月まで一人で暮らすことになる。

1965年中学卒業後、いわゆる「集団就職」（後述）によって東京の高級果物店に就職したが、わずか半年で退職。密航を図るも失敗し、栃木県に住んでいた長男に引き取られて、自動車修理工場で働く。窃盗を働き捕まったが、家庭裁判所で不処分。その後も牛乳配達店、米屋など職を転々とする。再び窃盗を働き、保護観察処分。保護司の紹介によってクリーニング店で働き出すが、1ヶ月で辞める。その後、次男が保証人となり、牛乳配達店で働きながら勉強して1967年4月、私立大学附属高校の定時制に入学。しかし、欠席が続き7月には除籍となり、牛乳店も辞める。その後、1968年にヒッチハイクで神戸に向かい、密航を企てるも失敗、船内で手首を切って自殺を図ったが戻される。同年2月に三男の紹介で牛乳店で働きながら、4月には以前の高校に再入学するが、5月に退学して故郷に帰る。帰郷後、陸上自衛隊入隊試験を受けるが不合格。10月にアメリカ海軍横須賀基地に侵入し、ピストルと弾丸50発などを窃盗。そこから1969年4月にかけて、東京、京都、函館、名古屋で4人を射殺し、東京で逮捕（当時19歳10ヶ月）。1979年に東京地方裁判所で死刑判決。1981年に東京高等裁判所で無期懲役に減刑。1990年に最高裁判所で「同じ条件下で育った他の兄たちは概ね普通の市民生活を送っている」という理由[1]で死刑判決が確定した。

獄中で、読み書きも困難な状態から独学で執筆活動を開始し、1971年に手記『無知の涙』、『人民をわすれたカナリアたち』を発表。この印税を4人の被害者遺族へ支払い、そのことが1981年の高裁判決において情状の一つとして考慮され、無期懲役という減刑につながった。1980年かねてから文通していた在米日本人と獄中結婚。1983年には小説『木橋《きはし》』で第19回新日本文学賞を受賞。1990年には、日本文藝家協会に入会を申し込むが、殺人事件の刑事被告人であるため反対があって認められず、それに抗議した中上健次、筒井康隆、柄谷行人らが、日本文藝家協会から脱会するという出来事もあった。1996年、ドイツ・ザールラント州作家同盟には正式入会を果たしている。獄中から手記や短歌を自ら発表する死刑囚は多いが、自らの罪を認める一方で、自己の行動を客観的にふりかえるという手法で創作を行い、文壇において一定の地位を獲得するまでに至った死刑囚は珍しいとされる。

また、この永山の1997年死刑執行については、同年6月に逮捕された神戸連続児童殺傷事件の犯人が少年（当時14歳11ヶ月：第I部第5章参照）であったことが、少なからず影響したとの見方も根強い。少年法による少年犯罪の加害者保護に対する世論の反発、厳罰化を求める声が高まる中、未成年で犯罪を起こし死刑囚となった永山を処刑することでその反発を和らげようとしたのではないか、と報じられた。

事例25　山地悠紀夫（1983～2009年）

山地悠紀夫は、16歳で母親を殺害し、少年院に3年間入所。仮退院した2年後に大阪で2人の姉妹を殺害して逮捕（当時22歳）。求刑通りの死刑判決が下り、弁護側が控訴するも翌年本人の控訴取り下げによって死刑確定。その2年後、死刑執行により25歳で死亡。

山地は1983年、山口市生まれ。父親は建設作業員など様々な職に就いていたが、酒癖が悪く、妻や彼に暴力をふるうことがあった。母親は自宅近くのスーパーに勤めていたが、生活は苦しかった。小2で父親が肝硬変で死亡した後は母親と2人暮らし。母親は実家とも疎遠で、親類が訪ねて来ることもなかったという。それまでは隣接するアパートで暮らしていた祖母も老人福祉施設に入所。母親は次第に食事も作らなくなり、時々連絡もなく外泊するなど、その養育環境はネグレクト状態であった。一方、その住居は文教地区で同級生には裕福な家庭が多買ったため経済的に苦しい彼ら母子は肩身が狭く、小さな地域にも「格差」があったという。

山地は学校では目立たず、交遊関係も限られていた。中学2年の頃から欠席がちとなり、3年時には1日も授業に出ず、修学旅行などの行事にも参加しなかった。割り算もできないほど学力がないため、卒業後の進路については「高校に行きたくない」と話し、定時制高校を受験したが不合格。学年で1人だけ進学を諦めて就職面接を受けるが失敗し、就職先が見つからないまま1999年3月に卒業することになる。その後、知人の紹介により新聞販売店で働き始める。母は生活苦の中で消費者金融から借金を重ね、家賃や水道料金の滞納もあった。生活保護を申し込んだこともあったが、認められなかったという。やがて一家は借金返済にも追われるようになり、電気・ガス・水道も止められて生活に行き詰る中、親しくなった女性との関係を邪魔されたと思い込んだ山地は、2000年7月母親を殺害するに至る。生活苦と周囲から孤立する中、唯一の身近な肉親を殺害したことになる。

山地に対して山口家庭裁判所は「年齢的に見ても矯正は十分可能」として中等少年院送致とする保護処分の決定を下した。上記事例24と同様に、神戸連続児童殺傷事件の影響で、あまり例がない3年という「超長期」の処遇であった。それまで少年院の収容は、長期処遇でも1年程度が標準のため、山地が収容された少年院では前例がなく教育プログラムもなかったと言われる。

山地は2003年10月に少年院を仮退院したあと、パチンコ店に住みこみで働いたが、友人を介して不正でパチスロの大当たりを出す「ゴト師」の元締めと知り合ってグループに加わり、そうした裏稼業で生活をしていくようになった。2005年3月、そうした不正行為が発覚し、窃盗未遂容疑で逮捕され、起訴猶予。その後もゴト師を続けようとしたが、仲間から「仕事ができない」と見捨てられつつあり、「自分には向いていない」というようなことを言いはじめたという。

2005年11月、大阪市のマンションで、室内の一部を焼く火災が発生し、住んでいた姉妹が血を流して倒れているのが発見され、搬送先の病院でまもなく死亡。この強盗殺人事件の容疑者として逮捕されたのが、住所不定・無職の山地であった。彼は殺害した姉妹とは面識はなく、その動機について、「母親を殺したときの感覚が忘れられず、人の血を見たくなった」、「誰でもいいから殺そうと思った」などと供述して世間を驚愕させた。2006年5月に大阪地方裁判所で初公判、山地は起訴事実を認め、同年12月求刑通り死刑が言い渡された。裁判長は「遺族の悲しみはどれほどかをもう一度考え、幼いころの人間性や家族との温かい交流を思い起こし、遺族の苦しみの万分の一でも理解してほしい」と説諭した。2007年5月、山地が控訴を取り下げたことで死刑確定、母殺しから9年、そして死刑確定から2年後の2009年に死刑執行。なお、この20代での死刑執行は1972年の少年ライフル魔事件（死刑執行1979年）以来37年ぶりであった。

事例26　F夫の「無援の日々」

18歳で強盗殺人の罪を犯したF夫が殺害したのは母方の祖父母。自分の母親からお金を借りるように強要された挙句の犯行であった。さいたま地方裁判所での懲役15年の判決を東京高等裁判所、及び最高裁判所が支持して確定、現在（2019年）服役中。

F夫は1996年、埼玉県生まれ。すでに4歳の頃、両親は借金のため夜逃げ状態で父方祖母の家に転がり込む。F夫の小学校入学を機に埼玉に戻るが、やがて両親は別居（後に離婚）。その後の母と交際相手の男性と暮らす生活は「無茶苦茶だった」。そんなネグレクト状態の中でF夫は次第に朝起きられなくなり、学校を休み始め、小4になるとほとんど行かなくなってしまう。当時母親は、ある男性から金銭的な支援を受けながら、ホストクラブに通い続けるなどして1ヶ月帰宅しないこともあった。この頃「捨てられたかと思った」というF夫。また母親が交際する別の男性（後に結婚）が地方にいて、そこへ連れられていくこともあった。ようやく5年生の10月になって母親とその義父が仕事を見つけて静岡県へ移動。一家は住民票も移しF夫も転校して、学校に通えるようになる。が、働くことが嫌になったという両親が逃げ出してしまったため、その生活は3ヶ月で終わってしまう。その後、住民票を残したまま埼玉県内などを転々とし、学校も居場所を把握できなくなった。山寺（2017）は「彼の学籍は規定に従って1年後に学校から削除され、一家の住民登録も削除された」と述べており、この段階でF夫は「1年以上居所不明児童」になったと考えられる（ただし正式な記録がどうなっていたかは確認できない）。

一家は、金があるときはラブホテルに泊まり、ないときは公園で野宿するという生活を続ける。当時F夫は義父から理由もわからないまま暴力を受けていたという。こうした生活の中で母は一度も産婦人科に通院しないまま妹を出産するが、出生届は提出されず、妹は戸籍のない子どもとなる（第I

部第6章参照)。この病院からの通報で埼玉県内の児童相談所はこの一家4人の存在を把握していたが、接触した形跡はないという。

2010年8月(F夫14歳時)、義父が横浜市で生活保護の申請をして、ようやく公的な援助を受けることになる。しかし、母親が子どもたちの一時保護に強く反対したため、一家4人で生活保護を受けながら簡易宿泊所に住んで生活を立て直すための支援を継続的に受けることになる。この時妹の戸籍も作成され、F夫も9月からフリースクールに通うことになった。これは学校に通っていない期間が長かったための措置であった[2]。しかし、翌年2月に一家はここからも3月分の保護費を受けとっていなくなってしまう(この3月に東日本大震災が発生した)。そのまま中学にも通わず学齢期を修了。やがて、母親はF夫に親戚に金を無心するよう強く求めるようになった。F夫は嘘をつくなどして実父の親戚から何百万も借りている。さらに、義父が失踪すると、母親はF夫への依存を強めて、自分と妹を養うためにF夫を義父と同じ会社に就職させて、その会社の寮に家族で住み込んだ。浪費する母親からせがまれたF夫が給料の前借りを始めると、「(相手を)殺してでも金を持ってこい」とたびたび母親に責められるようになる。一番の味方であるはずの母親に追い詰められ、肉親から嫌がられながら借金を重ねた。ついにF夫は、2014年3月、母親から母自身の父母(F夫の祖父母)から金を借りてくるように迫られて祖父母宅に行くが、強い口調で断れた末に祖父母を殺害するに至る。

18歳になっていたF夫は強盗殺人などの罪に問われ、2014年8月さいたま地裁で懲役15年の判決を受ける(なお、母親も逮捕されて4年6か月の判決、控訴せず確定)。少年の親族に裁判長は、「あなただけではないが、周りに大人がいて、誰か少年を助けられなかったのですか」と発言。その法廷で明らかにされたのは、F夫の「無援の日々[3]」だった。少年の情状証人に立ったのは10年以上前に別れた実父であった。判決を言い渡した裁判長が、「君のことを思う人と一緒に、社会に帰ってくるのを我々も待っていようと思う」と語りかけると、F夫は「はい」と小さな声で答えたという。

ここで取り上げあげた10代で殺人事件を起こしてしまった少年たちが、いずれも劣悪な養育環境（ネグレクト）と長期欠席（あるいは不就学）状態を経験していたことを確認して先に進むこととしよう。

注

（1）堀川（2013）は、長兄の詐欺罪や四女の「心の病」など永山のきょうだいたちについての「事実」を挙げて、この「普通の市民生活」という主観的判断に疑問を呈している。

（2）筆者が関わったケースで小学校2年から中学校2年まで「居所不明」であった子どもも中学校2年に復籍したが、出席が難しかったため適応指導教室に通うこととなった。このケースは、2011年以前のものであり、小学校2年時まで在籍した学校とその教育委員会は、1年後に学籍を削除したまま簿冊に残さず、決められた対応を取っていなかった。また、復籍させた教育委員会及び中学校も、前例がなかったため、どの学年から戻るかの検討はしなかった。F夫も、2010年度に学齢期を過ぎているため、静岡県や横浜市での学籍上の扱いは不明なところがあるが、ルール通りでなかった可能性が高い（第I部第6章参照）。

（3）この言葉は、『朝日新聞』2015年1月8日付「誰も少年を助けなかった」の中にあったものである。出典とした単行本の帯にも「この罪は、本当は誰のものなのか？」とある。

第2章　中学校卒業後の非進学者と定時制高校生の実態

1　児童憲章の制定

第Ⅰ部第2章で詳述した戦後の「子どもの危機的状況」は当然大きな社会問題として考えられており、1947年3月に厚生省に児童局が設置され、1948年1月には児童福祉法が施行となる。しかし、当時の荒廃した社会の中では、この児童福祉法の趣旨が十分に生かされず、その対策として国民各層・各界の代表からなる児童憲章制定会議が結成された。そして、2年余りの討論の末、1951年5月5日（1948年よりこどもの日）に、児童憲章が制定されることになる（表2-1）。

この第6項に「すべての児童は、就学のみちを確保され、また、十分に整つた教育の施設を用意される」と謳いながら、この当時は義務教育である小中学校にすら行けない子どもたちが大勢いたのは第Ⅰ部でみた通りである。そして、全国の長期欠席調査が始まって、不就学と連続している長期欠席の実態が把握されるようになる。この長期欠席調査を契機に様々な対策が実施されるようになり、文部省事務次官・厚生省事務次官・労働省事務次官共同通達「義務教育諸学校における不就学および長期欠席児童生徒対

表2-1　児童憲章

われらは、日本国憲法の精神にしたがい、児童に対する正しい観念を確立し、すべての児童の幸福をはかるために、この憲章を定める。

児童は、人として尊ばれる。
児童は、社会の一員として重んぜられる。
児童は、よい環境の中で育てられる。

一　すべての児童は、心身ともに健やかにうまれ、育てられ、その生活を保障される。
二　すべての児童は、家庭で、正しい愛情と知識と技術をもつて育てられ、家庭に恵まれない児童には、これにかわる環境が与えられる。
三　すべての児童は、適当な栄養と住居と被服が与えられ、また、疾病と災害からまもられる。
四　すべての児童は、個性と能力に応じて教育され、社会の一員としての責任を自主的に果たすように、みちびかれる。
五　すべての児童は、自然を愛し、科学と芸術を尊ぶように、みちびかれ、また、道徳的心情がつちかわれる。
六　すべての児童は、就学のみちを確保され、また、十分に整つた教育の施設を用意される。
七　すべての児童は、職業指導を受ける機会が与えられる。
八　すべての児童は、その労働において、心身の発育が阻害されず、教育を受ける機会が失われず、また、児童としての生活がさまたげられないように、十分に保護される。
九　すべての児童は、よい遊び場と文化財を用意され、悪い環境からまもられる。
十　すべての児童は、虐待・酷使・放任その他不当な取扱からまもられる。あやまちをおかした児童は、適切に保護指導される。
十一　すべての児童は、身体が不自由な場合、または精神の機能が不充分な場合に、適切な治療と教育と保護が与えられる。
十二　すべての児童は、愛とまことによつて結ばれ、よい国民として人類の平和と文化に貢献するように、みちびかれる。

策」（1955年、第I部第3章参照）へと結実していった。

2 生活のために就労する子どもたち

児童福祉法の趣旨が十分に生かされなかったという実態を、この児童憲章第8項「すべての児童は、その労働において、心身の発育が阻害されず、教育を受ける機会が失われず、また、児童としての生活がさまたげられないように、十分に保護される」という観点からみてみよう。例えば、労働省婦人少年局は、児童福祉法が制定された1948年12月から1949年4月までを調査し、この5ヶ月間に身売りされた子どもは全国で289名、特に4月だけで40名の子どもが売られていると発表した。同年5月には、厚生次官・労働次官・文部次官・法務行政長官の連名で各都道府県知事に対して「親元を離れ他人の家庭に養育され又は雇用されている児童の保護について」（通知）が発せられ、「保護対策実施要項」が指示されている。また、第2章で詳述したように栃木県に端を発した人身売買事件が東北全土に波及し、1949年2月には労働省労働基準局が仙台市で東北6県と北海道の各労働基準局長の連絡会議を開く。そこで、各道県に「基準局・民政・労働・教育関係者間に身売り防止協議会」を設け、小中学校の長期欠席者の調査を行うことを決定している。その後も、労働省婦人少年局は調査を継続し、1950年1～6月に起きた事件のうち18歳未満の子どもは340名、1950年7月～1951年6月では同523名と報告しているが、同時に「この調査は、実際に人身売買の何分の一、何十分の一を把握できたかは測定できぬ」ことを認めている。さらに、労働省婦人少年局の報告は続き、１９５１年7月から１９５２年6月までの1年間に起きた人身売買事件のうち18歳未満の被害者総数は１４８９名、１９５２年7月から１９５３年6月では同１８８３名にものぼると発表されている。『増補新版　現代世相風俗史年表（１９４５〜２００８）』（世相風俗観察会編　２００９）においても１９５１年に「人身売買深刻化」という項目があり、次のように説明されている。「生活難から、児童福祉法をまったく無視した事件が山形、福岡、東京、奈良などで続発した。その数約５０００人にのぼる（8月〜）。今までは東北地方の農村、炭鉱地帯を中心に行われていたのが全国的に広がり、都会でも行われるようになった。受け入れ先は接客婦、女給などが圧倒的に多い」。

　こうした中で、労働省は「年少者の不当労働慣行防止要領」を作成し、中学校の長期欠席で人身売買や年少労働＝不当労働慣行[1]の恐れのある生徒の調査を行なっている。すなわち、この時代は不就学と長期欠席は連続しているものとして捉えられ、その背景に人身売買や年少労働＝不当労働慣行があったことから、文部省だけではなく、厚生省及び労働省といった関係各省が連携して解決に向けた対策を講じていったのである。

　しかも、当時はこうした人身売買や年少労働＝不当労働慣行を多くの人々が認めていたようだ。「お金を前借りして子供を年季奉公に出すこと」を容認する人が１／３も存在し、「親が前借りして子供を年季奉公に出すこと」について「子供が進んでいく場合や子供が幸せになるなら構わない」といった肯定派は7割もいたのである。そうした学校に行けずに働いている子どもたちを認める世の中で、１９５０年代前半まで中学校の長期欠席率は2〜3％にも達し、その中には実質的には不就学状態である「1年以上居所不明」が含まれていたのである。そして、中央青少年協議会が「いわゆる人身売買対策要綱」を決定して国から都道府県へと通知する一方、労働省婦人少年局による被害者報告数は１９５２年に至っても年間

1000人を越えた。これもまた、戦災孤児たちが集まっていた上野駅地下道が少年犯罪の温床であったことや、その一方で全国を彷徨う子どもたちが多数いたという実態をふまえなければ理解できないだろう。それゆえにこそ児童福祉法の趣旨が生かされていないとして児童憲章が制定されたのである。

事例27　戦災孤児

1945年5月の東京大空襲で両親を亡くした山本麗子の手記には、「両親の死後、とうとう学校には通わせてもらえず、わたしの学校生活は、小学3年で終わりました」と記されている。9歳で孤児になった彼女を「待ち受けていたのは、想像を絶する生活」だった。きょうだい3人は離れ離れに親戚に預けられ、叔母の家に引き取られた彼女は昼も夜も働かされ、そこを逃げ出してからは上野駅の地下道で過ごし、2日に1回ボランティアのおばさんが配るおにぎり1個で生きていたという。そうした数年の生活の後、親戚のお寺を頼り、お手伝いをしながら、20歳まで学校にも行けないまま生きていくことになる。

当時の文部省は、『「わが国の教育の現状」(昭和28年度)教育の機会均等を主として』の中で、「不就学の状況」(1952年10月1日現在)を図2-1のように示し、「不就学学齢生徒のうち実に約6割が主として経済的な理由によるものであるということは注目に値しよう」と報告している。そして、「この他、学齢簿から漏れているいわゆる浮浪児も相当の数に上るといわれており、こうした者の漏れなき記載はきわめて困難であるが、しかし不就学児童生徒の的確な把握こそ不就学対策の基礎資料であるから、今後における学齢簿の一層の整備が切望される」(文部省 1953)と述べる。つまり、新制中学校の就学率99%とい

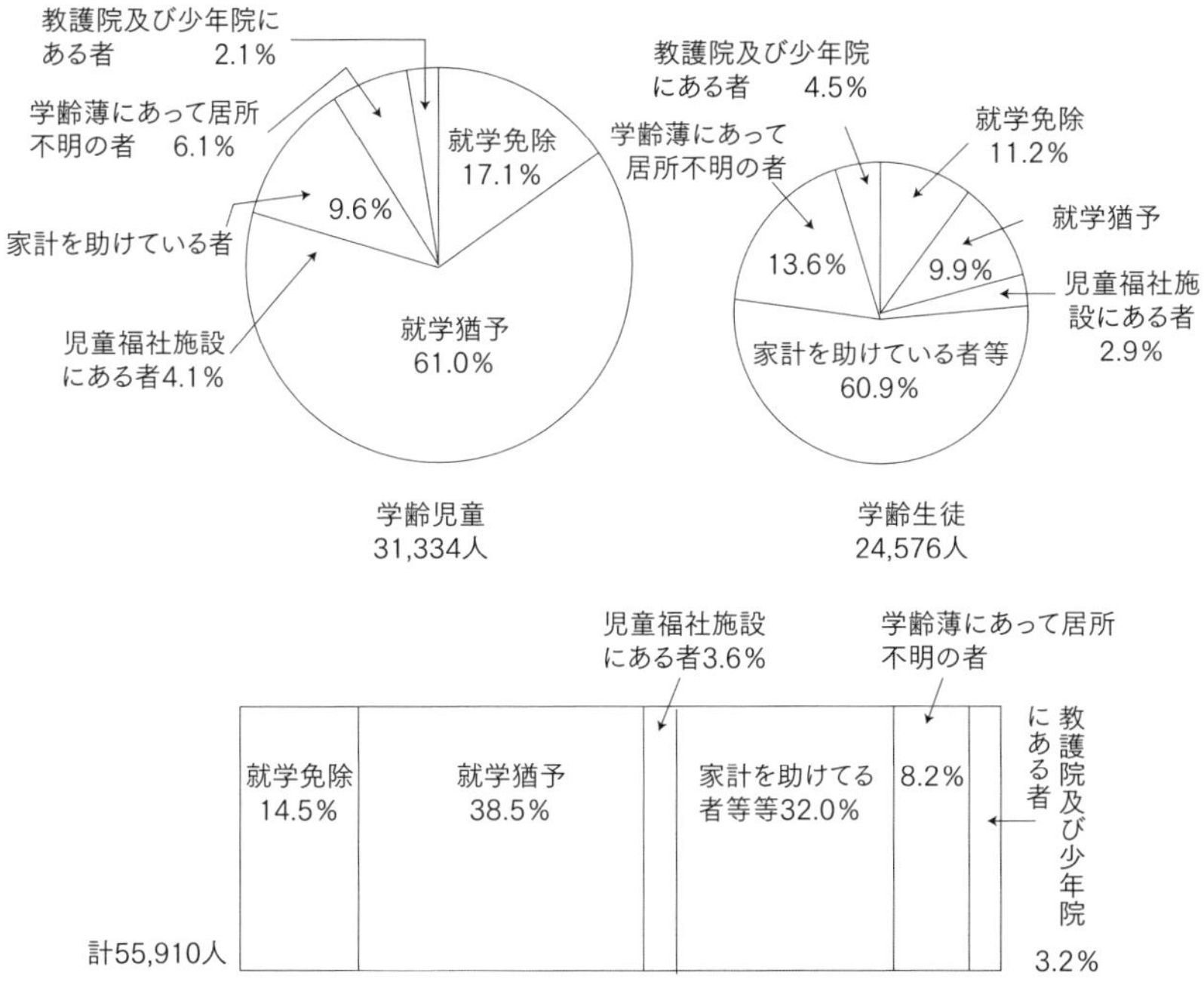

図 2-1 不就学の状況 文部省（1954）から作成

うのは、あくまでも学齢簿上のことであり、そこから漏れてしまった子どもたち（例えば戦災孤児）は含まれていない数字だったのである。

また、この調査は学齢生徒（中学生）では6割が「家計を助けている」、つまりは経済的理由（貧困）という実態を明らかにしている。第I部第3章で詳述した夜間中学は、こうした実態を踏まえて各地で開設され、その後1955年には85校（在籍者数約5000人）まで増加している。当時の文部省も国会も「必要悪」と認めざるをえなかったこの夜間中学は、そもそも「学齢期の子どもたちが生活のために就労している現実」を前提にしている。例えば、当時の京都市14校の夜間中学の調査でも、生徒の2／3が「貧困のため就職、あるいは家事手伝い」と報告されている（文部省 1953）。

従って、文部行政がこの夜間中学の対象者を学齢超過者に限定するようになるまで（第Ⅰ部第4章参照）、学齢期の子どもたちが生活のために就労していたことを意味する。

これに対して第Ⅰ部で概観したように長期欠席・不就学対策が本格的に実施されていったことで、長期欠席の減少へと向かう（図1-2、48頁）。さらには、1961年度から別に発表されるようになった1年以上居所不明児童生徒数（図1-3、49頁）も1963年度以降1000人を割り、500人以下へと半減する。そして、ようやく人身売買や年少労働＝不当労働慣行の取り締まりを含む小中学校の長期欠席・不就学対策から、その出口である中学卒業後の進路へと目を向ける時代がやってきたのである。

3 人身売買から集団就職へ

事例24の永山則夫は1965年、当時の「集団就職」によって青森から東京へと上京した。「集団就職」とは、「昭和30年代から40年代にかけて、各地方の中学卒の少年少女が集団就職列車に乗って、関西（阪神）、中京、関東など大都市圏に就職したことを指す」（澤宮 2017）。近年、あらためてこの「集団就職」に注目して研究した山口（2016）は、『集団就職とはなんであったか』を著し、その構成要素として、①広域職業紹介制度、②集団赴任制度、③集団求人制度の三つを上げている。詳細は同書に譲るとして、本書で注目したいのは、これらの諸制度が「人身売買」対策として整備されていったという分析である。すなわち、山口（2016）は「集団就職は、同時期のコンテクストからすれば人身売買と関連づけて論じられるべき現象」とまで述べて、「人身売買から集団就職へ」というタイトルで1章を割いて詳細な分析を加えている（その分析対象が永山の出身地である青森県なのである。）。また、先に第Ⅰ部第1章で取り上げた藤野（２０１２）も、「人身売買を減少させた大きな理由として集団就職の拡大があったと考えられる」と記している。

この時代に多くのものが肯定していた借金のかたに「年季奉公」するという形態が当時まであったことがわかっている。例えば、１９４６年生まれの田上源（熊本県南阿蘇村出身）は、中学の卒業式の翌日に1年間5万円の借用書と交換にある農家に行かされた。朝4時に起きて農作業に従事、寝るのは夜11時過ぎという生活が３６５日続いた。1年経って実家に戻ると親から「もう1年奉公を」言われ、1日だけ働いて家出。その後、自分で人生を切り開くために資格取得に邁進したという。また、１９４４年生まれの原千恵子（熊本県天草郡出身）は、集団就職を希望したが、漁師の父親が必要とする大きな網を買うためのまとまった金額と引き換えに農家に年季奉公に出される。その辛さに耐えかねて2年目の秋に無断で奉公先を抜け出したという（澤宮２０１７）。

その一方で、集団就職においても、人材確保のため親に「支度金」としてまとまった金額を渡して、質にとったような形で入職させた例もあったという。こうなると入社して事前の労働条件と違っても自由に転職もできない「不当労働慣行」にあたり、一種の人身売買であったとも言えよう。いずれも１９６０年前後のことであるが、こうした集団就職を希望しながら「年季奉公」に出されたという話や、集団就職における「不当労働慣行」の存在から、人身売買から集団就職への流れが、グレーな部分を含みながら移行していった当時の実態が確認できよう。また、先に紹介した多数の「年季奉公」肯定派の中には、こうした中学卒業後のことを含んで回答していた可能性も指摘できる。

当時、都市部の大企業は寮が不要で労務管理が楽な親元から通勤可能なものを優先したため、地方への求人は労働条件が劣る零細企業や中小企業が多く、中卒女子を大量採用した繊維業界を除き、大企業の求人は地方へはあまり回らなかった。そのため先のような非合法な斡旋もあり、就職して過酷な労働条件に苦しみ、離職するものも多かった。例えば、加瀬（1997）は、1962〜65年度の労働省調査から小規模事業所（30〜99人）では約25％が就職1年以内に離職し、そうした事業所では労働条件が悪い（週労働時間が48時間以上、休日が週1日未満）ことを明らかにしている。また、東京都の1962年の調査では、約1割が1ヶ月で帰郷・転職、3割が1年で離職したとされ、「生活環境が悪い」、「労働条件が守られない」などが原因で転職を繰り返す若者が問題化した。[2]

事例24の永山は、獄中で『無知の涙』を著し、その副題に「金の卵たる中卒者諸君に捧ぐ」と記したこともあって、「集団就職」の負のイメージの象徴として取り上げられてきた。しかし、澤宮（2017）は、マスコミなどによる集団就職の影の部分（挫折した少年少女や犯罪事件）への注目によって、必要以上に負の面が語られてきたのではないかという疑問から、集団就職が高度経済成長期に果たしてきた意義を明らかにする作業にも取り組んだ。その中で、中学校の進路指導担当者が、1960年頃から卒業生を送り込んだ様々な企業の職場視察を頻繁に行なっていたという事実を掘り起こしている。また、受け入れた企業側でも、人事担当者が集団就職者の実家まで出向いて親に近況報告をしたという実践や、受け入れ企業（あるいは商店街[3]）で同郷のものをまとめて採用し、受け入れた地域で集団就職者を支える会が組織されていたということも明らかになっている。こうした高度経済成長を支えた若者たちのために、様々な支援が組織的に行われていた事実も確認しておきたい。

つまり、「集団就職」とは、ようやく日本社会が、人身売買や年少労働＝不当労働慣行の取り締まりを含む小中学校の長期欠席・不就学対策から、その出口である中学卒業後の進路（就職）へと目を向けることができるようになったことを象徴している。それゆえ「人身売買から集団就職へ」とは、それまで学校にも行けずに働かなくてはならなかった子どもたちも、中学校卒業までは学校に行けることが保障されるようになったことを意味している。そして、学校教育としては、長期欠席・不就学対策から中学卒業後の進路（就職）指導へとその視点が移動し、「学校」から「社会」へと移行する若者たちを支援する実践として「集団就職」が整っていったのである。

4　高校進学率の上昇と非進学者の減少

1948年にスタートした新制度の高等学校の進学率は、1950年度には42・5％であり、中学校を卒業したもののうちの半数以下しか進学していない。つまり、非進学者の方が多数派であったのである。なお、当初は多数派であった中学卒業後に就職したものを第Ⅱ部タイトルの「ドロップアウト」として括ることに異論もあろう。が、ここでは高校まで含む中等教育からの「ドロップアウト」として位置付けて長期の概観を行いたい。そもそも日本の中等教育は制度上、前期中等教育機関である中学校（義務教育）と後期中等教育（非義務制）に分割されているため、中等教育の途中で学校教育から離れる中学卒業後の就職を中等教育からのドロップアウトと位置付けることができる。

高校進学率はその後、**図2-2**に示すように上昇を続け、1965年**事例24**の永山と同世代で高校に進学したものは7割（70・7％）を越え、すでに就職していく非進学者は少数派になっていた。しかし、彼の出身地である青森県は、当時から高校進学率が全国最下位でようやく5割を超えたところであった。第Ⅰ部で注目した切り口から見れば、１９６５年度の中学校長期欠席率は1％を下回り、「1年以上居所不明児童生徒数」も別途調査を開始した１９６１年度の半分以下（６００人程度）になっている。一方で、全国の就職者数においては高卒者が中卒者を上回った年でもある。そして、日本の高度経済成長期が後半に入り、国民所得の増加によって「絶対的貧困」から「相対的貧困」へと移行する節目の頃にもあたる（橋本２００９）。

図2-2は、中学卒業後の非進学者（就職者・無業者）の実数を表しているが、１９５０～１９６２年度まで増減を繰り返してから減少期に入っていく。下の**図2-3**の高校進学率データと重ねれば、１９５０～５３年度までが40％台、１９５４～６０年度までが50％台、１９６１～６４年度までが60％台と、わずか15年ほどで40％台から70％台に駆け上がっていくのがわかる。おおよそ１９６２～６４年度が団塊の世代の中学卒業年度にあたることから、その塊の卒業とともに中学校の長期欠席率は1％を切り、「1年以上居所不明児童生徒数」も１０００人を下回るようになったことがわかる。そして、団塊の世代の中学卒業とともに非進学者の減少と並行して高校進学率がさらに60％台から90％台まで上がっていったことがわかる。

「集団就職」は、上記2の澤宮（２０１７）の定義では「中学卒」となっているが、山口（２０１６）は「新規中卒就職者を中心とした」と記し、実際は職業訓練校や高校の卒業生も含まれていたことがわかっている。例えば、１９４８年生まれの戸浦陽一（長崎県西海市出身）は、中学卒業後に職業訓練校で1年学んでから集団就職で大阪のブロック会社に就職したが、「職業訓練校に1年行かせてもらったのは、本当

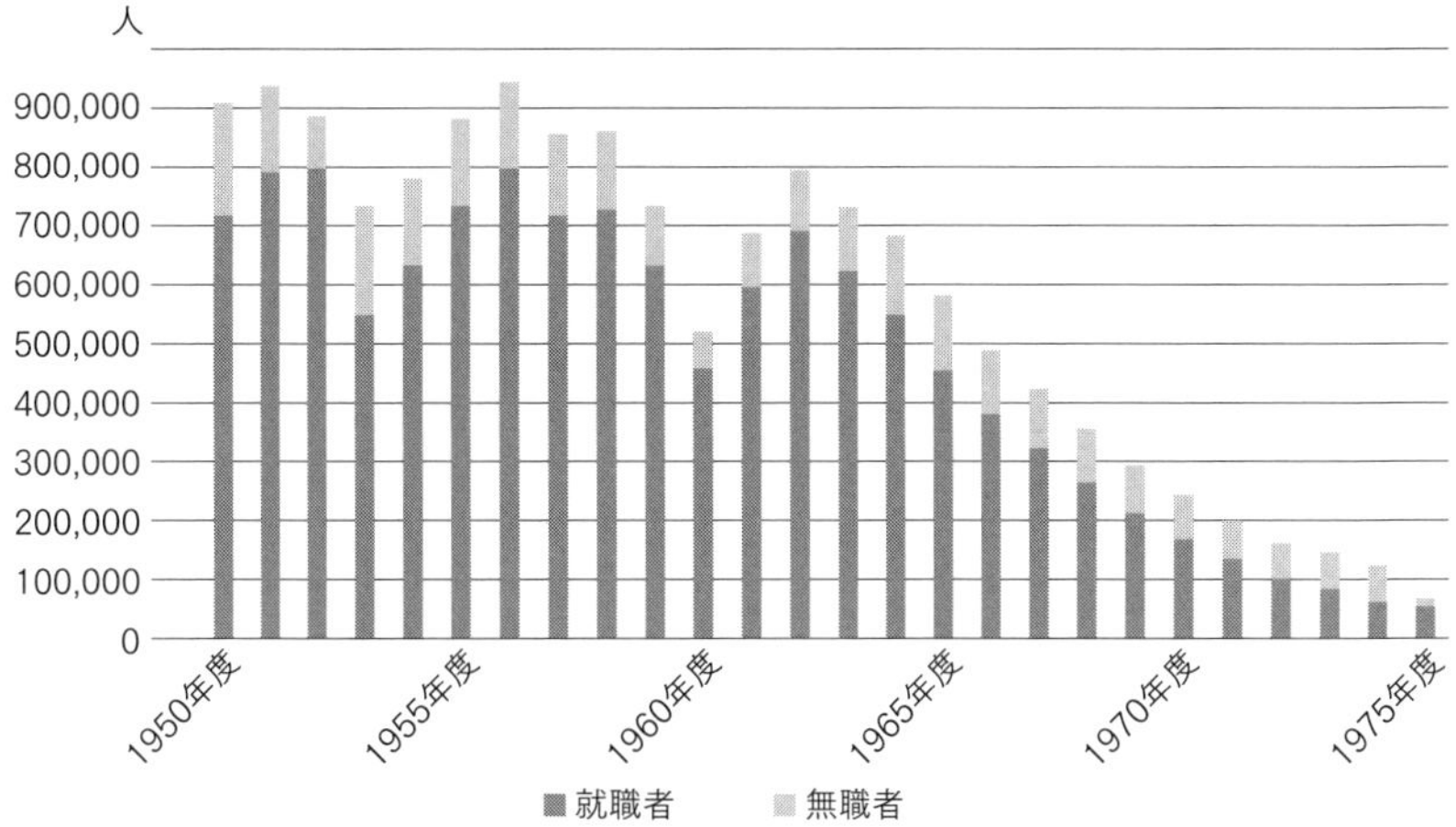

図 2-2　1950 ～ 1975 年卒業後の進路（就職者・無業者の人数）　学校基本調査より作成

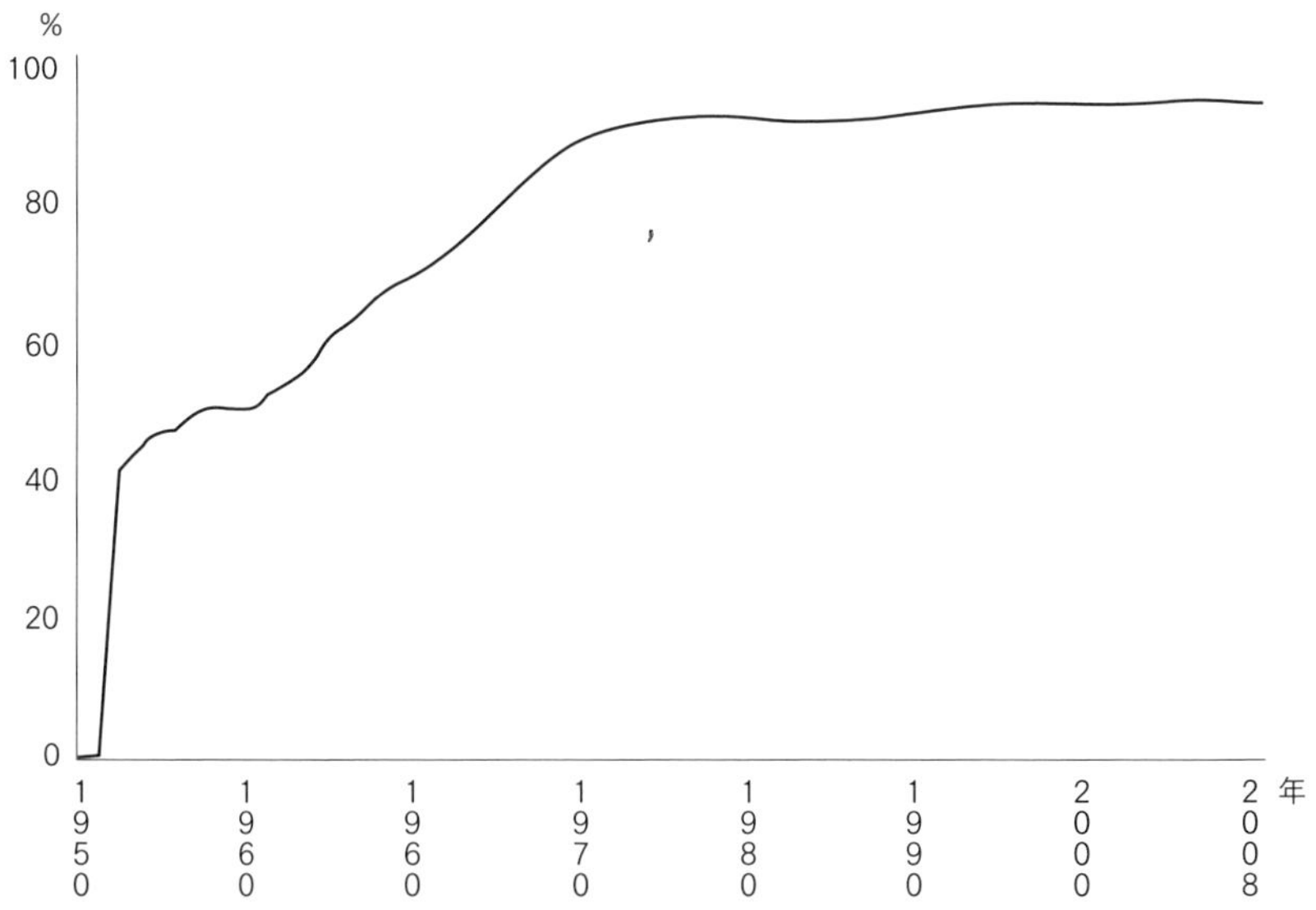

図 2-3　高校進学率　学校基本調査より作成

に貴重だ」と振り返っている（澤宮 2017）。このように集団就職と並行して、中学卒業後も高校進学だけではなく職業訓練校を含めた広い意味での教育機関において、義務教育9年間よりも長く教育（同時に保護）される子どもたちが増えていったのである。

この職業訓練校とは、1953年から開設されるようになった国立の総合職業補導所（新規中学校卒業者を対象とした訓練が中心）で、5年間で34か所が開所された。その後、1958年に総合職業訓練所に改称されているが、その専門訓練課程（2年制）にはすでに1964〜65年度、全体で2割も高卒者が入所し、特に自動車整備科には高卒者が多く、訓練所によっては高卒者が半数以上を占めているところがあったことが報告されている（安江・富田 1968）。こうした訓練所へ入所するものの実態からも、高校進学率の上昇とともに、子どもたちが職業に就くまでの期間がさらに延長されていったことを示している。ちなみに、中等教育を修了して高等教育に進む大学進学率も、この高度経済成長期（1955〜75年）におよそ15％から40％以上へと上昇している。

5　定時制高校の増設と中退問題

その一方で、初期の高校進学率の上昇を支えたのが定時制高校の増設であったことはあまり指摘されない。具体な数字をあげれば、1948〜49年度にかけて定時制高校生は17万人（全生徒数に占める割合では14・2％）から35万人（同21・4％）にまで増えている。片岡（1983）は、この定時制高校の在学者数

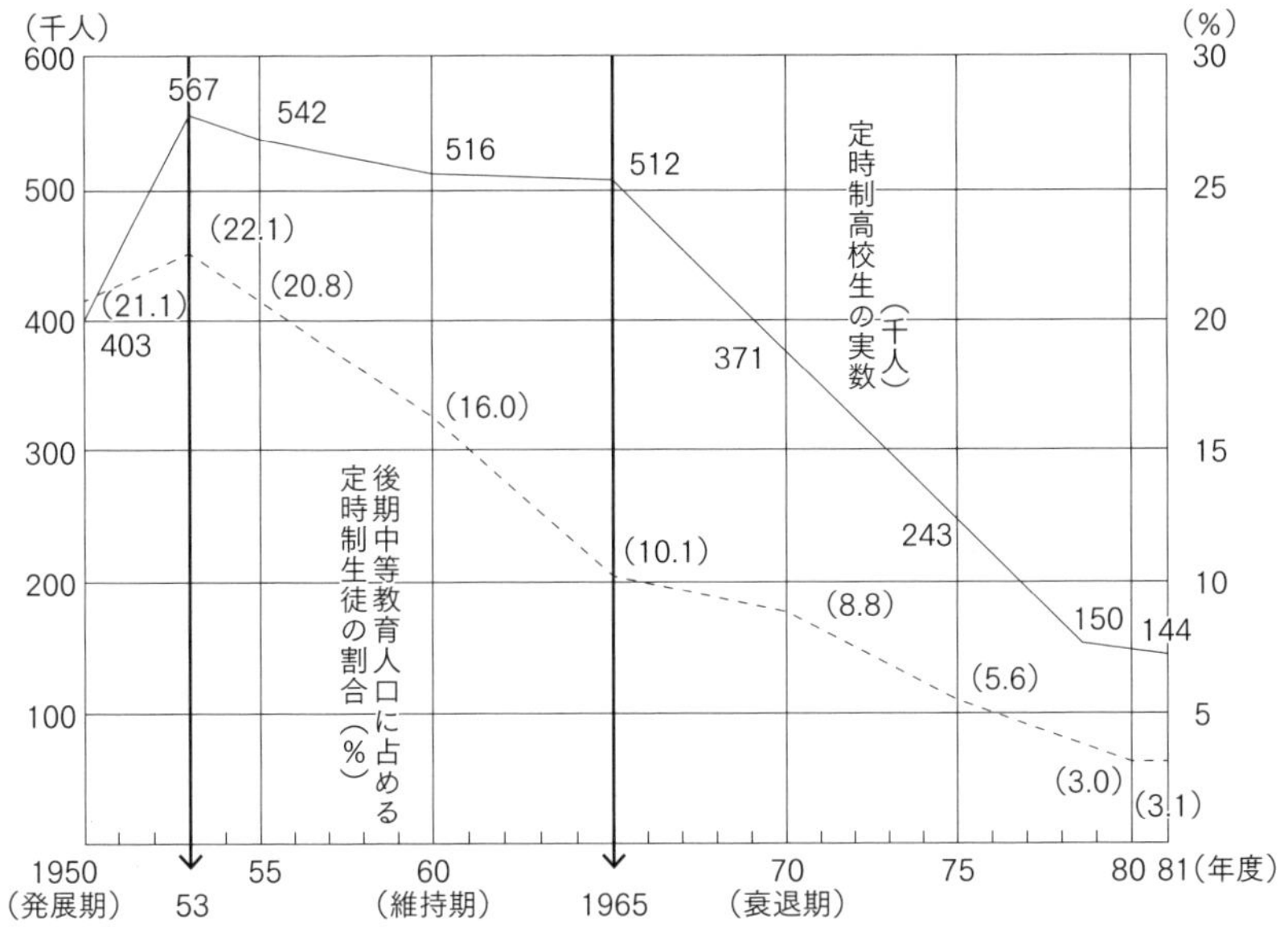

図 2-4　定時制高等学校在学者数の推移　　片岡（1983）159 頁より転載

の推移を**図2-4**のように示して、定時制高校の教育の発展過程を三つの時期に分類している。それによれば、１９５０～５３年度が発展期とされ、定時制高校の生徒数・高校在籍者全体に占める割合ともに拡大し、「勤労青少年の中心的機関」となったと分析している。１９５３年度の生徒数は約57万人、高校在籍者全体に占める割合では22％にあたる。先の**図2-2**と重ねれば、高校進学率が40％台から50％台へと上昇していく時代である。この間全国で定時制高校数（単独）は、２６１校から３８３校へと増加しているが、先の**事例24**の永山が進学（それも2度）した私大附属の定時制高校も１９５０年に開設されている。

その後、全国の就職者数において高卒者が中卒者を上回る１９６５年度までが維持期とされ、生徒数は50万人以上を維持するもののその割合は10％まで低下していく。この時期の高校進学率は50％台から70％台へと上昇し続け、しかもその後半1962~64年度は、団塊の世代が高校へと大量に進学していった時期にあたる。こうした中で、集団就職者をはじめとする働く人のための定時制高校が各地に作られていったことはあまり知られていない。先の片岡によれば、すでに衰退期に入っていて、定時制高校の生徒数は全体の1割を切るようになっていたためであろう。

その中に大阪の紡績会社で働く女子従業員の勤務体系に合わせた隔週定時制高校があった。中卒女子を大量採用した繊維業界の要望もあって1966年大阪府立貝塚高校、和泉高校、泉南高校、鳳高校横山分校（隔週定時制課程家政科）が開設され、この4校とも1969~1974年までが入学者のピークを迎えている。なお、第I部第2章で取り上げた大阪府調査（1959年度）の中で長期欠席が多い地区として挙げられていたのが泉南地区で、織物工場では「10~12時間労働」が行われていたことが記されている。言うまでもなく、その地に開設されたのが上記のうちの一つ泉南高校（隔週定時制課程家政科）である。つまり、構図としては少数派となった中学卒業後の就職者たちにも高校進学という道を開くために定時制高校が存在し続け、あるいは増設されていったことが高校進学率の上昇に寄与したということになる。

しかし、こうした定時制高校を卒業することが困難であったことは想像に難くない（尾形・長田1967）。澤宮（2017）は、上記の貝塚高校が開校した翌年（1967年）から11年勤務した教員の話として、2交代勤務が想像以上に辛く、卒業できたのは「半分ほど」と伝えている。一方で、会社で問題に巻き込まれた生徒のために職場の労務管理者と掛け合うような生徒思いの熱心な教員たちも多くいたという。また、この時代になってもまだ上記2でふれたような「支度金」によって身分を縛られている者もいたことが記されている。

この当時の高校中退率については全国調査が行われていないが、山形県教育委員会の『教育の歩み』には「高等学校退学者状況等調査」が掲載されている。(4) 例えば、1960年度のデータでは、在学者4万3697名のうち退学者1139名と報告されており、それを元に計算すると中退率は2・6%となる。また、「原学年とめおき者数」（現在の原級留置者数と考えられる：第5章2参照）は172名、長期欠席者数（年間の欠席日数は不明）401名となっているが、それぞれ「通常（普通科）」（全日制と考えられる）と「定時制」別データが掲載されているため、定時制の中退者は、そのうちの748人（中退者全体の65・7%）、原級留置者が85人（同49・4%）、長期欠席者が261人（同65・1%）であることがわかる。

これに基づけば、普通科の中退率0・9%に対して、定時制の中退率は8・1%という高さになる。その後の調査結果（統計表）は定時制だけに限定され、「退学理由別学年別退学者数」、「保護者の職業別退学理由別退学者数」、「退学理由別就業形態別学年別退学者数」、「退学理由別、父母の状態別、学年別退学者数」、「退学理由別、学業成績別、学年別退学者数」、「課程別退学理由別、学年別、退学者数」、「課程別学業成績別、学年別、退学者数」と詳細な分析が行われている。このうち「理由別」は、「本人による者」として「学業不振、健康上の理由」など8項目、「家庭による者」として「経済的理由、無理解、その他」3項目、「勤務先による者」として「多忙、雇主等の無理解、転職したため、その他」4項目の計15項目に細分化されているが、「家庭による者」と「勤務先による者」で277名（全体の約4割）になる。また、学年別データで見ると2年生の中退者が317名（全体の約4割）と多いこと、保護者の職業では農林業が450名（全体の約4割）も占めていることがわかる。こうした分析方法からは、第I部第2章で取り上げた長期欠席児童生徒調査と同様に経済的問題（貧困）が重視されていたことがよくわかる。

また、京都市教育委員会（1960）が、1959年度の「高等学校退学者及び長期欠席者調」を行なっている。それによると、対象は市内の府立と市立高校で、「通常」（全日制と考えられる）と定時制別にデータが示されており、中退率は「通常」０・６％に対して、定時制は８・３％と山形県データと同様に定時制の中退率の方がはるかに高い。また、ここでは課程別学年別データが示されているため、定時制の１年生の中退率が約14％にもなることがわかる(5)。

さらに、１９６０〜63年度の学校基本調査からは、１９６０年度定時制課程の１年生14万４２２５人と翌１９６１年年度の２年生12万０２５３人の比較から非進級率が２割近いことがわかる。また、１９６３年度４年生９万５０６１人からすれば、非卒業率（第７章参照）も２／３程度であると推測される。いずれも定時制高校を卒業することがいかに困難であったかを示す数値であるが、全国調査がないことが象徴するようにほとんど注目されなかった。

注

（１）労働者本人の意向とは無関係に雇用契約が結ばれ、自由を奪われたかたちで労働に従事すること（山口２０１６）。労働基準法の条文は第Ⅲ部第１章３に掲載。

（２）『朝日新聞』２０１１年７月２日付「昭和史再訪：昭和30年（１９５５年）３月　集団就職始まる」。なお、この当時の鹿児島からの集団就職者に森進一がいる。母子家庭で育った彼は、中学卒業後に集団就職列車に乗って大阪の寿司屋に就職。以後、母への仕送りを考えて少しでも賃金が良いところ求めて17回転職。その後、歌手としてデビューし、「おふくろさん」などで知られるスター歌手となった（澤宮２０１７）。

（３）東京都世田谷区の桜新町商店街会長が合同で求人するアイデアを新潟県高田公共職業安定所に持ち込み、「郷里の人がまとまっていれば心強いはず」と強調して１９５５年３月に実現したとされる。この試みが評判を呼び、労働省が全国に広げて本格化させた（２０１１年７月２日付『朝日新聞』「昭和史再訪：昭和30年（１９５５年）３月　集団就職始まる」）。

（４）山形県は、「他の県を圧する勢いで定時制課程（高校）を発足」させ、45校（併置27、独立18）と分校76を数えた（田丸２００２）。１９５０年度には、「中学校卒業者約３万人中、高校進学者は全日制７４００、定時制

5100計1万2500を数え、約42％の就学率で、実に東京都につぎ全国第2位の高校進学で高等学校教育の普及は実に目ざましいものがある」（山形県教育委員会 1951）と誇らしげに記述されている。それゆえこうした調査が実施されたと推測されるが、この「高等学校退学者状況調査」は1961年度間が最後で、その後は掲載されていない。

（5）京都市教育委員会（1957）は、これに先立って「定時制課程生徒の生活実態調査」を行なっており、そこでは以下のような項目が調査されている。「保護者の従事する産業」（製造業が半数以上、専門的・管理的職業が1割以下）、「勤務先の通学に対する理解度」（通学を好まない：12・9％）、「通学所要時間」（1時間以上：5・7％）、「治療」（入学以来1ヶ月以上医師の治療を受けた：17・8％）。こうした生活実態からも定時制高校を卒業することが困難であったことがうかがいしれる。

第3章　高校全入時代の到来

1　高校全入運動と高校教育の改革

第Ⅰ部第5章で見たように、1970年代には「学校化社会」が成立し、子どもたちが皆学校に行くようになった「学校の黄金期」が出現する。それとともに不就学と長期欠席への関心が薄れ、新たに登校拒否（不登校）への注目が始まった転換期であることを確認した。

この転換期に当たる1970年代の高校進学率は、1970年に80％を超えてさらに上昇を続け、1974年には90％を超える。この間、進学を希望する生徒全員の受け入れや、高校教育の義務化といった考えも主張され、いわゆる「高校全入運動」が展開されていた。こうした動きが「15の春を泣かせない」というスローガンのもとで全国的に広がって高校が増設される一方で、戦前の旧制中学校教員が戦後の教育現場に多く在籍していたゆえに旧制中学校にあった「エリート文化」が残存していて、教員側は「高校全入」について必ずしも肯定的ではなかった（木村 2015）。また、教育行政側は、「できるだけ多くの者に高等学校教育を受ける機会が与えられることは大切であるが、この段階の青少年は能力・適性・

進路等も多様であるから、全員が一律に高等学校に進学するということではなく、高等学校以外の教育機関に進む道や、実社会に出る道など多様な道を残すべきであるとして、高等学校教育を義務化する考え方は採らなかった」(文部省 1992)。なお、こうした政策の一環として、専修学校法が1975年に成立し、学校教育法の改正によって専修学校に関する条文が付け加えられた。これによって専修学校のうち、中学校卒業後の課程は高等課程、高等学校卒業後の課程は専門課程、それ以外は一般課程と位置付けられることになった。なお、この専門課程(専門学校)は、高校卒業後のものであることから高等教育の一種に加えられることになった(岩木 1991)。

一方、1950年代までは世間の期待と注目を浴びた定時制高校の生徒数は減少し続け、全日制高校への進学が増加する。「種々の冷視と偏見の重なり」や、多くの民間企業がとった定時制高校に対する就職差別などもあり、定時制高校は衰退期(片岡 1983)に入る。そして、経済的事情による勤労青少年も姿を消すようになり、全日制の受験失敗による不本意入学者や学習意欲が低い生徒たちが多数入学するようになる。片岡(1983)は、卒業生へのアンケート調査(1)から、この間に家庭の経済状態に余裕のないものが減少し、学力も上位層が減少していったことを明らかにしている。

本来、中学校を卒業した生徒の大多数が高校に進学できるようになることは、1948年の新制高校設立当初には想定されていなかった。従って、学力をはじめとする能力や適性など多様な生徒が入学するようになった結果、高校教育の在り方と入学してくる生徒とのミスマッチが問題となってきていた。第2章で述べたように、日本の中等教育は制度上、前期中等教育機関である中学校と後期中等教育である高等学校に分割されており、中学校が義務教育なのに対して高等学校はそうではない。この制度上の違いに加えて両者は、教育理念においては「平等主義」と「能力主義」、内容において「完成教育=職業教育」と

「準備教育＝普通教育」という正反対の方向性をもつ教育作用を施す要請にさらされる（志水 2002）。従って、中等教育の多様性は必然的でもあるが、生徒の「全入」によってその勢いが増すことになる。こうした事態を踏まえて、必修科目の縮小や指導内容・方法及び授業時数の弾力化など大幅に学校裁量を拡大し、生徒の多様性に対応した教育課程の改訂が検討されて実施されていったのである。

こうした高校改革の方向は、1977年の都道府県教育長協議会高校問題プロジェクトチームによる「高等学校教育の諸問題と改善の方向」が、教育課程や定時制・通信制の在り方、新しいタイプの高等学校の開発等を提言したことに始まり、臨時教育審議会や中央教育審議会での検討へと展開していくことになる（文部省 1992）。このように高校教育においても、やはり1970年代が転換期であったことが確認できる（本田・堤 2014）。

2 高校の中退問題への注目

1980年代に入って学校批判の時代になると、非行問題・校内暴力・いじめに加えて高校の中退問題も指摘されるようになる。その象徴が、1982年度からの文部省による中退調査の開始であろう。それ以前の全国データは確認できないが、**図2-5**に示す通り、1982年度以降1992年度まで実数にして10万人を超える中退者と、1991年度まで2％を超える中退率が報告されている。そして、**表2-2**の公立と私立の中退率の比較からは、公立の中退率が2％前後で推移しているのに対して、私立が

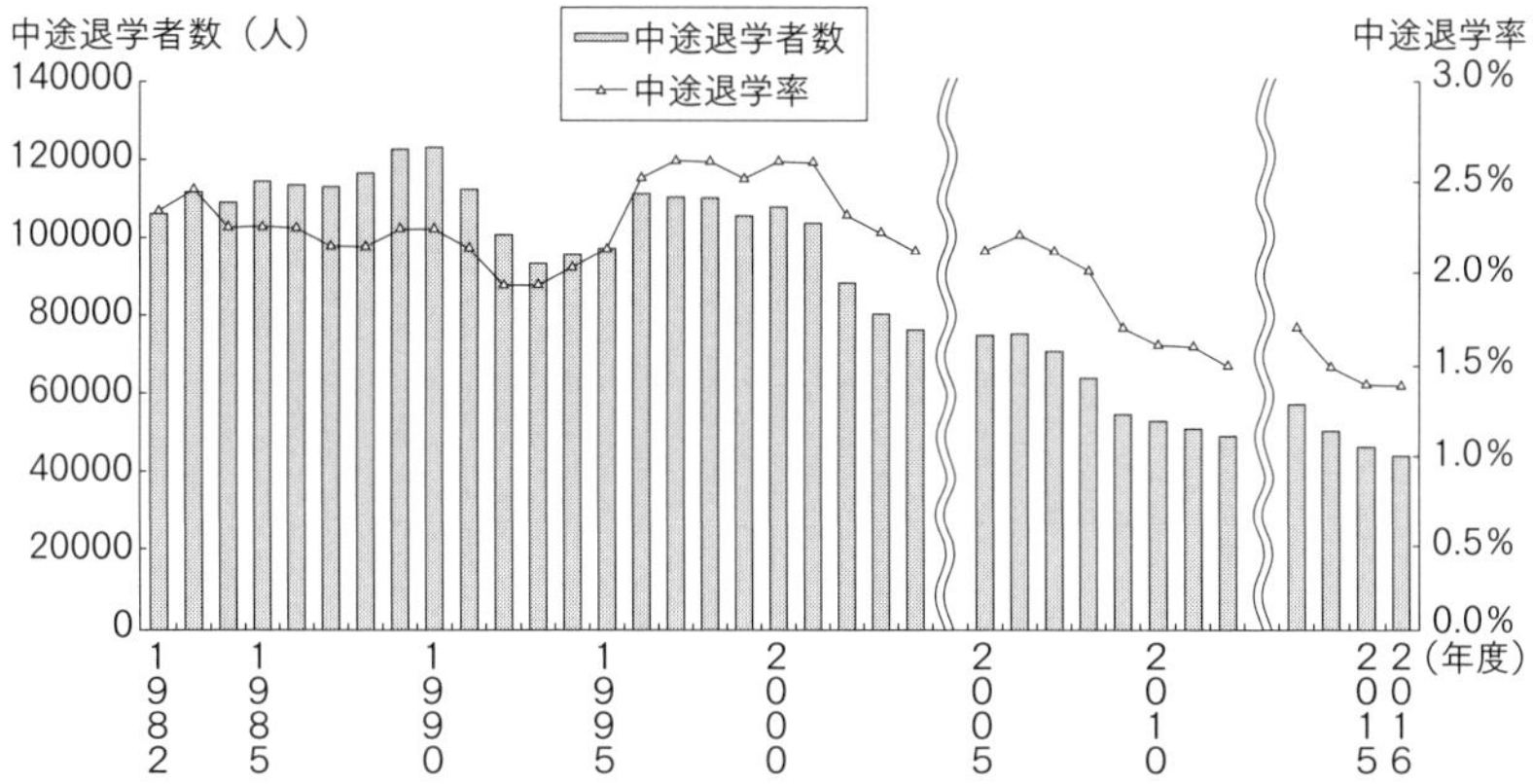

図 2-5　高等学校中途退学者数・中途退学率

表 2-2　公立と私立の中退率

		1982	1983	1984	1985	1986	1987	1988	1989	1990	1991	1992
中途退学者数		106,041	111,531	109,160	114,834	113,938	113,357	116,617	123,069	123,529	112,933	101,194
(人)	公立	65,314	67,932	67,009	72,086	73,176	73,127	75,791	81,332	82,846	76,684	68,822
	私立	40,727	43,599	42,151	42,748	40,762	40,230	40,826	41,737	40,683	36,249	32,372
中途退学率		2.3	2.4	2.2	2.2	2.2	2.1	2.1	2.2	2.2	2.1	1.9
(%)	公立	2.0	2.0	1.9	1.9	1.9	1.9	1.9	2.0	2.1	2.0	1.9
	私立	3.2	3.3	3.1	2.9	2.8	2.7	2.6	2.6	2.5	2.3	2.1

		1993	1994	1995	1996	1997	1998	1999	2000	2001	2002	2003
中途退学者数		94,065	96,401	98,179	112,150	111,491	111,372	106,578	109,146	104,894	89,409	81,799
(人)	公立	63,428	64,229	64,431	73,736	73,654	73,474	70,554	73,253	70,528	60,633	55,668
	私立	30,637	32,172	33,748	38,414	37,837	37,898	36,024	35,893	34,366	28,776	26,131
中途退学率		1.9	2.0	2.1	2.5	2.6	2.6	2.5	2.6	2.6	2.3	2.2
(%)	公立	1.8	1.9	2.0	2.3	2.4	2.5	2.4	2.5	2.5	2.2	2.1
	私立	2.1	2.2	2.4	2.8	2.9	3.0	2.9	2.9	2.9	2.5	2.4

		2004	2005	2006	2007	2008	2009	2010	2011	2012	2013	2014	2015	2016
中途退学者数		77,897	76,693	77,027	72,854	66,243	56,947	55,415	53,869	51,781	59,923	53,391	49,263	47,249
(人)	国立	−	53	44	45	52	51	43	56	40	34	43	44	43
	公立	53,261	53,117	53,251	50,529	45,742	39,412	38,372	37,483	35,966	38,602	33,982	31,083	29,531
	私立	24,636	23,523	23,732	22,280	20,449	17,484	17,000	16,330	15,775	21,287	19,366	18,136	17,675
中途退学率		−	2.1	2.2	2.1	2.0	1.7	1.6	1.6	1.5	1.7	1.5	1.4	1.4
(%)	国立	2.1	0.6	0.5	0.5	0.5	0.5	0.4	0.6	0.4	0.3	0.4	0.4	0.4
	公立	2.0	2.1	2.2	2.1	1.9	1.7	1.6	1.6	1.5	1.6	1.4	1.3	1.3
	私立	2.3	2.2	2.3	2.2	2.0	1.8	1.7	1.6	1.5	1.9	1.7	1.6	1.5

教育委員会月報 69-9（819）41 頁より作成

1982〜84年度まで3%超、1985〜90年度まで2・5%超であることがわかる。これは先に述べた通り、入学してくる生徒と高校教育のミスマッチによるものと考えられよう。つまり1948年に設立された高校は、中学卒業者のほとんどが進学してくることは想定せず、教育行政も義務教育の延長は考えてもいなかったのである。しかし、義務教育としての中等教育前半（中学校）だけではなく、その後半を担う高校まで含めた中等教育の機会均等の理念が実現し、高校は「国民的教育機関」（文部省 1992）となって、能力や適性において多様な生徒をどのように受け入れ、かつ教育していくかという困難な課題に直面することになった。

当然、学校教育法50条にある通り「中学校における教育の基礎の上に（中略）、高度な普通教育及び専門教育を施すことを目的とする」以上、「高校は義務教育ではない」という高校教員たちの理念と、学力を含めて多様な生徒たちの入学という現実の間には大きなギャップが生じていた。その結果として、高校の在り方に合わない生徒たちの方が排除されて中退していくことになったと考えられる。こうした中退者の増加が、ようやく全国調査によって明らかになり、ほとんどすべてのものが進学する「国民的教育機関」としての新たな高校教育が模索されていくことになる。

3　児童養護施設の子どもたち

一方で、これまで述べてきた高校進学率の上昇から取り残されたような子どもたちも存在した。表2−

表2-3　児童養護施設退所児童の進路状況（1960年代～70年代）浅井（2017）163頁より転載

調査年		1961年 ①	1965年 ②	1965年 ③	1969年 ④	1972年 ⑤	1974年 ⑥	1974年 ⑦	1977年 ⑧	1978年 ⑨
対象者 退所年度		57～ 60年	60～ 64年	1964年	1969年	1971年	68-70- 72年	1974年	1976年	1977年
調査対象地域		全国 20施設	全国	東京	全国	全国	全国	全国	全国	東京
進路	就職	86.2%	77.6%	77.2%	68.0%	71.6%	68.8%	45.7%	39.9%	33.3%
	進学	4.4%	10.0%	11.6%	9.4%	8.3%	8.9%	19.5%	25.1%	36.4%
	就職進学			8.1%	13.9%	20.1%	11.9%	21.8%	19.8%	15.7%
	職業調練校（各種学校含む）			5.7%		7.9%	10.0%	15.2%	15.2%	15.7%
	その他・不明	9.4%	12.4%	3.1%	3.0%			3.0%		

3の通り、全国児童養護施設協議会が実施した「中卒後の進路に関する調査」等によれば、児童養護施設の子どもたちの高校進学率は驚くほど低く、1961年時点で5％未満、1965年で10％程度にすぎない。1969年でも定時制進学（＝就職進学）や職業訓練校への進学率2割を含めて約1／4、1974年でも同じくその2割を含めて約1／3にとどまっている。一般家庭の子どもたちの高校進学率が90％に達していた時代にもかかわらず、である。

それがようやく制度的財政的保障の導入によって改善していく。すなわち、高校に進学した子どもたちに対して、「児童福祉法による入所施設措置費国庫負担金の交付基準について」（厚生事務次官通達1973年）が発出され、特別育成費（＝高校教育に必要な諸経費）が支給されることになった。それにもかかわらず、以前として児童養護施設の子どもたちの進学率は、一般家庭の子どもたちに比べ、1980年代まで60％未満、1990年代まで80％未満と低いままで推移していく（浅井2017）。

岡本他（2009）は、特定の施設を事例的に分析し、第1期（1992年度まで）＝中卒のみの時期（高卒なし）、第2期（1993～99年度まで）＝中卒・高卒混在の過渡期、第3期

（2000年度以降）高卒のみの時期（中卒なし）と報告し、1992年度まで高校に進学した子どもがいない施設もあったことを明らかにしている。

しかし、上記1の「高校全入運動」が展開されながら、こうした児童養護施設の子どもたちの厳しい進路状況については一般にはほとんど知られることはなかった。これは、第I部第5章3で述べた「児童養護施設からの声」が、高度経済成長によって豊かになった国民全体には届かなかった様子と重なる。この1970～80年代は、欧米の先進諸国が経済的に行き詰まっていく中で、日本だけが経済的な好況期が続き、"Japan as Number One"（Vogel 1979）という世界的評価が定着しつつあった時代である。

注

（1）第1期（1952～56年3月卒業生）、第2期（1961～65年3月卒業生）、第3期（1971～75年3月卒業生）、第4期（1975～79年3月卒業生）を対象として実施している。それによると「自分が就職して家計を助ける必要があった」と回答したものが36・5％から5・4％へ、また中学時代の成績が「上」のものは、33・0％から0％へと減少している。

第4章　長期欠席者の進学と高校改革

1　長期欠席（不登校）の進級問題

小中学校ともに長期欠席が最も少なかった1970年代が終わって1980年代になると長期欠席は増加に転じる。ただし、第I部第5章で詳述したように、1950〜60年代の長期欠席とは違うものとして認識された「登校拒否」、あるいは「不登校」として注目を集めていくことになる。一方、団塊の世代以来再び年間200万人を超える出生数を記録した団塊ジュニア世代[1]が、1978〜80年にかけて小学校に入学したことはあまり注目されなかった。なお、1950〜60年代に多くの長期欠席がいたことと団塊の世代、1980年代の長期欠席の増加と団塊ジュニア世代という、子ども人口の増加とこの長期欠席問題の関係を指摘しておきたい。前者の場合は多人数の学級、後者も学校規模の増加など学校環境の悪化という共通項をもつ。さらに言えば、この1980年代は現在と同じように教員の入れ替え期にあたり、新規採用教員が大量に採用された時期であることも注目されていない。「登校拒否＝不登校」は、「心理的な理由」による長期欠席という見方が主流であったため、こうした長期欠席（不登校）の環境要因には目が向かなかったのではないかと筆者は考えている。

一方、この時期に長期欠席（不登校）の児童生徒の進級問題をめぐって大きな変化が生じていた。その当時は注目されなかったが、次のような判決（進級そのものは一九八〇年代）が出ているのである。

事例28　進級処分取消等請求事件（神戸地方裁判所1993年8月30日判決）

小学校5年生児童の父親が、1学期に起きたクラスでの盗難事件を契機に学校に不信感を抱き、児童を登校させないようにするとともにクラス替えを申し入れた。学校はこれを受け入れなかったため、児童は教室で授業を受けずに別室で学習することとなった。2学期に入って父親は、児童の原級留置（留年）を考えて、別室指導は必要ないとして再び登校させなくなった。学校側は登校を促し続け、教育委員会は隣接学区への指定外通学を提案したが、父親はこれを断って児童の欠席は続いた。結局、5年生の出席は71日、そのうち37日は別室登校であった（出席すべき日数は235日）。年度末になり、小学校は校長の裁量権のもとで児童の課程修了の認定を行い、6年生への進級を決めたが、父親はこれを不服として進級取消を求めた裁判をおこした。判決では、認定の判断基準として「単純な学業成績の評価や出席日数の多少だけでなく、児童本人の性格・資質・能力・健康状態・生活態度・今後の発展性を考慮した教育的配慮の下で総合的判断により決せられなければならない」、及び小学校においては同年齢集団による教育が最も適しているなどの判断から進級処分が適法とされた。

この判決は小学校についてだが、梅澤・黒岩（2016）も義務教育である中学校にも当てはまるとし、その根拠として学校教育法施行規則で「児童の平素の成績を評価」するとして出席日数を要件としていないことを指摘している。また、次のような事例もある。

事例29　行方不明のまま卒業

千葉市の公立中学校では、自宅近くの路上で補導員を名乗る男に連れ去られ、誘拐されたままの生徒（1991年事件当時1年生）を2年、3年と進級させてきた。卒業について職員会議などで話し合い、母親、市教育委員会とも相談して卒業を認めることを決めた。意思に反して行方不明になっているとの理由で、「特例中の特例」という。卒業式では、卒業生として名前を呼び、卒業証書は後日、家族に渡す予定。

行政実例（兵庫県教育委員会から文部省への問い合わせに対する回答[2]）によれば、「半分以上欠席した場合は原級留置（留年）・除籍が妥当」という見解が示され、1980年代まで長期欠席（不登校）者が中学校の卒業証書をもらえない（＝除籍）事例が多数存在していた（前川　2018）。正確なデータ等は存在しないが、1980年代後半から欠席が多くても卒証書を出すという方向に変わったと言われている。上記の**事例28・29**は、そうした方向性の中で出てきたものと考えられる。

2　長期欠席（不登校）の進学問題

一方で、長期欠席（不登校）が増加した１９８０年代は、前章までに見たように高校進学率が上昇していたこともあり、進級・卒業できるようになった「登校拒否（不登校）」の子どもたちの高校進学が本人やその保護者の関心事となったのは必然であろう。加えて、教育相談担当者の間では、不登校生徒本人にとって中学卒業後のことが視野に入ると、それまでとは違った様相になっていく契機となることが知られていた。それゆえ不登校生徒のための進学情報が求められ、後にそうした情報がまとめて出版されるようになっていく。(3)

すでに、東京都教育研究所（１９８５）の調査では、不登校生徒の対象者34名に対して中学卒業後半年まで約３年間の追跡調査を行った結果、高校進学者は半数の17名（うち定時制３名）と報告された。また、一谷（１９８９）も、同じく不登校生徒の対象者35名のうち、高校進学者は４割の14名（うち定時制３名）と報告した。つまり、不登校生徒の高校進学状況は厳しいということが調査結果でも明らかにされたことになる。ただし、ここでいう不登校の多くは、相談機関を利用していた「神経症型不登校」で、「脱落型不登校」は含まれていないと推定できる。

こうした中で、１９８９年筑波大学医学部稲村博教授の調査研究を元にした次のような記事が発表され、不登校生徒本人や保護者の不安を大きくする事件が起こる。

表2-4　長期欠席生徒の進路状況　　保坂（2000）78頁より転載

	1990年度卒		1997年度卒	
	人数（人）	出現率（%）	人数（人）	出現率（%）
全日制公立高校	84	18.0	85	21.3
全日制私立高校	46	9.8	84	21.1
定時制高校	37	7.9	36	9.0
（小計：高校進学）	(167)	(35.7)	(205)	(51.4)
専修学校等	86	18.4	81	20.3
（小計：進学）	(253)	(54.1)	(286)	(71.7)
就職	128	27.4	32	8.0
その他	87	18.6	81	20.3
合計	468	100.0	399	100.0

「30代まで尾ひく登校拒否症　早期完治しないと無気力症に『登校拒否症』は、早期完治しないと学校をやめている場合はほとんどのケースが20代、30代まで『無気力症』として尾を引く」[4]

この問題は、その稲村氏が所属する児童青年精神医学会の「子どもの人権に関する委員会」において調査され、厳しい批判を受けることになる。[5]その委員の一人である高岡（1998）は、十分なインフォームド・コンセント（説明と同意）を得ていなかったことなどを問題視している。底流にあったのは、後述する事件の背景でもある長期欠席したまま中学卒業後にどこにも所属しない「無職少年」に対する保護や支援をする施設等をみつけにくいという実態であったと考えられる。

この問題について保坂（2000）は、ある市で長期欠席した中学3年生の追跡調査を2度にわたり（1990年度及び1997年度）実施して、長期欠席者の進学状況を表2-4のように報告している。[6]

それによると、1990年度では長期欠席者した中3の高校進学率はおよそ1／3にすぎず、専修学校への進学者を含めてようやく半数を超える。一方、就職したものがおよそ1／4（128人）、その他（無職等）が約2割（87人）で、合算した非進学者は4割を超えることになる。同じ年度の市内全体の中3の進学率は93・0%であり、就職1・9%（約250人）、その他（無職等）1・0%（130人）であった。つまり、就職するものの約半数、その他（無職等）のものの2／3が長期欠席者であり、非進学者の実に6割近く（280人中215人、56・6%）が長期欠席者で占められていた。

一方、1997年度になると、長期欠席者した中3の高校進学率は半数を超え、専修学校への進学を合わせると7割を超えている。その他（無職等）の者が約2割と1990年度と同程度であり、就職するものが減って進学した者が増えていることになる。しかし、この1997年度データをさらに分析して70日（出席すべき日数の1／3以上）の欠席で見ると、高校進学率は4割以下になり、その3割が定時制高校に進学している。ちなみにこの1990年代の定時制高校は先の片岡（1983）に従えばすでに衰退期であり、高校生全体に占める生徒数はわずか3%未満になっている。また、非進学者の多くが長期欠席者で占められるという実態は変わらない。やはり年間30日以上の欠席、あるいはより多くの欠席が高校進学にとって障壁になっていることがわかる。ここから非進学者の中には小中学校時代に欠席が多かった者が少なからず含まれるということが推測できよう。従って、非進学者の半数強は長期欠席という形で中学時代にすでに学校からドロップアウトしていることになる。

当時は、こうした長期欠席したまま中学卒業後にどこにも所属しない「無職少年」を保護・支援する施設もスタッフもみつけにくい現実もあった。そうした中で、次のような事件が起こる。

① ある民間のヨットスクールの訓練中に三人が死亡、1人が行方不明になるという事件（戸塚ヨットスクール、1979～82年）

② 埼玉県の矯正施設から脱走したことへの体罰によって死亡者が出た事件（不動塾、1986年）

表2-5　適応指導教室の進路状況

年度	卒業生（人）	卒業生の進路				
		全日制高校	定時制高校	専修学校	就職	その他
1988	13	6	3	3	1	0
1989	15	4	6	2	0	3
1990	14	3	6	4	1	0
1992	12	5	2	2	2	1
1993	14	6	6	1	0	1
1994	15	9	3	3	0	0
1995	14	6	5	3	0	0
1996	14	7	3	3	0	1
1997	9	7	2	0	0	0
1998	15	12	1	1	0	1

③　広島県の民間施設で罰として貨物コンテナの中に監禁されていた2人が死亡するという事件（風の子学園、1991年）
いずれも被害者は10代の無職少年で、不登校の「治療」としてヨットスクールや施設に預けられていた者たちであった（加藤1993）。また、病院の多くも「登校拒否」の収容施設となっていたと批判されている（奥地2005）。

その後、こうした事件をふまえて行われた調査によって、不登校の子どもに対応する民間施設にこうした「無職少年」が多く在籍することが明らかにされ（金子他1992）、学校教育としての組織的、かつ予防的な対応が求められた。こうした中で出されたのが、「登校拒否」を「不登校」へと転換させた『登校拒否（不登校）問題について：児童生徒の「心の居場所」づくりを目指して』（1992）である（第1章第5節参照）。これによって各地に「適応指導教室」[7]が設置されていくことになるが、その背景には上記のような民間施設での不幸な事件があったことを記しておきたい。

表2-5は、保坂（2000）が調査した市で開設された適応指導教室の卒業生の進路状況である。当初は半数に満たなかった全日制高校への進学者が1998年度には15名中12名までに

なっていることがわかる。このように各地で次々と開設された適応指導教室（後、総称としては教育支援センター）が、長期欠席（不登校）生徒の進路状況改善に果たした役割は大きいと考えられる。

3　進む高校改革

当然、中学3年時の長期欠席者の数から言えば、その多くが高校に進学していたことも事実である。すなわち小中学校時代の長期欠席が高校への道を閉ざしてしまうわけではなかった。そして、上記2の調査結果のように、小中学校時代の長期欠席者が以前よりも高校に進学していくのは1990年代であることが確認できる。この不登校問題を牽引してきた奥地（2005）も、文部科学省の追跡調査（1999）や自らが設立した東京シューレの卒業生調査（2005）を示して、「不登校をしたら進学できない、ということはない」と記しながら、次のように回想している。「東京シューレを設立した1985年頃は、登校拒否の子どもは高校に敬遠され、なかなか入学できませんでした。『入れてもやっても通学できないのではないか』『選抜だから中学時の出席もしっかりできている子がよい』『学校も対応が大変では』などの理由からでしたが、実際的には、次第に生徒の入学希望に沿ってくれるようになりました」。

それには、『登校拒否（不登校）問題について：児童生徒の「心の居場所」づくりを目指して』（1992）を受けて、様々な対応が具体化（適応指導教室への出席を指導要録上の出席扱いにするなど）されていったことなどが影響したと考えられる。さらに、1987〜89年度に200万人を超える団塊ジュニアが卒業した後、中学校卒業者が大きく減少し始めたことが背景になっている（岩木 1991）。この入学者減によって高校側の受け入れにも変化が起こり、「不登校生徒」の高校入試に対する配慮が制度化され、「どう落とすかではなくどう受け入れるか、という方向に変わってきた」（奥地 2005）のである。

すでに勤労青少年の学びの場として設立された定時制高校や通信制高校は、不登校や高校中退の受け皿となっていた。1970年の高校学習指導要領の全面改訂では、それまでの卒業単位を93単位から85単位に減らし、さらに1978年の改訂では80単位まで大幅に減らすなど必修科目の削減を認めている。第3章で述べたように、高校教育の理念と現実のギャップが生じたことにより、学習面においても高校改革は進められていた。

また、臨時教育審議会の答申を受けて、1988年度からは単位制を取り入れた通信制や昼間の定時制（多部制）が開設されるなど高校改革が進められ、1990年の教育白書『我が国の文教政策』（文部省）には、「高等学校教育の改革」という項目が登場する。さらに、1991年に出された中央教育審議会答申「新しい時代に対応する教育の諸制度の改革について」は、高等学校教育の改革を主な内容とし、学科制度の再編成や、不登校の子どもたちのための高校を含む新しいタイプの高等学校の奨励、単位制の活用など様々な改革を提言した。

そして、小中学校時代の長期欠席者が以前よりも高校に進学するようになった1990年代になると、総合学科が普通科及び職業科と並ぶ第三の学科として設置（1994年）され、単位制高校[8]も1988年に定時制・通信制課程の特別な形態として導入され、1993年から全日制にも拡大された。その後も多様な学科・コース等が開設され、その枠を超えた選択履修を可能とする総合選択制の高校などが次々と設置されるようになる。こうして1990年代以降「新しいタイプの高校」が設置可能となって、生徒の個性・関心を重視した「特色ある学校づくり」を目指した多様化路線が本格的に進められるようになっていく（屋敷２００９）。

4　ある単位制高校の実際

ここで、１９９０年代初頭に開校し、新設した校舎に定時制・通信制と社会人対象の生涯学習講座を併設したため、多種多様な生徒が入学してきた公立単位制高校を紹介したい（飯島２０００）。

この学校の定時制（多部制）を中心に説明すると、定員７２０名に対して、専任教員は70名も配置された。単位制のために多くの選択科目を開講する教員が必要であったからである。一年間で認められる単位が30単位、自分の所属以外で10単位まで認められ、定時制の他の部・通信制・生涯学習講座、さらには大学入学資格検定試験（後述）の単位も互換できる。入学定員は、中学新卒者相当と高校に1年以上在籍して中退した2学年相当以上に分けて行うが、入学者の7割が高校中退者になる。そのため生徒の年齢層は十代後半が中心だが、20代以上も2割を超える(9)。

クラスは入学時に編成されるが、全員が一堂に集まることは入学時オリエンテーションとたまにある行事くらいしかない。卒業単位を取った生徒から卒業していくので、クラス人数は段々と減っていき、4年目以降になると合併されることもある。午前部1学年相当のあるクラスは、入学時在籍17人、これを年度で追跡すると、17-17-14-4-1と推移した。卒業は17人中14人、2人が大検資格取得後に受験、1人は通

郵便はがき

料金受取人払郵便

神田局
承認

8080

差出有効期間
2020年1月
31日まで

切手を貼らずに
お出し下さい。

101-8796

537

【受　取　人】

東京都千代田区外神田6-9-5

株式会社 **明石書店** 読者通信係 行

お買い上げ、ありがとうございました。
今後の出版物の参考といたしたく、ご記入、ご投函いただければ幸いに存じます。

ふりがな お名前	年齢	性別

ご住所　〒　　　-

TEL　　（　　　）　　FAX　　（　　　）

メールアドレス	ご職業（または学校名）

*図書目録のご希望	*ジャンル別などのご案内（不定期）のご希望
□ある □ない	□ある：ジャンル（　　　　） □ない

書籍のタイトル

◆本書を何でお知りになりましたか？

□新聞・雑誌の広告…掲載紙誌名［　　　　　　　　　　］

□書評・紹介記事……掲載紙誌名［　　　　　　　　　　］

□店頭で　□知人のすすめ　□弊社からの案内　□弊社ホームページ

□ネット書店［　　　　　　］　□その他［　　　　　］

◆本書についてのご意見・ご感想

■定　価　□安い（満足）　□ほどほど　□高い（不満）

■カバーデザイン　□良い　□ふつう　□悪い・ふさわしくない

■内　容　□良い　□ふつう　□期待はずれ

■その他お気づきの点、ご質問、ご感想など、ご自由にお書き下さい。

◆本書をお買い上げの書店

［　　　市・区・町・村　　　書店　　　店］

◆今後どのような書籍をお望みですか？

今関心をお持ちのテーマ・人・ジャンル、また翻訳希望の本など、何でもお書き下さい。

◆ご購読紙　(1)朝日　(2)読売　(3)毎日　(4)日経　(5)その他［　　　新聞］

◆定期ご購読の雑誌［　　　　　　］

ご協力ありがとうございました。

ご意見などを弊社ホームページなどでご紹介させていただくことがあります。　□諾　□否

◆ご 注 文 書◆　このハガキで弊社刊行物をご注文いただけます。

□ご指定の書店でお受取り……下欄に書店名と所在地域、わかれば電話番号をご記入下さい。

□代金引換郵便にてお受取り…送料+手数料として300円かかります（表記ご住所宛のみ）。

書名	冊
書名	冊

ご指定の書店・支店名	書店の所在地域　都・道 府・県　市・区 町・村
	書店の電話番号　（　　　）

信制へ転学した。一方、夜間部2学年相当になると入学時在籍18人、年度追跡では、18－10－5－3－1と推移。卒業は18人中16人、2人が中途退学したことになる。

校則は「法律を守ること」だけであり、担任と生徒との関係は個別的なものが中心となる。入学時のオリエンテーション期間に個別面接を行い、進路希望・現在の状況、そして可能ならば以前在籍していた学校のことを聞く担任が多いが、クラス全員に同じ情報を流すのではなく、一人ひとりの様子を見ながらの指導になる。先に立っての指導ではなく、後方支援のスタンスと自然になっていく。

こうした新しいタイプの高校が、それまでの定時制・通信制高校に加えて、長期欠席（不登校）生徒の受け皿になっていたのもうなずけよう。さらに、ここで示した入学者の実態からわかるように、高校中退という形で中等教育からドロップアウトしてしまう生徒たちの受け皿にもなっていったのである。

5　不登校生徒の高校進学

１９９７年、中央教育審議会答申「21世紀を展望した我が国の教育の在り方について」が、高校の入学者選抜改善の具体的な提言を行い、それを受けた「高等学校の入学者選抜の改善について」（文部科学省初等中等教育局通知）には以下のように記載された。

「高等学校の入学者選抜の改善等のための今後の取り組みについて

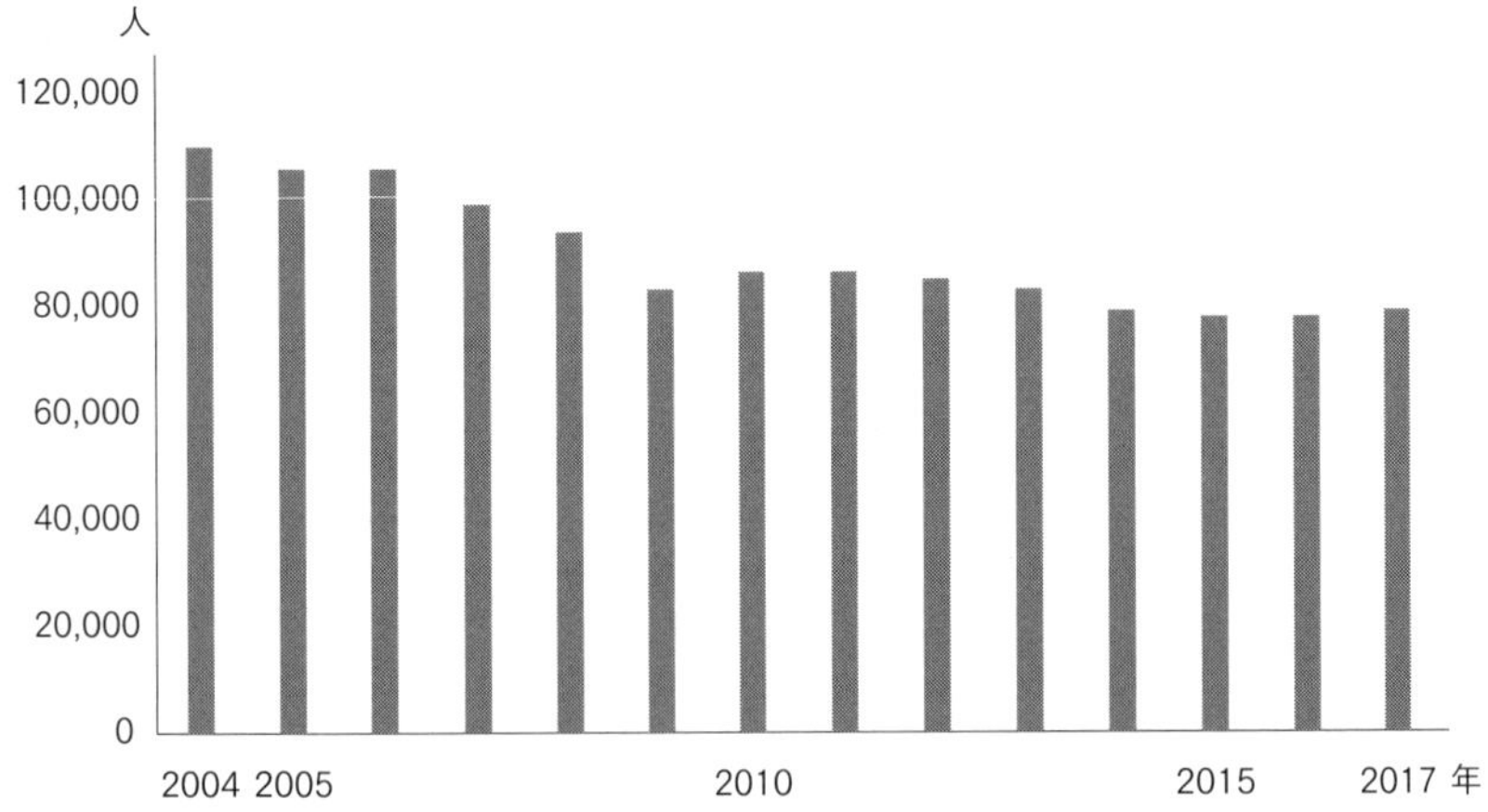

図 2-6a　高校長期欠席者数の推移（人）

文部科学省「児童生徒の問題行動等生徒指導上の諸問題に関する調査」より作成

（1）入学者選抜の改善について

登校拒否の生徒については、進学動機等を自ら記述した書類など調査書以外の選抜資料の活用を図るなど、より適切な評価に配慮すること」。

文部省調査では、これによって東京など8都県で、受験生が不登校の経験を記載した自己申告書できるような配慮が行われていることが確認され、さらに他の府県での実施を文部省が求めたとされる[10]。

私立高校でも、中学校で不登校だった生徒の推薦入試を行うところも出てきた。例えば、高校中退者など学校に馴染めない生徒を多く受け入れている愛知県の私立高校では、不登校生徒の受け入れ窓口を広げるための「出張面接」を始めた。面接場所は生徒の通う中学校で学級担任や親も同席して行い、生徒本人の前向きな気持ちを確認した上で2泊3日の体験入学を経て、再度高校で面接・筆記試験を実施、65人が合格した[11]。これほど大掛かりな推薦入試を実施したのは、おそらく同高が初めてと思われるが、教育相談担当者の間では、すでにそれ以前からこうした形での私立

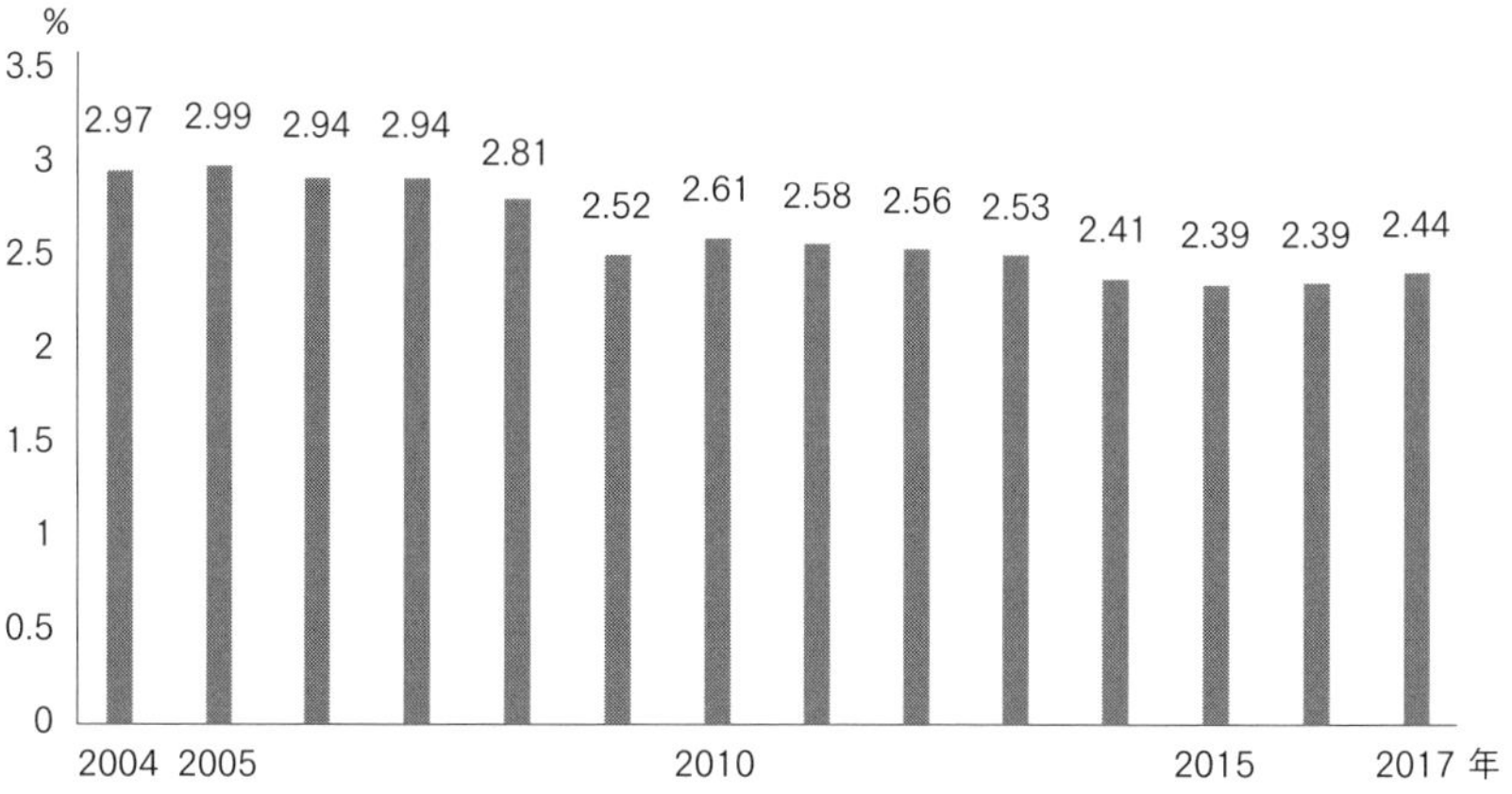

図 2-6b　高校長期欠席率の推移（%）

文部科学省「児童生徒の問題行動等生徒指導上の諸問題に関する調査」より作成

高への進学が知られていた。

こうして不登校生徒の高校進学への道がさらに開かれ、長期欠席によって高校進学を諦めてしまうという事態は改善されていった。なお、１９５０年代から調査されてきた小中学校とはちがって、高校生の長期欠席調査は発表されてこなかったが、２００４年度から「児童生徒の問題行動等生徒指導上の諸問題に関する調査」の中で公表されるようになった[12]（図2‐6a・b）。この長期欠席者の中の「不登校」だけであるが、中学時代に「不登校」であったかという調査項目から、数多くの「不登校」生徒が高校進学している事実は確認できる。また、文部科学省が行なった不登校の追跡調査でも、１９９３年度と２００６年度の比較から高校進学率の上昇（65・３％から85・１％）が確認されている（不登校に関する調査研究協力者会議　２０１６）。当然、長期欠席全体で、さらには高校進学後に長期欠席となっていない者も調査（第６章２参照）すれば、より多くの長期欠席生徒が高校に進学している実態が明らかになるだろう。

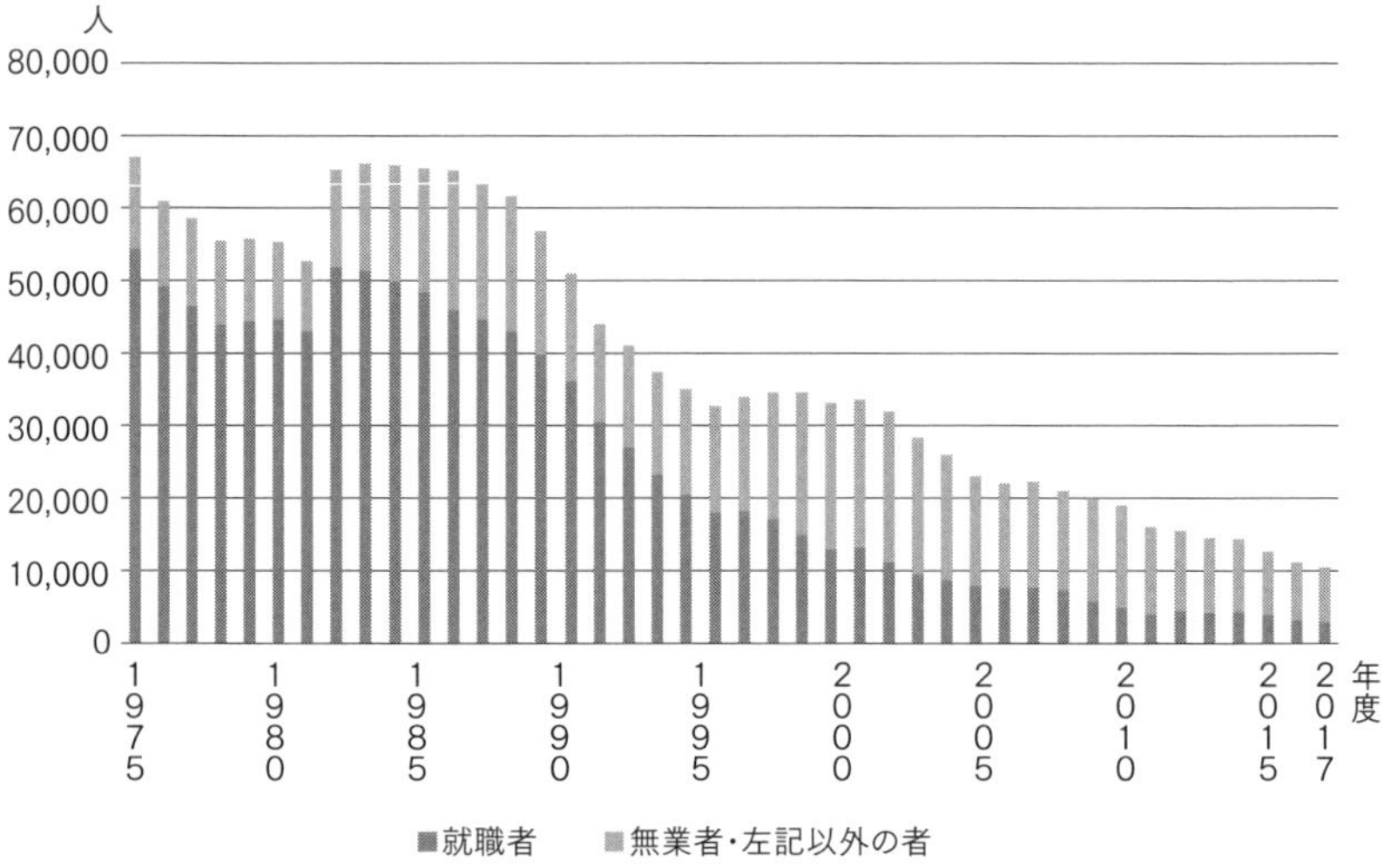

図 2-7　1975 ～ 2017 年度　卒業後の進路　　学校基本調査より作成

6　中学卒業後の就職者と無業者

一方で、この1990年代の非進学者データはもう一つの興味深い変化を示す。先に示した**図2-2**（153頁）ではわかりにくいので**図2-7**、及び**表2-6**に示すと、「就職者」の数が減って「無業者」の数が増えていき1997年度で逆転しているのが確認できる。このうち中学卒業者の中では、きわめて少数派となった就職した者のその後を追跡すると、3年以内の離職者が6割に達するという厳しい状況（宮本2011）や、中卒者の求人自体が激減していったという実態ゆえに就職する者が減っていったと考えられる。

残りの無業者の実態は様々であろうが、第1章で取り上げた**事例25**の山地が1999年度無業者（1万7563人）の中の一人であり、**事例26**のF夫も2011年度の無業者（1万1994人）の中の一人であろう。この就職者や無業者の中には山地のような中学校時代の「脱落型不登校」や、Ｆ夫のような実質的な不就学者状態の子どもたちが含まれていたと考えられる。

表2-6　中学校卒業後の進路（就職者と無業者）1975～2017年度

	就職者	無業者
1975年度	54,808	12,344
1976年度	49,011	11,891
1977年度	46,729	11,982
1978年度	43,780	11,700
1979年度	44,400	11,354
1980年度	44,678	10,771
1981年度	43,120	9,618
1982年度	51,826	13,521
1983年度	51,318	15,039
1984年度	49,802	16,231
1985年度	48,424	17,187
1986年度	45,996	19,153
1987年度	44,615	18,821
1988年度	43,065	18,611
1989年度	39,895	16,940
1990年度	36,011	14,990
1991年度	30,553	13,528
1992年度	26,939	14,150
1993年度	23,272	14,207
1994年度	20,342	14,751
1995年度	18,061	14,708
1996年度	18,299	15,747
1997年度	16,962	17,563
1998年度	14,654	20,045
1999年度	13,047	20,101
2000年度	13,168	20,472
2001年度	11,088	20,864
2002年度	9,310	19,144
2003年度	8,653	17,292
2004年度	7,892	15,181
2005年度	7,573	14,457
2006年度	7,777	14,570
2007年度	7,331	13,633
2008年度	5,777	14,078
2009年度	4,979	14,058
2010年度	4,106	11,994
2011年度	4,409	11,133
2012年度	4,155	10,403
2013年度	4,341	10,016
2014年度	3,933	8,722
2015年度	3,259	7,933
2016年度	2,948	7,510
2017年度	2,510	7,298

学校基本調査より作成

注

（１）親が団塊の世代（１９４７～４９年生まれの第一次ベビーブーム世代）で、１９７１～７４年生まれの第二次ベビーブーム世代を指すのが一般的。１９７５～７９年生まれを指す場合もある（山田 ２０１７）。

（２）「課程の修了又は卒業の認定等について」（昭二八年三月一二日（委初二八）兵庫県教育委員会教育長あて文部省初等中等教育局長回答）において、「一般的にいって、第三学年の総授業時数の半分以上も欠席した生徒については、特別の事情のない限り、卒業の認定は与えられないのが普通であろう」とされた（羽山 １９８９）。

（３）『学校が合わない親と子のための学校に行かない進学ガイド　１９９０』（『別冊宝島』ＪＩＣＣ出版局）、『もうひとつの進学情報　１９９０』（スクールソーシャルワーク研究グループ）など。

(4)『朝日新聞』１９８９年9月16日付夕刊。

(5)「児童青年精神医学とその近接（１９９２）」第33巻、77～１０８頁

(6)調査方法は、ある市内の全中学校から教育委員会に提出された調査に基づき、各年度の中学3年生で年間30日以上欠席した生徒について、卒業後の進路を進路指導担当者に記入してもらう形をとった。その際、進路先については、全日制公立高校・全日制私立高校・定時制高校・通信制高校・専門学校・就職・その他（無職）の七つに分類した。しかし、通信制高校については、当時「サポート校」が十分に理解されておらず、専門学校との区別がつかなかったため、ここでは高校進学者に含めていない。なお、「サポート校」とは、通信制高校の学習を支援する塾のようなものの総称であり、正式な学校ではない。生徒は、通信制高校に在籍すると同時にそれぞれのサポート校に所属して通いながら、通信制の課題レポートなどに取り組むことになる。

(7)『登校拒否（不登校）問題について：児童生徒の「心の居場所」づくりを目指して』（１９９２）では、「学校以外のところに、登校拒否の児童生徒を集め、その学校生活への復帰を支援するため様々な指導援助を行う」とされる。なお、各地域においては、様々な親しみやすい名称が用いられている実態もあり、２００３年より「教育支援センター」と適宜併用されることとなった。

(8)学年に縛られず、科目ごとに単位の修得を積み重ねて卒業に必要な単位を数を得るのが単位制高校である。現在でも多くの高校は学年制を取っており、内規等により一学年である単位数を落とすと原級留置（留年）となる（第5章2参照）。

(9)私立の北星余市高校が、全国から高校中退者を受け入れ始めて注目されたのは１９８８年である（小野２０１８）。

(10)『読売新聞』１９９９年1月15日付、『朝日新聞』１９９９年4月8日付など。

(11)『中日新聞』１９９９年2月22日付。

(12)この高校生調査も、国公私立高等学校を年間30日以上欠席している生徒についてであり、欠席理由別に病気、経済的理由、不登校、その他の4分類になっているが、小中学校調査と違う大きな点が「経済的理由」が多いことである。しかし、第Ⅰ部6章2で述べた通り、この理由別分類には様々な疑義が指摘されており、高校生調査においてもまったく同様のことが指摘できる。

第5章　中退問題を捉える新たな枠組み

1　多様化する高校生

第4章で明らかにしたように、1990年代に中学校で欠席が多かった生徒も高校に進学できるようになった結果、再び高校の中退率は増加して1996年度から2001年度まで2・5%を超えることになる（図2-5、163頁）。しかし、この増加においては公立と私立に1%もの違いでなく、図2-8のような全日制高校と定時制高校の違い、また学年による違いの方が目立つ。これらを総合的に見るために課程別・学科・学年別の中退者数（率）を表2-7a・bに示すと、定時制高校の1年生の中退率が20%を超える高さになっていることがわかる。ただし、この中退調査は、2012年度まで全日制と定時制のみのものであり、これまで述べてきた通信制高校と特別支援学校高等部を含む高校進学率とは母数が違うものになっている。実際、ここに含まれない特別支援学校高等部ではほとんど中途退学は起きていないという(1)。

その後、2002年度以降、高校中退率は減少していき、現在では1・5%を切るほどになっている。そして、通信制課程における生徒の中退状況が、2013年度から全日制・定時制課程と併せて、「児童

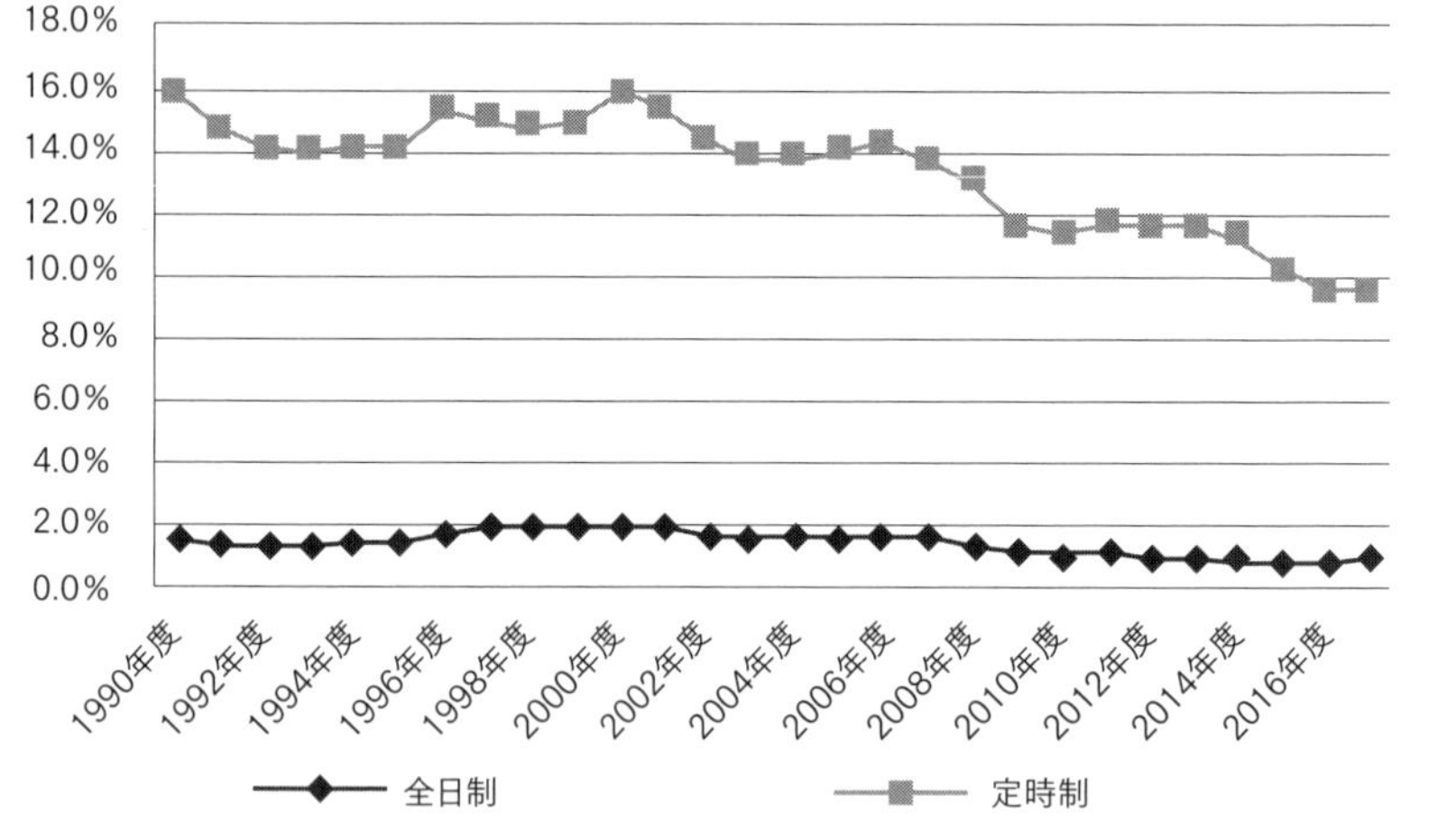

図 2−8　中退率の推移　文部科学省「児童生徒の問題行動等生徒指導上の諸問題に関する調査」から作成

表 2−7a　課程・学科・学年別中途退学者数（2002 年度）：全日制・定時制

	全日制						定時制	
	普通科		専門学科		総合学科			
	中途退学者数（人）	中途退学率（%）	中途退学者数（人）	中途退学率（%）	中途退学者数（人）	中途退学率（%）	中途退学者数（人）	中途退学率（%）
1 年生	26,143	2.9	13,398	4.3	311	4.6	7,590	27.6
2 年生	16,066	1.8	8,351	2.7	184	3.5	2,676	13.2
3 年生	4,289	0.5	2,111	0.7	86	2.2	1,429	7.6
4 年生	0	0.0	0	0.0	0	0.0	499	3.6
単位制	631	1.9	80	1.8	1,731	2.4	3,834	12.2
計	47,129	1.7	23,940	2.6	2,312	2.6	16,028	14.3

表 2−7b　課程・学科・学年別中途退学者数（2013 年度）：全日制・定時制・通信制

	全日制						定時制		通信制	
	普通科		専門学科		総合学科					
	中途退学者数（人）	中途退学率（%）	中途退学者数（人）	中途退学率（%）	中途退学者数（人）	中途退学率（%）	中途退学者数（人）	中途退学率（%）	中途退学者数（人）	中途退学率（%）
1 年生	12,448	1.7	6,237	2.6	156	3.7	2,678	23.7	336	6.4
2 年生	7,672	1.0	3,740	1.6	110	2.7	1,090	11.7	255	4.5
3 年生	2,452	0.3	1,149	0.5	36	1.0	576	6.6	171	3.0
4 年生	-	-	-	-	-	-	214	2.9	0	0.0
単位制	1,352	0.9	263	1.3	2,282	1.5	7,682	11.0	9,024	5.4
計	23,924	1.0	11,389	1.6	2,584	1.6	12,240	11.5	9,786	5.3

文部科学省「児童生徒の問題行動等生徒指導上の諸問題に関する調査」(2016) より

生徒の問題行動等生徒指導上の諸問題に関する調査」の対象となった。

ここで定時制・通信制高校の生徒の実態を確認しておこう。図2-9が入学者の内訳である。定時制で8割以上、通信制でも6割以上が中学校の新卒者で占められていることがわかる。また、図2-10(a〜c)は生徒の就業状況である。定時制・通信制ともに無職のものが半数以上になっている。1982年度においては、定時制では7割近くが正社員でアルバイトも含めると8割以上が仕事を持っており、通信制でも約6割が正社員、アルバイトも加えるとおよそ2/3の生徒が仕事を持っていたのに対して、2011年度の生徒の実態は大きく様変わりしている。

第5章6を補足すると、通信制高校においても制度改革が進み、定時制高校と同様に、1988年に単位制、続いて1989年に三修制が認められた。また、1999年に修了単位数の引き下げ(80から74単位)もあって、公立の通信制の多くが三修制(=卒業に必要な74単位を3年間で学ぶ体制)を導入していった。さらに、2003年には多様なメディア(インターネット)利用の学習によって面接指導の時間数が免除できるようになり、2006年には生徒の負担軽減等のために他の学校の施設・設備が使用可能となったことで、広域通信制[2]の学校が多数開設された。この中には、従来の通信制のイメージ(通学しない形式)とは違って、通学(全日)型と称する通信制高校、つまり全日制高校と同様にほぼ毎日通学する学校(通学型)がある。松本(2017)によれば、広域通信制高校106校のうち本校以外の通学できる施設をもつのは65校を含めて、通学型に類する言葉を掲げているのは69校にもなる。こうして高校の生徒数が1990年度約579万人から2009年度には約353万人まで減少しているにもかかわらず、通信制高校は学校数・生徒数(図2-11、12、次々頁)ともに増加し、高校進学率でおよそ40人に1人(2・4%)、在学者数では定時制を上回っておよそ20人に1人(5%)を占めるまでになっている。

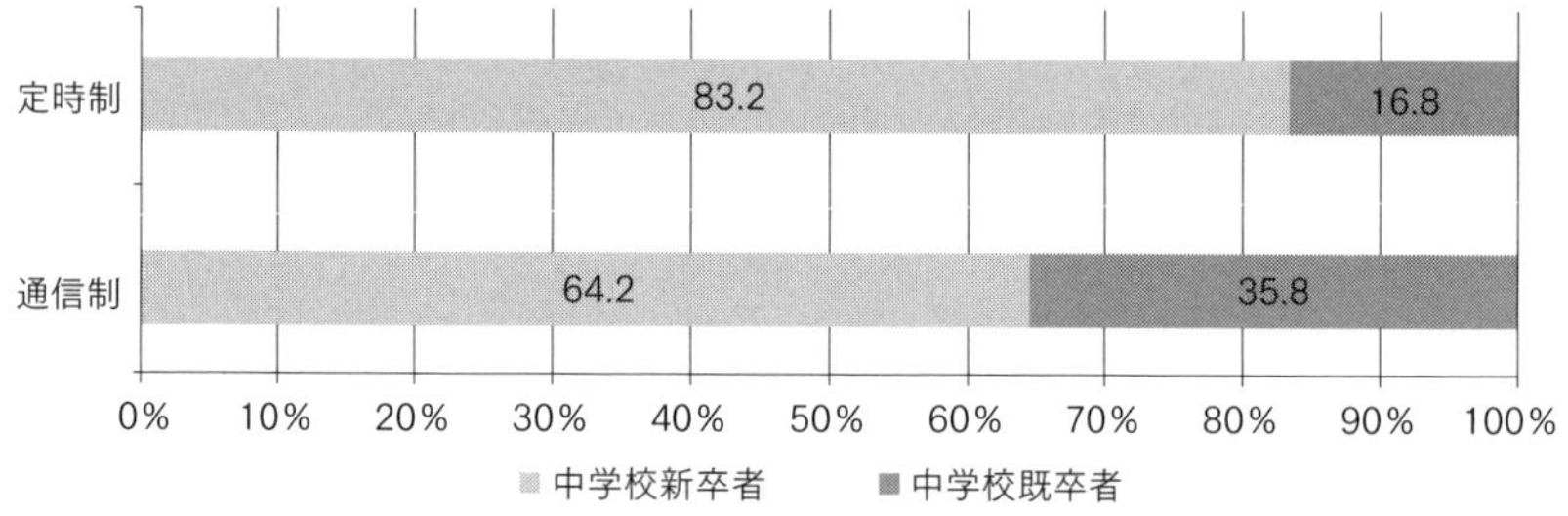

図 2-9　入学生の内訳　　文部科学省「定時制課程・通信制課程高等学校の現状」より

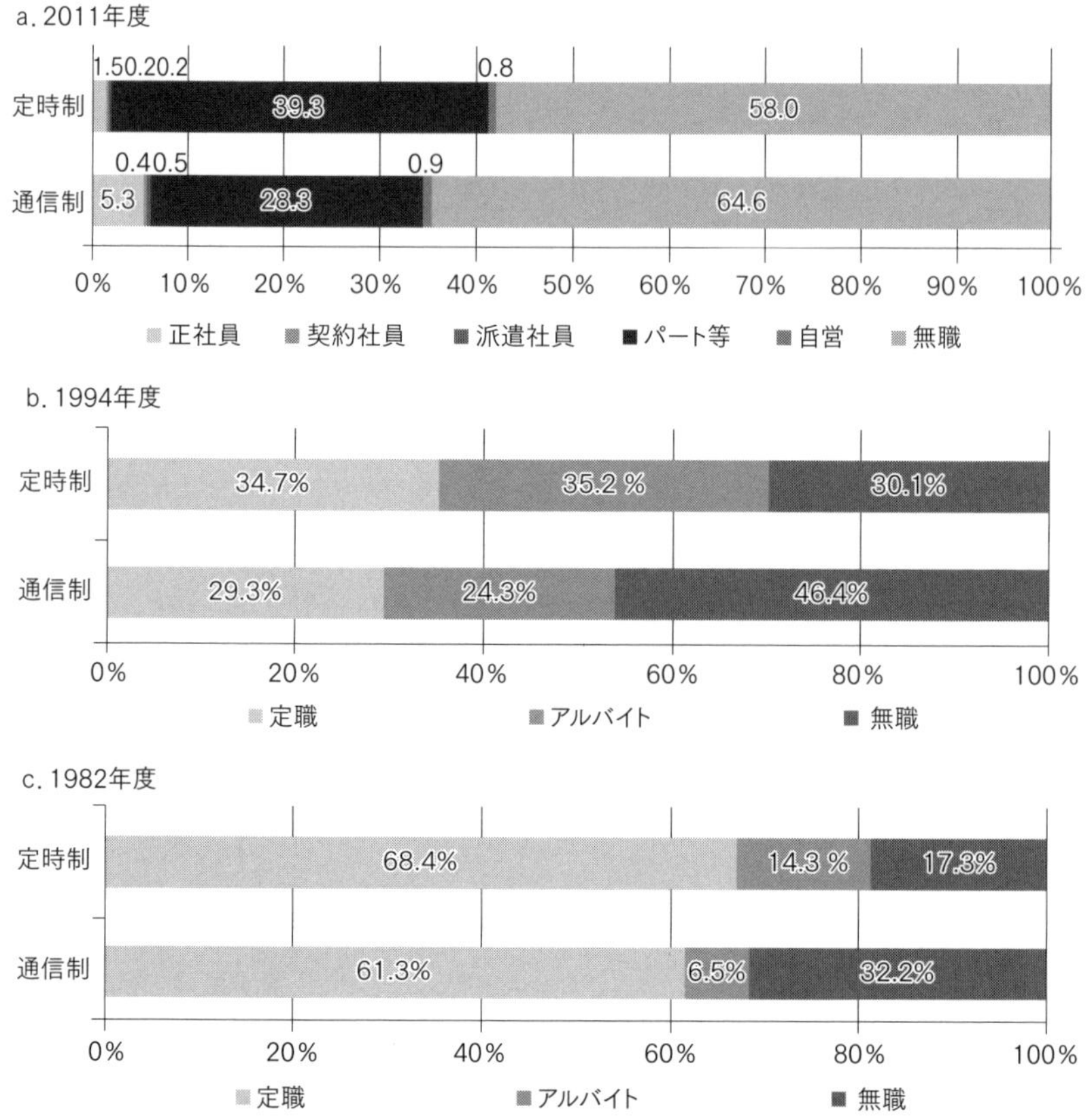

図 2-10　生徒の就業状況　　文部科学省「定時制課程・通信制課程高等学校の現状」より

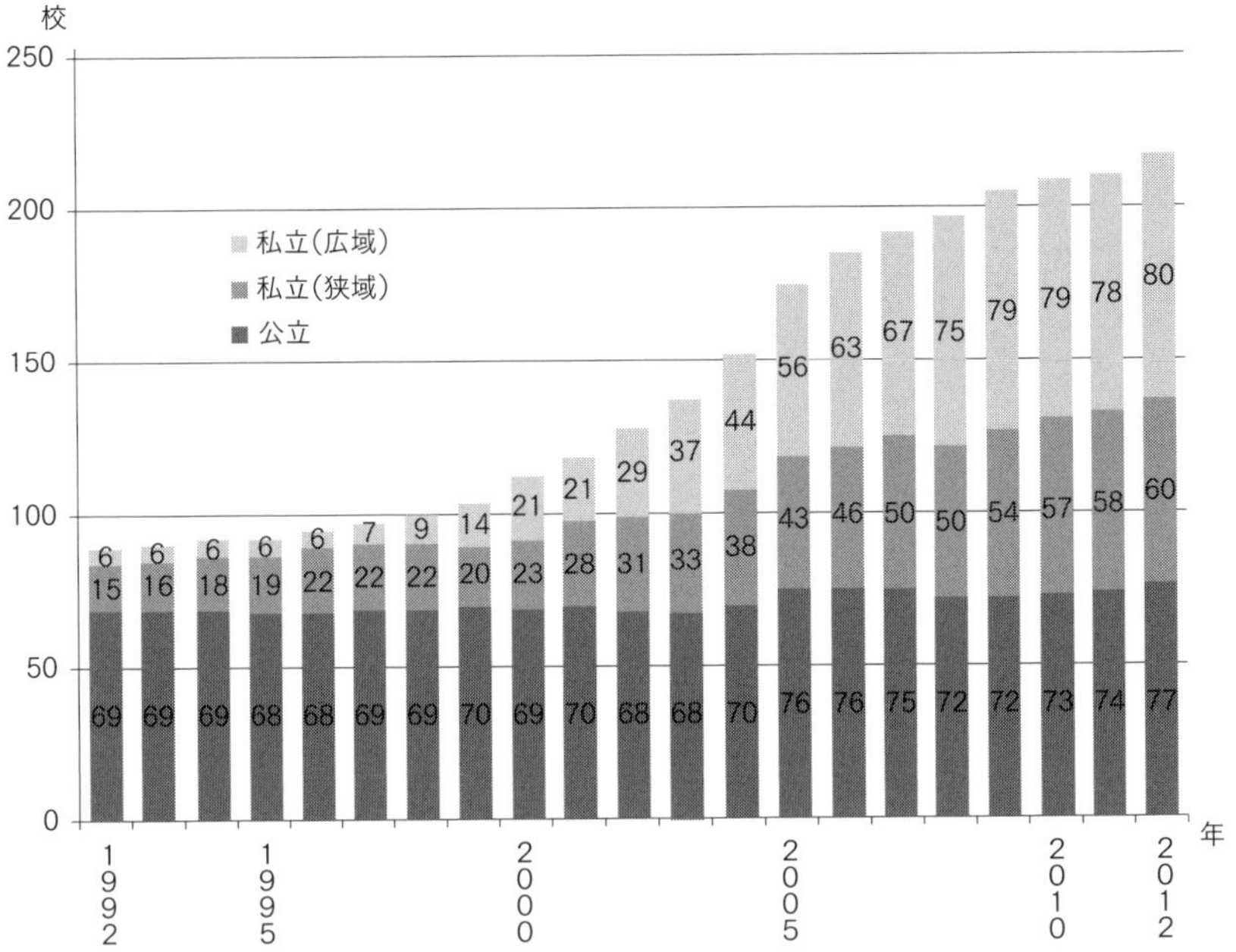

図 2-11　通信制課程の学校数　　文部科学省「定時制課程・通信制課程高等学校の現状」より

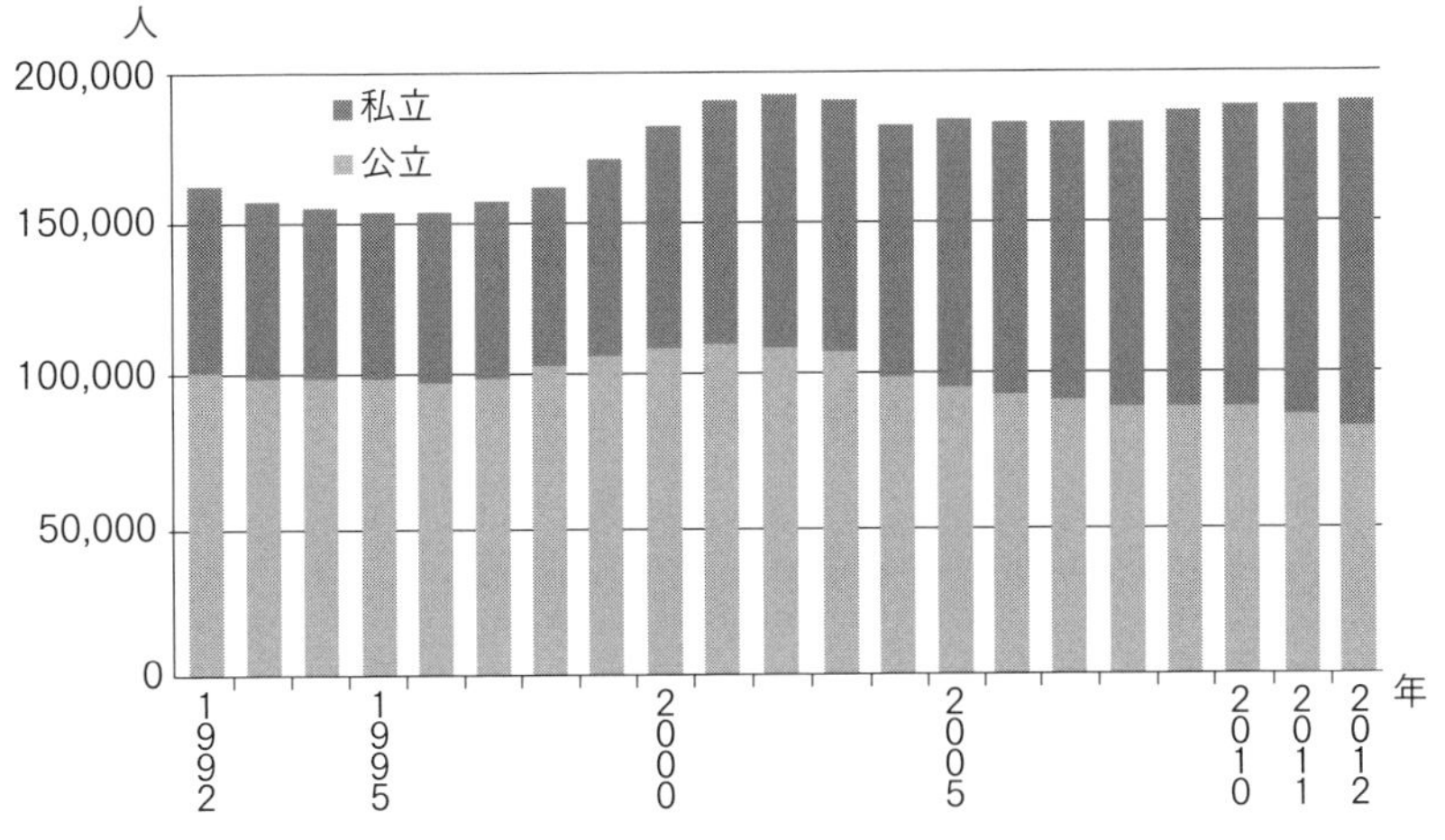

図 2-12　通信制課程の生徒数　　文部科学省「定時制課程・通信制課程高等学校の現状」より

このように高校改革（多様化・個性化）が進んだ結果、全日制と定時制・通信制といった境界が曖昧になってきていることがわかる。象徴的なエピソードとしては、サッカー高校選手権では２００２年に通信制の地球環境高校（長野県）、２０１５年には第一学院高等学校（茨城県）が全国大会に出場している。また、２０１２年春の選抜高校野球大会に同じく地域環境高校、２０１６年夏の甲子園大会にクラーク記念交際高校（北北海道）が出場している（松本２０１７）。

2　高校中退の実態

こうした定時制高校や通信制高校を含めて、１９９０年代後半からの高校中退の実態を捉えるためには、これまでとは違った枠組みが求められる。文部科学省の調査では、中途退学を「年度の途中に校長の許可を受け、又は懲戒処分を受けて退学した者等をいい、転学者及び学校教育法施行規則の規定（いわゆる飛び入学）により大学へ進学した者は含まない」と定義している。そして、ある年度の学校全体中退者数を学校全体の生徒（つまりは全学年）の在籍者数で割ったもの算出して高校中退率としているのである。しかし、この文部科学省が定義した「中途退学」だけでは、現在の中退問題の実態は捉えきれないと批判されている。例えば青砥（２００９）は、「高校中退が社会問題化しなかったのは、文科省が中退の実態を正確に社会に伝えてこなかったからである」と述べて、入学した高校を3年間で卒業した人数を推計して卒業率を使用している。また、酒井・林（２０１２）も、高校から何らかの理由で他校へ転学する人数を考慮しないことで、高校中退問題が過小評価されると指摘している。実際、高校関係者の間では、中退が減少していると発表される一方で、転学は増加しているのではないかと言われている（伊藤２０１２）。

そこで保坂他（２０１１）は、ある高校に進学したものがその学校を去る場合を二つに分けて分析する必要性を指摘した。すなわち、他の学校には行かずに働くなど学校から離れる場合のみをさす「狭義の中退」と、入学した学校から他の学校に転学する場合を含めた「広義の中退」である。当然、文部科学省の「児童生徒の問題行動等生徒指導上の諸問題の現状に関する調査」では、調査開始当時から「狭義の中退」だけが発表されている。

こうして転学を含む広義の中退問題という視点を持つと、様々な事柄が複雑に関わっていることが視野に入る。狭義の中退は、その前段階として長期欠席、原級留置を経ている可能性を考えれば、長期欠席（不登校）、転学、原級留置の実態まで含めて把握する必要がある。特に、小中学校と違って高校における長期欠席は、それぞれの授業科目においては欠時となるため、当然単位不足となって、その結果複数単位が修得できずに原級留置や中退に至る場合や、その原級留置、あるいは中退を避けるために転学するというケースにつながりやすい。

ここで上記の用語を整理しておこう。ある高校に入学した生徒が2年生に進級できない場合とは、以下の①原級留置、②転学、③退学の三つである（平原１９９３、田邊２０１２、黒岩２０１７）。

①　原級留置とは、いわゆる「留年」と称されるものであるが、法令上の規定は存在しない。その学年で必要な単位を、ある一定数修得できなかったことにより原学年に留め置かれて、修得した単位も含めてもう1年同じ教科科目を履修し直すことを指す。学校長に与えられた単位認定権に基づいて、この一定数、つまり何単位以上の場合については学校ごとの内規等で決められている。この原級留置は、生徒たちから避けられる傾向が強く、データ上では毎年０・２％程度しか存在しない。その理由とし

て、学校側から転学を条件として単位を認めることを提示された生徒が、原級留置を避けて転学（この場合は次の学年に進級できる）を選ぶという運用上の例外が存在するからである。[3]

② 転学とは、いわゆる転校に当たる。保護者の転勤等（住居地の変更）のために別な高校に転校する場合もあるが、こうした例はごく少ない。それよりも上記の通り、欠席が多いため、あるいは成績が合格点に達しないため単位の修得が難しくなって進級が危ぶまれる場合に、別な学校で進級することを目的とした転学（転校）がよく勧められる。[4] そのため全日制高校から単位の修得が比較的容易とされる通信制高校や定時制高校への転学（転校）が多い。すでに述べた通り、この転学は文部科学省の定義では中途退学から除かれている。

③ 退学には法律に基づく懲戒処分としての退学と、校長の許可を受けた自主退学の二つがある。実際のところ、懲戒としての退学は滅多にないが、処分理由を明示した退学処分書により学校長が退学を命ずるものである。一方、自主退学は本来自主的に退学するということであり、学校長宛に本人と保護者から退学願が提出されて受理（許可）されるものである。また、授業料等の滞納による退学もあるが、これを除籍と称する場合もある。

3 広義の中退調査

上記2で述べたように、青砥（2009）は、ある年度に入学した一学年の3年間の中退者数を調べ、

表2-8　ある定時制高校（一学年：定員40人）の4年間の在籍

	1年	2年	3年	4年	合計
生徒数（人）	28	21	15	8	
卒　業			5	8	13
転編入		1			1
転　出	1		1		2
退　学	6	7	1		14

小野・保坂（2016）33頁より転載

それをその学年の入学者数で割って算出する非卒業率を提唱している。その方法によると、2002〜05年度の全国の高校に在籍した生徒数と該当する生徒を追跡して3年後に卒業した数から、非卒業率は6〜8%を超える数値、実数ではおよそ7〜10万人にもなるとしている。小野（2016）も、これにならって2011年度から2015年度までの全日制高校の非卒業率が、6・7%から5・8%に下がっていると算出している。（なお、この間の全日制高校の狭義の中退率はほとんど変化していない。）

また、東京都教育委員会（2012）は、2008年度に全日制都立高に入学した生徒40066人のうち、卒業したのは36424人で広義の中退に当たる非卒業率は9・1%と報告している。このうち狭義の中退は2212人で5・5%、残り1430人（3・6%）は転学と原級留置になる[5]。

より困難な状況にある定時制高校や通信制高校では、4年間で卒業できた生徒の割合が6割程度というデータもある。中でも、公立通信制高校の非卒業率が5割程度なのに対して、私立通信制高校では2000年以降約7割を超え、近年では約9割に達していることが目立つ。また、通信制高校では在籍年限の上限を定めていないところもあり、履修登録をしないまま長期に在籍する「休眠生」が存在するため、5年以上の長期に渡って非卒業率を算出することは難しい（保坂他2016、土岐2019）。

より詳細に検討するために、定時制高校のある学年を表2-8のように事例的に追跡した例を挙げておこう（大塚 2016）。この学年の定員は40人であるが、4回の入学試験の結果28人が入学した。このうち三修制の3年間で5人が卒業、4年次の生徒数は8人、その全員が卒業したため入学から4年目の卒業率は13／29人（44・8％）となる。途中、転編入1人と転出2人（通信制高校）があり、この転編入と転出者は同一なので広義の中退率は16／30人（53・3％）、狭義の中退率は14／30人（46・7％）となる。

もう一つは全日制普通科高校（進路多様校）の例である。筆者らは、千葉県の公立全日制普通科高校で入試偏差値40前後の6校で、第1学年の広義の中退状況について調査した。この6校に2009年度に入学した生徒のうち、第1学年における狭義の中退者は90名（6校の1年生全体の9・7％）、転学者は20名（同2・1％）であった。つまり、この6校では1年生の段階で入学した生徒の1割以上がその学校を辞めていった広義の中退者となる。図2-13はその中退後の状況、進路を示したものであるが、転学した20名はすべて通信制高校への転学であった。他の全日制高校や定時制高校に転学したものはいなかった。その他の中退後の進路は、「アルバイト」が48名と最も多く、以下「その他」15名、「家事手伝い」13名、「就職した」9名、「無記入」5名となった[6]。

先の青砥（2009）も、同様に中退者が学力の低い高校の1年生に集中している実態を明らかにしている。それによると、2004年度に埼玉県立高校147校に入学した生徒の退学率[7]は13・4％、このうち40％以上の生徒が中退した高校が10校、30％台が10校、20％台が19校、つまり40校で20％以上の生徒が中退していた。そして、これらの40校はいずれも学力（入試成績）から5段階に分けて一番下と2番目に属する高校であった。一方で、進学校には中退者はほとんどいない。また、1997年度との比較では、もともと中退率が高いこれらの高校での増加が目立つことも明らかにした。この結果は、高校において学力

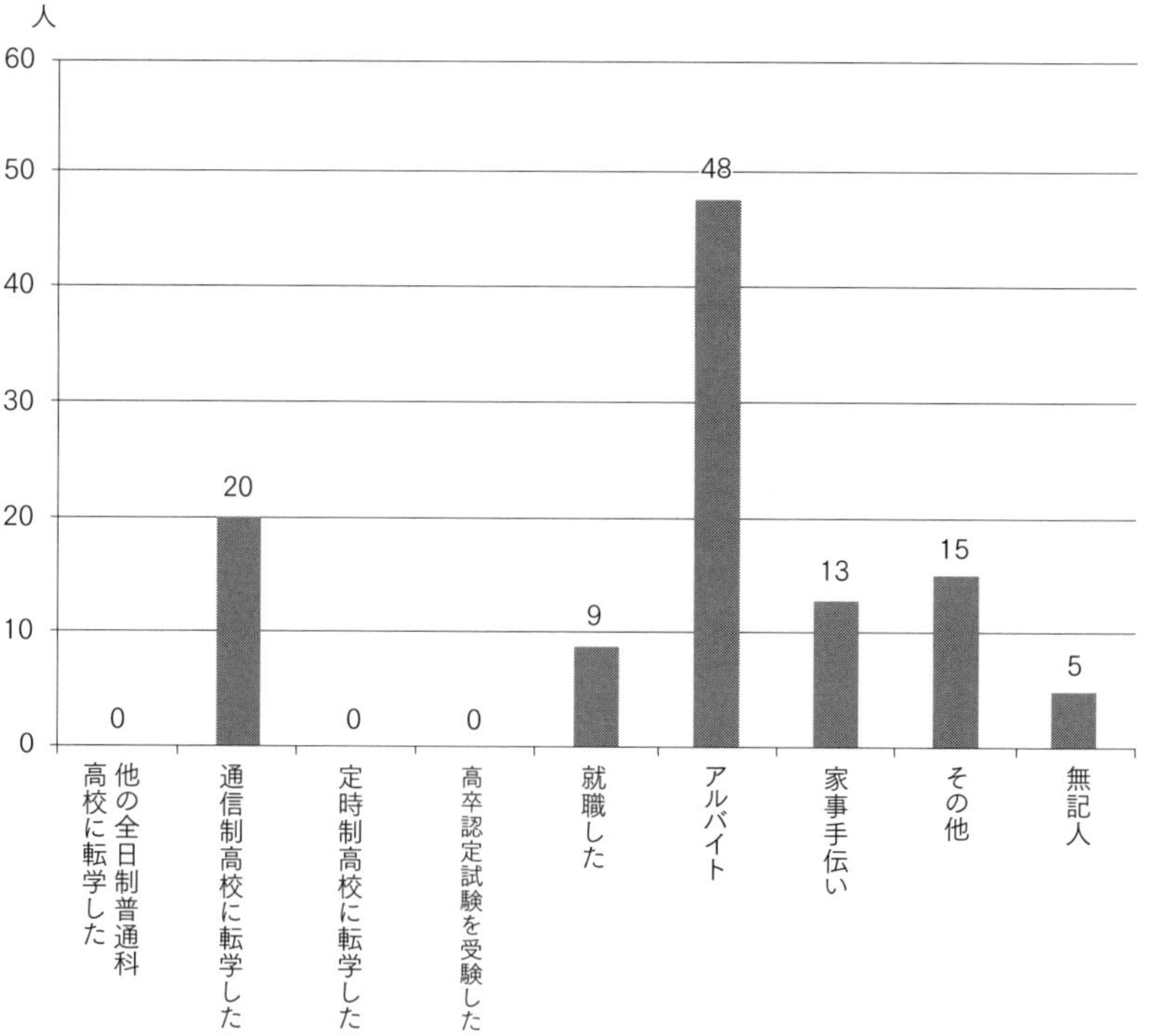

図 2-13　中退後の状況（N = 110）　　小野・保坂（2016）22 頁より転載

が高く卒業者のほとんどが4年生大学に進学する進学校から、高校卒業と同時に就職するものも含む学力底辺校（進路多様校）まで幅広い学力差があることを考えればうなずけよう。

　これまで述べてきた通り、全国あるいは県平均の狭義の中退率は、高校中退問題の実態を表してはいない。ここで示したデータのように、中退の多くは定時制高校など学力底辺校から、それも1年生段階で生じているが、その実態は高校関係者以外にはなかなか伝わらない。ここで取り上げた詳細な事例的分析から言えることは、高校からのドロップアウト（広義の中退）を捉えるためには、こうした非卒業率や転学・原級留置も含め、学校単位に事例的に分析する必要があるということであろう。

4　高等学校卒業程度認定試験（旧大学入学資格検定試験）

さらに、中等教育からのドロップアウトを考えるにあたっては、２００６年度から開始された高等学校卒業程度認定試験の存在がある。これは、高校を卒業していないものについて高校卒業者と同程度の学力を認定する試験であり、認定合格者は大学など上級学校の入学資格（及び就職・資格試験等）において高校卒業者と同等に扱われる制度である。[8] 文部科学省によって年2回行われており、年度内の満16歳になる人であれば何歳でも受験できる。必修及び選択科目（8〜10科目）に合格することで「高校卒業程度認定試験合格」となるが、高校卒業の学歴が得られるわけではない。なお、各科目の合格には有効期限がないので何年にも渡って一つ一つの科目合格を積み重ねることが可能となっている。都道府県毎に1ヶ所試験会場が設けられる他、２００７年度からは、全国の少年院、刑務所等の矯正施設においても試験が実施されている。[9]

この高等学校卒業程度認定試験は、１９５１年から実施されていた「大学入学資格検定試験」が、２００６年に変更されて現制度として実施されるようになった。それまでの大学入学資格検定試検は、全日制高校在籍者の受験を許可していなかったが、高校への在籍状況に関わらず受験できるようになったのである。[10] 例えば、２０１６年度2回目の試験合格者のうち、全日制高校に在学している生徒はおよそ1／4を占めるなど、年々増加傾向にある（担任学研究会 ２０１７）。また、中退者が高校で単位を修得した科目については受験が免除されたり、学校長の裁量によって合格科目が在籍する高校の単位として認定される。実際には、定時制・通信制の高校において、高卒認定試験の科目合格が高校の単位として認定されるケースが多い（第4章4参照）。これによって高校在籍したままこの制度を使って高校卒業資格を取得することが可能になり、高校卒業程度の資格を得れば在籍している高校を卒業せずに大学受験するケースも多い。つまり中退者の中に大学入学者が存在することになり、中退者＝中等教育からのドロップアウトとは言えないことになる。私立の通信制高校では高校卒業程度認定試験の受験予備校を併設しているところがあり、積極的にそうしたコースを勧めている。実際に、次のような事例がある。

事例30　スキージャンプ高梨沙羅選手

スキージャンプのワールドカップ（２０１１～１２年）で史上最年少の15歳で優勝。その春中学校を卒業後、「海外遠征で英語の必要性を感じたから」と北海道のインターナショナルスクールに入学。片道2時間の通学をしたが、8月に高等学校卒業程度認定試験を受験、全8科目に合格し、「これで競技に集中できる」と喜んだという。２０１４年のソチ冬季オリンピックでは4位。その後18歳で日本女子体育大学に入学し、２０１８年平昌冬季オリンピックにおいて銅メダルを獲得した。

つまり、高校教育（＝後期中等教育）の多様化により、文部科学省の狭義の中退調査では実態が捉えきれず、新たな枠組みが必要になっている。その枠組みの構築には、高等学校卒業程度認定試験も含めて、中等教育からのドロップアウトを学校単位、さらには高等学校卒業程度認定試験も含めて事例的に捉えていく発想が必要だろう。また、その際には、複雑な現代日本社会においては、中等教育修了者を正確には算出することはできないという認識が必要であろう。

注

(1) 筆者がある県の教育委員会担当者に確認したところ、「各学校から届出の規定はあるが県教委として集計して報告することはない。また、自己都合による退学が年に数件あるが、懲戒による退学はない」とのことであった。

(2) 狭域通信制高等学校がその学校がある都道府県と近隣の都道府県の生徒だけを対象とするのに対して、広域通信制高等学校は三つ以上の都道府県から生徒の募集ができる。なかには全国すべての地域から入学できる学校もある。2016年度、全国に公立1校、学校法人(私)立85校、株式会社立19校がある。

(3) 高校は本来単位制であるが、学年制をとっている学校が多いため、このような原級留置や全科目再履修という問題が起こる(第5章2参照)。当然、学校長が教育裁量権を合理的に行使すれば、内規に縛られることなく仮進級などの救済措置を取ることができる。川俣(2009)が、こうした「猶予卒業制度」を取り入れた学校を紹介している。この制度では、取り残した単位は放課後や夏休みなどの補習授業で取得することになっている。ある学年では、入学した生徒の約6割が卒業し、そのうち半数がこの制度を利用したという。

(4) 全日制高校から全日制高校への転校を認めているのは、保護者による住所変更だけの場合が多い(『朝日新聞』2015年5月21日付「『なじめず転校』認めない県も」)。なお、文部省(1992)は、「保護者の転勤に伴う転入学者等の受け入れの推進に関する調査研究協力者会議」において検討し、転入学者の受け入れ機会の拡大など様々な提言を行った。また、詩人の谷川俊太郎が高校で「不登校みたい」になったとき、担任が「定時制に転学すれば卒業できるというので、移りました」と回想している(『朝日新聞』2018年8月28日付「語る：人生の贈りもの　学校嫌い　遊び半分に始めた詩」。これが事実とすると、新制高校の設立当時から行われた運用であったと推測できる。

(5) この報告を取り上げた記事(『朝日新聞』2012年2月9日付夕刊)によれば、ある普通科全日制高校では、入学者236人に対して123人、非卒業率は48%にも達する。なお、狭義の中退者は89人で狭義の中退率は38%、残りの約1割が転学と原級留置である。

(6) この調査は、筆者が委員長を務めた「新時代に対応した高等学校教育改革推進事業」推進協議会を通じて、毎学期ごとに担任教員に対するアンケート調査を集計したものである(重 2015)。

（7）この調査は定時制高校を含み、中退率は狭義の中退率と考えられる。

（8）「高等学校卒業程度認定試験Q＆A」には、採用試験として「国家公務員一般職試験（高卒者試験）」等、国家資格（試験があるもの）として「幼稚園教員資格認定試験」等が挙げられている。

（9）また、2015年度からは、ひとり親家庭の親が、高卒認定試験合格のための講座を修了した時と、高卒認定試験に合格したときに講座の受講費用の一部を支給する「高等学校卒業程度認定試験合格支援事業」が実施されている。

（10）大学入学検定試験の時代も全日制高校在籍かどうかをチェックすることはできなかったため、筆者が知っている例で実際には受験者の中に全日制高校の休学者などが含まれていた。

第6章　高校教育における2000年以降の新たな動向

1　学習指導上の改革

(1) 少人数指導・少人数学級の実践

ここで広義の中退が多い、いわゆる進路多様校（学力底辺校）の一つである千葉県立の全日制普通科高校の取り組みを紹介したい。この高校は、県教育委員会などの協力を得て少人数教育を導入した[1]。具体的には2003年度からまず2科目（国語・情報）、翌年度から5科目（英語・保健・家庭科追加）、さらに2005年度からは8科目（数学・理科・地理追加）の1年生通常クラスを半分（20人）にして学習指導を実施した。その結果、2002年度には1年生から2年生への進級できなかったもの（広義の中退者）が31％もいたのに対して、2005年度は22・7％までに減少した。とりわけ、中学校時代に欠席が50日以上あった生徒を比べると、2002年度は38人のうち進級できたのが17人（44・7％）であったが、2005年度は51人のうち38人（62・7％）が進級した。さらに、この進級した38人の半数にあたる16人は欠席が10日未満、うち3人は欠席ゼロの皆勤である。この中学時代に欠席が多かった生徒が高校1年生時に出席し続けることができた要因は様々考えられるが、20人という少人数指導が第一に挙げられよう。この高校の教務主任は、「人数が半分になると落ち着きは4倍になる」と表現し、生徒たちの学習に向かう姿勢が劇的に変化し、生活態度にまで影響したことを報告している（明石他２００６）。

同様に、学習集団であると同時に生活集団でもある20人学級を展開した学力底辺校の実践について、田邊（２０１２）も「容易に授業が成立しなかった学校で」、「生徒指導の充実」と「学習場面の成立」を報告している。その中で様々な教育実践上の工夫の一つとして、「ポートフォリオ的評価の実施」をあげている。具体的には、基本的な学習習慣が身についていない生徒が多いために、授業で使用したプリントや課題などを、学校で用意した紙ファイルに授業ごとに綴じこませて、生徒の手元に残す。生徒自身が自分の学習履歴を振り返れるようにするとともに、それを教員が適宜点検してポートフォリオ的な評価を加味した学習活動を行う。この取り組みによって、それ以前まで授業の配布物（プリント等）はすぐに捨てられて、学校が汚される原因となっていたが、そうしたゴミの減量という学校の環境整備にもつながったという。

（2）学校教育施行規則の改正と基礎的・基本的学力の定着

第5章で述べた高校改革が少子化による統廃合とそれに伴う高校再編によって加速される中、文部科学省（２０１１）は「高等学校教育の改革に関する進捗状況」（２０１０）を取りまとめている。その中で、多くの都道府県教育委員会が重点的に取り組んでいる課題として、「キャリア教育」と「基礎的・基本的学力の定着」を挙げた。このうち「基礎的・基本的学力の定着」については、学校教育施行規則（２００７年改正：表2-9）において、不登校や中退者に対して「その実態に配慮した特別な教育課程」が認められ

表2-9　学校教育施行規則（第85・86条）

第八十五条の二 文部科学大臣が、高等学校において、当該高等学校又は当該高等学校が設置されている地域の実態に照らし、より効果的な教育を実施するため、当該高等学校又は当該地域の特色を生かした特別の教育課程を編成して教育を実施する必要があり、かつ、当該特別の教育課程について、教育基本法 及び学校教育法第五十一条の規定等に照らして適切であり、生徒の教育上適切な配慮がなされているものとして文部科学大臣が定める基準を満たしていると認める場合においては、文部科学大臣が別に定めるところにより、第八十三条又は第八十四条の規定の全部又は一部によらないことができる。 第八十六条 高等学校において、学校生活への適応が困難であるため、相当の期間高等学校を欠席していると認められる生徒、高等学校を退学し、その後高等学校に入学していないと認められる者又は学校教育法第五十七条 に規定する高等学校の入学資格を有するが、高等学校に入学していないと認められる者を対象として、その実態に配慮した特別の教育課程を編成して教育を実施する必要があると文部科学大臣が認める場合においては、文部科学大臣が別に定めるところにより、第八十三条又は第八十四条の規定によらないことができる。

たことを特記する必要があろう。さらに、これを受けて新たな高等学校学習指導要領（２００９年公示）でも「義務教育段階での学習内容の確実な定着を図ること」（表2−10）が示された。

　そして、この「義務教育段階での学習内容の確実な定着を図ること」を目的とした正式な授業（学校設定科目の履修）の実施が認められたことにより、通常の50分ではなく30分授業で実施することも可能となり、さらに大胆な高校改革が進むようになった[2]。

（3）「学び直し」の広がり

　上記（１）に記述した学校実践等を踏まえて、千葉県教育委員会は、２０１２年度から二つの高校（全日制普通科）を、「これまで十分に力を発揮することのできなかった生徒」を地域で支えていくことを目標とする「地域連携アクティブスクール」に指定し、さらに

表2-10 高等学校学習指導要領　総則第5款

> 総則第5款「教育課程の編成・実施に当たって配慮すべき事項」
> 〈中略〉
> 3　指導計画の作成に当たって配慮すべき事項
> 各学校においては，次の事項に配慮しながら，学校の創意工夫を生かし，全体として，調和のとれた具体的な指導計画を作成するものとする。
> (1) 各教科・科目等について相互の関連を図り，発展的，系統的な指導ができるようにすること。
> (2) 各教科・科目の指導内容については，各事項のまとめ方及び重点の置き方に適切な工夫を加えて，効果的な指導ができるようにすること。
> (3) 学校や生徒の実態等に応じ，必要がある場合には，例えば次のような工夫を行い，義務教育段階での学習内容の確実な定着を図るようにすること。
> 　ア　各教科・科目の指導に当たり，義務教育段階での学習内容の確実な定着を図るための学習機会を設けること。
> 　イ　義務教育段階での学習内容の確実な定着を図りながら，必履修教科・科目の内容を十分に習得させることができるよう，その単位数を標準単位数の標準の限度を超えて増加して配当すること。
> 　ウ　義務教育段階での学習内容の確実な定着を図ることを目標とした学校設定科目等を履修させた後に，必履修教科・科目を履修させるようにすること。
> (4) 全教師が協力して道徳教育を展開するため，第1款の2に示す道徳教育の目標を踏まえ，指導の方針や重点を明確にして，学校の教育活動全体を通じて行う道徳教育について，その全体計画を作成すること。

２０１５年度より２校を加えて４校とした[3]。この４校では、上記(1)の実践を参考にして、２０１２〜２０１４年度に入学した生徒のうち、中学校時代に年間30日以上の長期欠席をした経験がある生徒を抽出し、高校進学後の広義の中退状況及び欠席日数を調査した。なお、調査対象となった中学校時代に30日以上の長期欠席をした経験のある生徒は４校合計で２０６名であった。このうち、進学後中退または転学した生徒は58人（28・2%）と3割に満たない（図2-14a）。さらに残りの１４８人（71・8%）の生徒のうち、図2-14bのように、7割以上の生徒が進学後は30日以上の欠席をしていないことがわかる。ま

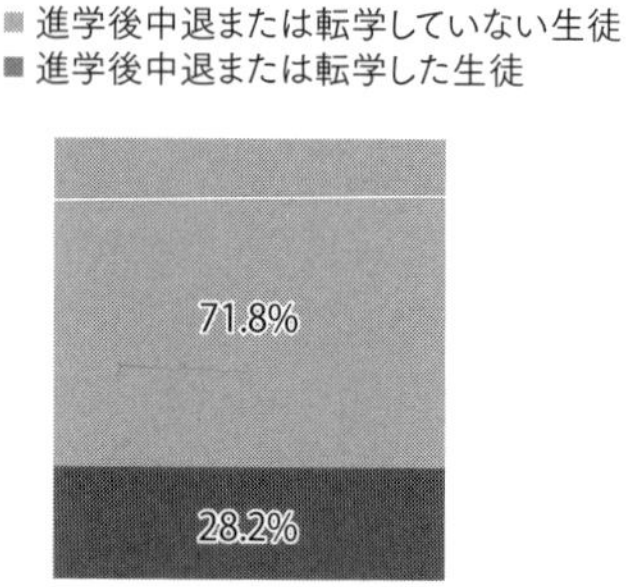

進学後の転退学の状況(N=206)

図 2-14a　中学校時代 30 日以上欠席した経験のある生徒の高校進学後の転退学の状況

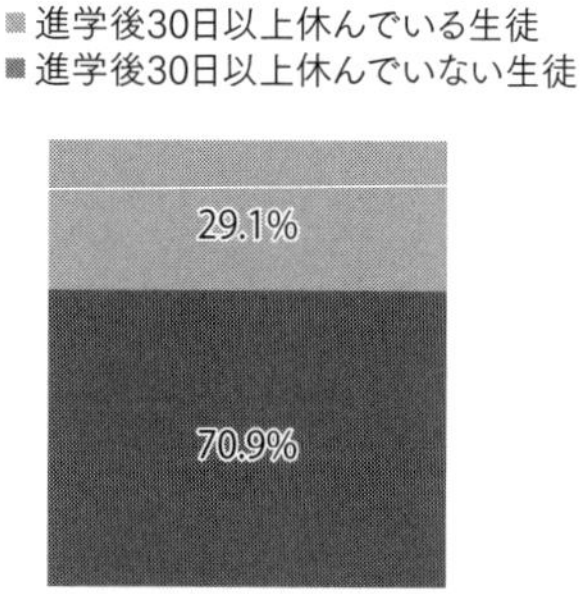

進学後転退学していない生徒の欠席の状況(N=148)

図 2-14b　中学校時代 30 日以上欠席した経験のある生徒の欠席状況

小野・保坂（2016）52 頁より転載

た、中学校時代30日以上欠席した経験のある生徒のうち、4校合計して58名は年間の欠席日数が5日以内であった。なかでも高校1年生は4校合計で28名と多く、この「地域連携アクティブスクール」は中学校時代に30日以上の欠席経験があっても進学後にあまり欠席せずに通うことができる高校であることが明らかにされた（重２０１５）。

　このように中学時代に欠席が多かった生徒が進学後に、順調に通うことができるようになった理由のひとつとして、基礎的・基本的学力の定着を目指した「学び直し」の授業の実施が挙げられる。この「学び直し」は、小中学校の既習内容を学び直す授業を設定し、学校設定科目として単位を与える形式をとっており、複数の担当教員と大学生ボランティアによる指導が行われている。

　２０１５年には、各地の学力底辺校において、小中学校での学習内容を学び直す取り組みが広がっているという記事が掲載された。勉強が苦手だった生徒たちの意欲を高め、自信をもってもらうのが狙いとされ、上記の調査結果と同様に欠席者や中退者が大幅に減るという効果が報告されている。記事では大阪府教育委員会が設けたエンパワメントスクール3校で、遅刻や欠席、中退者の大幅な減少が報告され、「定期テストでこれまで経験がなかった高得点をとり、卒業した中学の先生に自慢しに行った生徒」が紹介されている。[4] また、黒川（２０１８）も、ある県立高校のこうした取り組みについて具体的なエピソードを交えて詳細に報告している。

当然ながら、ここで報告した欠席・中退等が減っていったことが、単純に「学び直し」だけの成果とは言えないだろう。先の田邊（２０１２）や黒川（２０１８）が指摘するように、丁寧な生徒指導をはじめ、教員集団の様々な取り組みが実を結んだものとみる方が妥当だろう。これについて先の記事にも14人に対する数学の授業が取り上げられているように、筆者は少人数による丁寧な指導が鍵になっていると考えているが、もう一つの鍵となる変化が起きていることにも注目したい。

2　生徒指導上の改革

（1）高校における生徒の懲戒

これまでも高校における生徒の懲戒に関しては、例えばバイク禁止や女子生徒が妊娠すると自主退学を迫る一方で相手の男子生徒は何の咎めも受けないというような対応に対して、様々な疑問や批判がなされてきた。そのため２００７年、「規制改革推進のための第二次答申」（２００７年12月25日規制改革会議決定）において、「高等学校の生徒の懲戒については、学校管理規則等に規定されていることが多いが、その内容及び運用について、社会通念上の妥当性が確保されているかは必ずしも検証されていない実態にある」との認識が示され、次のように指摘された。「高等学校の生徒に対する自主退学、自宅謹慎、学校内謹慎、訓告等の懲戒について（中略）、生徒の個々の状況に十分留意してあくまでも法令に基づき可能な範囲で行われるべきものである。教育現場においてこのようなことが徹底されるよう、高等学校段階における懲戒状況等について各都道府県教育委員会において一層の実態把握に努めるべきである」（文部科学省初等中等局児童生徒課 2008）。これを踏まえて2008年3月に、各都道府県教育委員会及び学校において適切な運用がなされるよう、「高等学校における生徒への懲戒の適切な運用について」（文部科学省初等中等局児童生徒課長通知、**表2-11**）が発出された。

本来、高校における懲戒には、法令に基づき退学、停学、訓告の3種類がある。ただし、退学には除籍・放校等、停学には謹慎・出校停止等、また訓告には譴責・戒告等の準ずる懲戒処分も含まれる（平原1993）。従って、第5章2-③で記した二つの退学のうち、「法律に基づく懲戒処分としての退学」、すなわち処分理由を明示した退学処分書により学校長が退学を命ずるものが懲戒処分としての退学である。ただし、学校現場では運用上、もうひとつの学校長宛に本人と保護者から退学願が提出されて校長が許可する自主退学との区別は曖昧であった。実際には法律に基づく懲戒処分としての退学を避けるという理由で、学校から勧告（説得）されて自主退学するというケースが多く見られたからである。先にあげた女子生徒の妊娠問題でも、自主退学を勧告されて、それを本人と保護者が受け入れるという場合がほとんどであったろう。

（2）バイク禁止「三ない運動」

具体的な問題の一つが、高校生のバイク禁止であろう。1980〜90年代にかけて各地で、高校生のオートバイについて「免許を取らせない」、「乗せない」、「買わない」という「三ない運動」が盛んに行わ

表 2-11　高等学校における生徒の懲戒の適切な運用について

高等学校における取り組みについて

(1) 生徒への懲戒に関する基準を含め、生徒指導上の対応に関する基準やきまり、指導方針等について、あらかじめ明確化し、これを生徒や保護者等に周知し、生徒の自己指導能力の育成を期するとともに、家庭等の理解と協力を得ようと努めること。

(2) 懲戒に関する基準等の適用及び具体的指導について、教職員間の共通理解を図り、学校全体としての一貫した指導を進めるとともに、その運用の状況や効果等について、絶えず点検・評価を行うよう努めること。その際、社会通念に照らし、より効果的な運用の観点から、必要な場合には、その見直しについても適宜検討すること。

(3) 懲戒に関する基準等に基づく懲戒・指導等の実施に当たっては、その必要性を判断の上、十分な事実関係の調査、保護者を含めた必要な連絡や指導など、適正な手続きを経るよう努めること。

高等学校を所管する教育委員会における取組について

(1) 各学校における懲戒に関する基準等に基づく懲戒・指導等の実施が、社会通念上妥当性を欠くものとならないようにするため、事実行為としての懲戒の意義の理解とその適正な運用を含め、参考事例等の情報を共有し、留意点等を示すことにより、これらの適正な運用のための条件整備等を推進すること。

(2) 各学校における懲戒・指導等の実態について、より一層の把握に努め、適切な運用を図るよう指導していくこと。

参考資料

○「生徒指導体制の在り方についての調査研究」報告書―規範意識の醸成を目指して―（平成十八年五月　国立教育政策研究所）

○「児童生徒の規範意識の醸成に向けた生徒指導の充実について（通知）」（平成十八年六月五日　文部科学省初等中等教育局児童生徒課長通知）

○高等学校における問題行動への対応について　生徒指導資料№.25（平成十六年十月　広島県教育委員会）

関係法令

○学校教育法（昭和二十二年法律第二十六号）

第十一条　校長及び教員は、教育上必要があると認めるときは、文部科学大臣の定めるところにより、学生、生徒及び児童に懲戒を加えることができる。ただし、体罰を加えることはできない

○学校教育法施行規則（昭和二十二年文部省令第十一号）

第二十六条　校長及び教員が児童等に懲戒を加えるに当つては、児童等の心身の発達に応ずる等教育上必要な配慮をしなければならない。

②懲戒のうち、退学、停学及び訓告の処分は、校長（大学にあっては、学長の委任を受けた学部長を含む。）が行う。

③前項の退学は、公立の小学校、中学校（学校教育法第七十一条の規定により高等学校における教育と一貫した教育を施すもの（以下「併設型中学校」という。）を除く。）又は特別支援学校に在学する学齢生徒を除き、次の各号のいずれかに該当する児童等に対して行うことができる。

一　性行不良で改善の見込がないと認められる者

二　学力劣等で成業の見込がないと認められる者

三　正当の理由がなくて出席常でない者

四　学校の秩序を乱し、その他学生又は生徒としての本分に反した者

④第二項の停学は、学齢児童又は学齢生徒に対しては、行うことができない。

月刊生徒指導 2008 年 6 月号「生徒指導マンスリー情報：高等学校における生徒への懲戒の適切な運用について」（96-97 頁）より転載

れていた。1982年には、全国高等学校PTA連合会の大会でこの「三つの指針」（三ない運動）の推進を決議したが、文部省はこれを容認しない立場で、高校生のオートバイ利用に対応した交通安全指導書の整備を進めていた。1994年、福島県でバイク運転中の高校生が生徒指導教員の車に追われる途中で事故死する事件が起こり、「三ない運動」に対する社会的批判が高まることになる。当時の全国高等学校PTA連合会長は個人的見解としながらも、上記の全国決議の廃止を表明した。さらに、1997年全国高等学校PTA連合会の大会では、この「三ない運動」は地域の実情に応じた高校への運転者教育受け入れが掲げられるなど、高校生のオートバイ利用を容認する方向となった。その後、2012年の同大会で「三ない運動」は、自転車での立場も含めたマナーアップ運動に衣替えすることが発表されて事実上の終焉を迎えたとされる(5)。

しかし、この問題について各都道府県教育委員会の対応にはかなりの温度差が見られる。例えば、群馬県では2014年12月に「三ない運動」をやめる「県交通安全条例」を制定し、県教育委員会が2015年7月に各高校に通知したため、県下の全日制高校70校で免許取得は可能となっている。一方、関東地区で唯一この「三ない運動」を推奨していた埼玉県教育委員会は、ようやく2018年2月に「自動二輪車等の交通安全に関する検討委員会」から見直しの報告書を受けたところである(6)。言うまでもなく、この問題が「社会通念上の妥当性」と言う点で疑問とされ、見直しが進んでいると考えられよう。

（3）女子生徒の妊娠問題

もう一つが女子生徒の妊娠問題である。岩手県のある県立高校では、妊娠すると退学処分にする内規が実際に存在し、2015年に削除したという。これは極めて稀なケースと言えようが、この内規削除の背

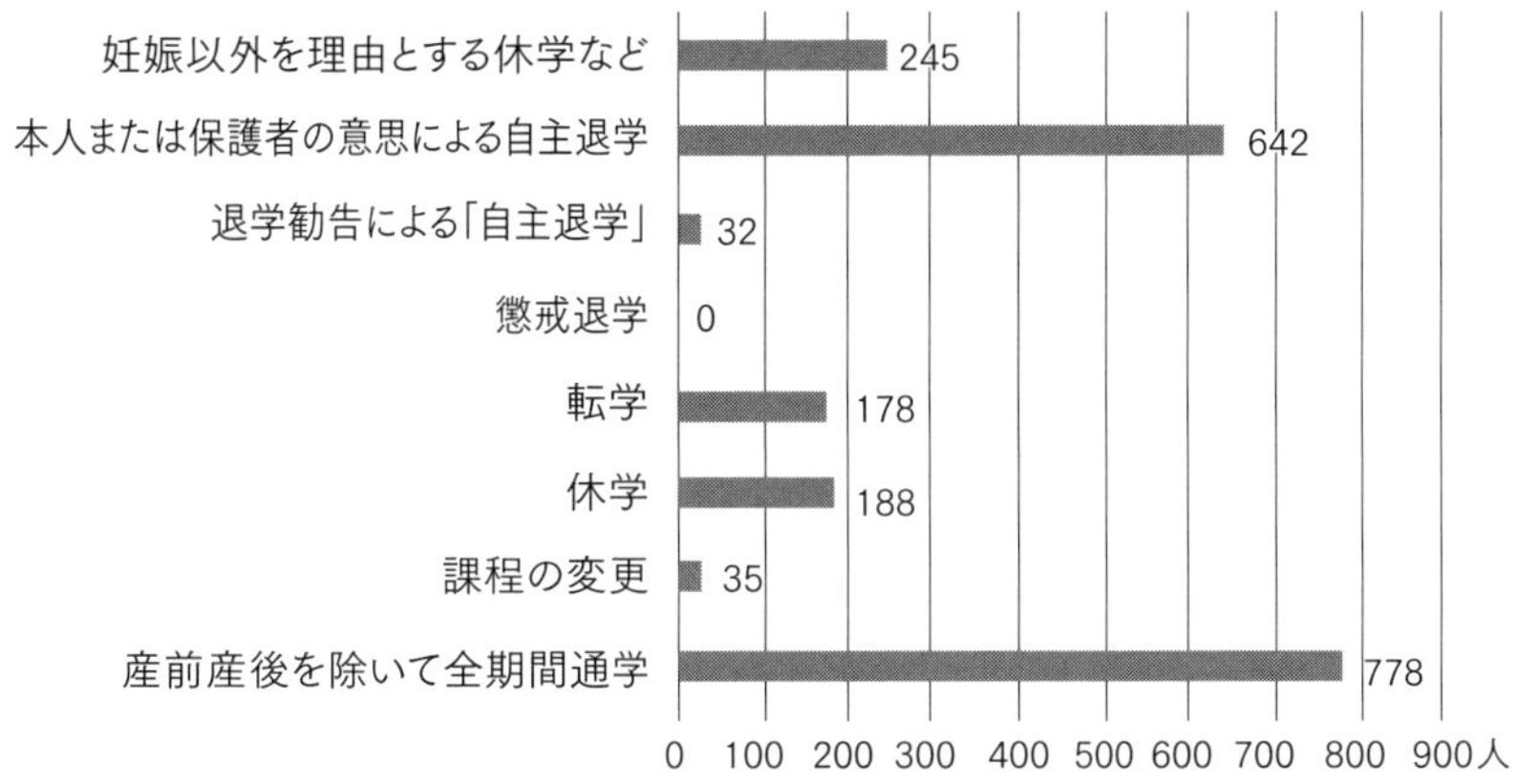

図2–15　妊娠した生徒の在籍状況（2015〜2016年度、N＝2098）

『朝日デジタル』2018年3月30日付記事「妊娠した高校生『知られたら退学』おなか隠して通学、出産」より

景にも、上記の「高等学校における生徒への懲戒の適切な運用について」があっただろう。一方、大阪のある府立高では、妊娠した生徒が退学せざるをえないと担任に相談したところ、「将来を考えれば卒業をした方がいい」と話しあった教職員の後押しで学校生活を続けて出産し、卒業までこぎつけたという[7]。

こうした実態を踏まえ、文部科学省は２０１７年に妊娠した生徒に高校が配慮した事例を集めて都道府県教育委員会に送った。さらに、初めて２０１５〜１６年度妊娠した生徒の在籍状況について公立高校を対象に調査を行った結果を発表している。それによると、この2年間で高校が生徒の妊娠を把握したのは２０９８人（全日制１００６件、定時制１０９２件）、**図2–15**にその在籍状況を示した。さすがに「懲戒による退学」はなかったが、退学勧告による「自主退学」は32人、このうち生徒や保護者が「通学、休学や転学」を希望したにもかかわらず、学校側が退学を勧めて自主退学に至ったケースが18人と報告されている。一方で、上記の大阪府立高校のように「産前産後を通じて全期間通学」という生徒も７７８人（37・1％）、「課程変更・休学・転学」も４０１人いる。つまり、本来の意味での自主退学642人と勧告による自主退学32人を含めても退学したのは674人（32・3％）にいうことになる。

しかし、医療現場で10代の妊娠・出産に取り組んでいる保健師の幸崎（2017）が、「学校によっては出産＝退学という暗黙のルールがある」と指摘するように、実際各地の妊娠窓口には妊娠を契機に学校から「排除」されたという声が寄せられているという[8]。

（4）高校における特別指導

上記1（1）でも紹介した田邊（2012）の報告における教育実践上の具体的な工夫の一つに遅刻や授業妨害等への対応として次のようなものがある。遅刻して来た生徒は、まず学年室に行って担当者から個人別遅刻カードに記入されるという指導を受けて、入室許可カードをもらう。学期ごとの遅刻回数によって、学期末に保護者の呼び出し、学年主任の指導、生徒指導部長の指導、さらに特別指導と段階を追った指導を受けることになる。また、授業妨害等で教員から指導を受けた生徒が、教員の指導を拒否した場合に問題行動カードがその生徒に対して発行される。この問題行動カードも累積されると段階的な特別指導を受けることになる。

この段階的な特別指導には、学校長による訓告や戒告に加えて、家庭謹慎がある。この家庭謹慎は通称では「停学」と呼ばれることが多いが、上記の懲戒処分としての「停学」とは違って、保護者と連携協力して生徒に反省を促す指導、すなわち特別指導と位置づけられる。この家庭謹慎は欠席扱いとなり、その間は毎日の反省日誌への記入や家庭学習用の各教科の課題が課せられる。なお、保護者が仕事の都合等により家庭で生徒を監督できない場合には、学校（あるいは登校）謹慎として通常の登下校時間とずらして登校させ、別室にて謹慎させる。その間は授業には出席せず、教員の監督のもとで毎日の反省日誌への記入や家庭学習用の各教科の課題に取り組む。この場合は、登校しているので出席扱いになるが、各授業科目については家庭謹慎と同様に欠時となる。家庭謹慎も学校（登校）謹慎も、真面目に反省していれば、決められた謹慎日数が経過した後に解除される。

一方、懲戒処分としての停学は、指導要録上「出席停止・忌引き等の日数」となり、理由を付して出席すべき日数から停学期間として除かれるため記録に残ることになる。こうした懲戒処分としての停学は、上記2（1）の「高等学校における生徒への懲戒の適切な運用について」が発出されて以降、ほとんど実施されなくなっている。代わって、特別指導としての「停学」が、田邊の報告のように基準をあらかじめ明示にした上で実施されるようになっている。ここで記した懲戒処分としての停学と特別指導としての家庭謹慎（停学）、そして上記で記した懲戒処分としての退学と自主退学の区別は、実際にそれらを言い渡される生徒本人や保護者が十分に理解しているとは言い難い。まして一般社会においては、これら区別はほとんど理解されていないのが実情であろう(9)。

さらには、この「高等学校における生徒への懲戒の適切な運用について」の影響は大きいとはいえ、法令上懲戒処分は「校長及び教員」が「加えることができる」となっているため、学校ごとの対応には教職員の考えの違いが反映されて違いが生まれてくる。それゆえ、高校生のバイク禁止や女子生徒の妊娠問題についての対応に大きな差ができてしまったものと考えられる。

しかし、総じて懲戒処分としての停学が「高等学校における生徒への懲戒の適切な運用について」以降、ほとんど実施されなくなっていることに象徴されるように、高校の生徒指導上においても大きな変化が生じている。

3　特別支援教育の導入

ここで高等学校における特別支援教育の導入にもふれておかなくてはならない。高校教育に限らず、様々なレベルでの教育改革が進められる中で、障害をもつ子どもたちの教育についてもそれまでの「特殊教育」から「特別支援教育」への転換が計られた。具体的な経過としては、２００６年の教育基本法の改正に基づき、２００７年に学校教育法等の一部改正によって特別支援教育を推進するための諸規定が定められた。この特別支援教育導入の大きな特徴として、従来の特殊教育の対象となる子どもたちだけでなく、通常学級や高等学校なども含めた支援ニーズのあるすべての子どもが対象となったことが挙げられる。これによって、養護学校は特別支援学校へ、特殊学級は特別支援学級へと名称変更になり、特別支援コーディネーターの配置、個別の教育支援計画・個別の指導計画の作成が推進されることとなった。

しかし、高校教育においては２００８~０９年度の「特別支援教育体制整備状況調査」で、その支援体制の遅れが明らかになり、「基礎的な支援体制も十分とは言えない」と指摘されるような状態が続いた。一方で、「高等学校等における発達障害者支援モデル事業」が開始され、２００７年度14校、２００８年度11校、２００９ 年度14校が指定された。そうした中で、２０１１年1月には大学入試センター試験で発達障害等の困難がある受験生に対する特別な措置（別室受験等）が始まっている。

さらに、文部科学省は「高等学校等における発達障害のある生徒へのキャリア教育の充実」（２０１３~

14年度)、「高等学校等における個々の能力・才能を伸ばす特別支援教育拡充事業」(2014〜16年度)を開始し、高校における特別支援教育の拡充を図った。そして、2018年から障害に応じた特別な指導を特別な教育課程によってできることとした学校教育施行規則の改正により、高校においても「通級による指導」が導入されることとなった[10]。この「通級による指導」とは、大部分の授業を通常学級で受けながら、一部障害に応じた特別な指導を通級指導教室(小中学校の特別支援教室に当たる)で受ける指導形態をさし、特別支援学校学習指導要領の「自立活動」に相当する指導が可能となったのである。これによって「障害による学習上又は生活上の困難を改善し、又は克服することを目的とする指導」を、放課後等の授業のない時間帯、または他の生徒が通常授業を受けている時間帯に設定して実施し、年間7単位を超えない範囲で修了単位に含めることができるようになった。具体的な内容としては、6区分(健康の保持、心理的な安定、人間関係の形成、環境の把握、身体の動き、コミュニケーション)27項目(表2-12)が挙げられ、生徒一人ひとりの状態や発達の程度に応じて必要となる項目を選んで、それらを相互に関連づけて指導していくことになる。例えば、学校設定科目として「心理学」を開講し、「自己コントロール」、「スキルトレーニング」、「自己・他者理解」という内容で人間関係形成に関する授業が行われている(重 2017)。

4　「個に応じた手厚い指導」

こうした学習上及び生徒指導上の改革の契機となったのが、文部省が都道府県教育委員会等の協力を得

表 2-12　特別支援学校学習指導要領における自立活動（6 区分 27 項目）

1 健康の保持 (1) 生活のリズムや生活習慣の形成に関すること。 (2) 病気の状態の理解と生活管理に関すること。 (3) 身体各部の状態の理解と養護に関すること。 (4) 障害の特性の理解と生活環境の調整に関すること。 (5) 健康状態の維持・改善に関すること。 2 心理的な安定 (1) 情緒の安定に関すること。 (2) 状況の理解と変化への対応に関すること。 (3) 障害による学習上又は生活上の困難を改善・克服 する意欲に関すること。 3 人間関係の形成 (1) 他者とのかかわりの基礎に関すること。 (2) 他者の意図や感情の理解に関すること。 (3) 自己の理解と行動の調整に関すること。 (4) 集団への参加の基礎に関すること。 4 環境の把握 (1) 保有する感覚の活用に関すること。 (2) 感覚や認知の特性についての理解と対応に関すること。 (3) 感覚の補助及び代行手段の活用に関すること。 (4) 感覚を総合的に活用した周囲の状況についての把握と状況に応じた行動に関すること。 (5) 認知や行動の手掛かりとなる概念の形成に関すること。 5 身体の動き (1) 姿勢と運動・動作の基本的技能に関すること。 (2) 姿勢保持と運動・動作の補助的手段の活用に 関すること。 (3) 日常生活に必要な基本動作に関すること。 (4) 身体の移動能力に関すること。 (5) 作業に必要な動作と円滑な遂行に関すること。 6 コミュニケーション (1) コミュニケーションの基礎的能力に関すること。 (2) 言語の受容と表出に関すること。 (3) 言語の形成と活用に関すること。 (4) コミュニケーション手段の選択と活用に関すること。 (5) 状況に応じたコミュニケーションに関すること。

「特別支援学校高等部学習指導要領　第 6 章　自立活動」より

て実施した「高等学校中途退学者進路調査」（1992）である。これは1990年度の公立高校の中途退学者について抽出でアンケート調査（1860人）と面接調査（156人）を行ったものである。その結果、回答者の3割以上が中退の理由として「学校生活・学業不適応」を挙げ、「進級できなかったこと（原級留置）」が中退の主たる原因であるとしていた。この結果を受けて「高等学校中途退学問題について」（文部省1992）が出され、その中で「高等学校中途退学問題の基本認識」として、これまで「数や増減で一律に議論されてきた」が、「今後、より多面的な認識や評価をしていく必要がある」と指摘され、中退問題への対応として「高等学校教育の多様化、柔軟化、個性化を推進すること」、「個に応じた手厚い指導を行うこと」が強調された。このうち「高等学校教育の多様化、柔軟化、個性化を推進すること」の中では、進級規定の見直しまで挙げて「進級認定の弾力化に務める必要がある」と述べられている。また、「個に応じた手厚い指導を行うこと」として、「高等学校における生徒指導の充実」と『参加する授業』『分かる授業』の徹底等個に応じた学習指導の改善・充実」の2点については具体的に以下のように述べている。「高等学校における生徒指導の充実」として、「校則や校則に違反した場合の懲戒などが中途退学に結びつくケースもあることから、校則に違反した生徒については、その措置が単なる制裁にとどまることなく真に教育的効果を持つものとなるように配慮する必要がある」。また、「『参加する授業』『分かる授業』の徹底等個に応じた学習指導の改善・充実」では、「高等学校の授業が理解でき興味をもって学習できるようにすることが中途退学を防止する上でも大切であり、『参加する授業』『分かる授業』を徹底していくことが重要である」と記載された。言うまでもなく、この「『参加する授業』『分かる授業』の徹底等個に応じた学習指導の改善・充実」が少人数指導・少人数学級の実践から「学び直し」の広がりへ、「高等学校における生徒指導の充実」が生徒指導上の改革へとつながっていったと考えられる。

一方、新制高校の設立から半世紀以上を経て、２００６年の教育基本法の改正に伴って改正された学校教育法において、高等学校及び中等教育学校の教育目的は、「心身の発達に応じて」が「心身の発達及び進路に応じて」と変更された。市川（２００９）は、この「進路に応じて」が加わった変更は「教育内容の複線化を強めることを目指すものと解される」と述べているが、高校教育の個別支援が進んだことのベースになったとも考えられる。高校に進学してくる多様な子どもたちに合わせて高校教育の在り方が変わらざるを得ない時代が到来したのである。

こうした動向を踏まえて、小野・保坂（２０１２、２０１６）は、「学力のレベルにかかわらず個々のニーズに応じた高校教育を提供するという枠組みへの転換」、さらには「中学までの基礎教育の修得状況に応じて成人として社会参加するために必要な準備を行う場へのパラダイムシフト」を求めて、思春期の発達支援からみた高校教育改革（＝移行支援としての高校教育）を提言しているが、詳細は同書を参照されたい。

このように上記２(1)の「規制改革推進のための第二次答申」（２００７）の中にある「生徒の個々の状況に十分留意して」や、ここで注目した「高等学校中途退学問題について」（１９９２）の中の「個に応じた手厚い指導」という文言に代表されるように、学習指導及び生徒指導上の改革においても、さらには特別支援教育の導入においても、個別の支援、つまりは一人ひとりの子どもたちの成長を援助していく環境としての高校教育の見直しがされつつある。２００３年度に設置された沖縄県の「高等学校生徒就学支援センター」[11]や２０１１年に開設された大阪府高等学校適応指導教室[12]、また２０１９年度から導入される長期入院中の高校生に対する教育支援（ＩＣＴを使った病棟での遠隔授業[13]）などはこうした流れに位置づくと言えよう。

当然、こうした変化があってこその２００１年以降の中退率の減少と捉えることができる。とりわけ近年の通信制高校も含めた中退率の減少の底流にはこうした個別支援の広がりがあると筆者は考えている。
こうして１９８０年代には、高校の在り方と合わない多様な生徒たちの方が排除されて中退していたが、この２０００年代以降は逆に高校側が多様な生徒たちに合わせた個別支援を核とした見直しを進めている。

注

（１）千葉県教育委員会から加配教員を得て行われたほか、千葉大学教育学部附属教育実践総合センター（現教員養成開発センター）が学校長からの依頼を受けて様々な協力を行った。具体的には、アンケート調査の分析や事例検討会へのオブザーバー参加とここで報告した進級調査（欠席）等である。なお、これは２００５年度日本教育大学協会の研究助成を受けた実践研究（筆者はそのメンバーの一人）でもある。

（２）『朝日新聞』２００８年7月4日付「30分授業導入の狙いは」。

（３）地域連携アクティブスクールは、「中学校では十分力を発揮できなかったけれども、高等学校では頑張ろう」という意欲を持った生徒に、企業や大学などの地域の教育力を活用しながら「学び直し」や「実践的なキャリア教育」を行い、自立した社会人を育てることを目標としている。２００９年度千葉県教育委員会は、この域連携アクティブスクールをバックアップする「新時代に対応した高等学校教育改革推進事業」推進協議会を設置し、筆者はその委員長を務めた。その後、２０１０～１２年度高等学校改革推進協議会、２０１３～１５年度自立した社会人の育成に係る連絡会議、２０１６年度以降地域連携アクティブスクール連絡会議として現在（２０１９年度）まで継続している。

（４）『朝日新聞』２０１５年12月25日付「「学び直し高校」相次ぐ指定」。先に述べた通り、千葉県教育委員会が大阪府教育委員会と同様な改革としてアクティブスクールを２０１２年度から2校でスタートさせ、２０１５年度からさらに2校増やしたところである。大阪府教委も、こうした取り組みを２０１６年度から2校増やして２０１８年度までに10校程度にする方針とされている。このように全日制普通科の学力底辺校の改革として、東京都や神奈川県など、同様な狙いの学校が全国に広がりつつあるが、その背景として学校教育施行規則の改正によって不登校や中退者に対して「その実態に配慮した特別な教育課程」が認められたこと、さらにはそれを受けて新たな高等学校学習指導要領でも「義務教育段階での学習内容の確実な定着を図ること」が存在する。
(5)ウィキペディア「三ない運動」の記述を参考にした。
(6)産経ニュース２０１６年9月27日付記事「高校生バイク「三ない運動」廃止1年」、『毎日新聞』２０１８年2月21日付「バイク三ない運動」37年ぶり見直しへ」
(7)『朝日新聞』２０１８年5月16日付「高校生の妊娠　学びの機会守る」。
(8)朝日新聞ＤＩＧＩＴＡＬ２０１７年9月6日付記事「妊婦の生徒「排除」の傾向　退学処分や自宅待機」。なお、文部科学省から各都道府県教育委員会指導事務主管課長等に宛て図2-15の詳細な結果報告を含めて、「公立高等学校における妊娠を理由とした退学等に係る実態把握の結果等を踏まえた妊娠した生徒への対応について(通知)」(２０１８年3月29日)が出され、「本調査結果を御連絡いただくとともに、各学校において妊娠した生徒に対し適切な対応がなされるよう御指導をお願いいたします」と記されている。
(9)筆者が高校現場を熟知する田邊昭雄氏(東京情報大学教授)に聞いたところでは、法律上の懲戒についても特別指導においても長らく停学等の同じ用語が使われてきたため、高校教員にとってもその区別が十分に理解されてはいなかったようだ。また、都道府県によっても違いがあり、それらが「高等学校における生徒への懲戒の適切な運用について」以降、整理されてきたという。なお、氏は次のような興味深い例を二つ挙げた。①２０１３年2月22日付「高等学校における生徒の問題行動への対応に関するチェックリスト」(千葉県教育庁教育振興部指導課生徒指導室)の中に「特別指導(校長説諭、自宅謹慎、別室指導等)と懲戒処分(停学等)の違いについて職員が理解し、校内や保護者への説明で正しく使い分けている」という項目がある。②「高等学校における生徒の懲戒・特別指導について」(千葉教育２０１３年1月号、千葉県教育庁教育振興部指導課)の中に「生徒に登校を禁止することや教室等における授業への出席を禁止する特別指導(家庭謹慎や別室登校)は、法律上の懲戒である停学処分に準ずる事実上の懲戒と考えられる。共通の要素があるものの両者は異なっているので、校内で停学と特別指導を混同して使用している場合は、生徒や保護者に誤解を与えるため早急に是正する必要がある」と記載されている。
(10)学校教育施行規則　第１４０条では、「通級による指導」の対象は以下の者とされる。「①言語障害者、②自閉症者、③情緒障害者、④弱視者、⑤難聴者、⑥学習障害者、⑦注意欠陥多動性障害者、⑧その他障害のある者で、この条の規定により特別な教育課程による教育を行うことが適当な者(肢体不自由者、病弱者及び身体虚弱者）。」また、文部科学省初等中等教育局長通知「障害のある児童生徒に対する早期からの一貫した支援について」（２０１３年10月４日）においては、通常の学級での学習におおむね参加でき、一部特別な指導を必要とする程度のものと示され、「通級による指導」の対象とするか否かの判断に当たっては、医学的な診断の有無にとらわれることのないように留意し、総合的な見地から判断するとされている。

（11）この就学支援センターは、就学に困難を抱える生徒に対して休学期間に就学支援を行う（末富 ２０１７）。

（12）「『大阪府高等学校適応指導教室』の開設による不登校生徒支援の取り組み」週刊教育資料№・１２０５（２０１２年４月23日号）、32〜33頁。

（13）『朝日新聞』２０１９年１月14日付「遠隔授業入院生徒に光明」、同「長期入院高校生学び支援」。

第7章　取り残された子どもたち

1　非進学者の実態

表2‒13に示す通り2017年度時点でも、非進学者は一定数存在しているが、その具体的な姿はなかなか見えてこない。2017年度の中学卒業者の高校進学率は98・8%、専修学校高等課程進学者を含めれば99・0%に達する。まさに「高校全入」と言ってもいい数字であろう。ただし、正確には高校進学率は、1984年度から通信課程を除く96・4%と、通信課程を含めた98・8%の二つが発表されており、通信制課程の進学率2・4%が目立つ。なお、ここでは高等学校資格を取得できる専修学校高等課程進学者を含めて99・0%とした。従って、2018年3月に中学を卒業した生徒のうち非進学者は、約1万2000人（1%）に過ぎない。

こうした小中学校の義務教育9年間を終えて進学しないものがいる一方で、高校に進学してからさらに7（ないし5）年間大学（短大）まで、また9年間大学院（修士課程）まで進むものも存在する。すでに、1993年には大学（短大）進学者数は高校就職者数を上回り、2007年からは大学進学率そのものが

表 2-13　中学校卒業後の進路

学校基本調査より作成

区分	計	高等学校等 進学者	うち高等学校の通信課程を除く	専修学校（高等課程）進学者	専修学校（一般課程）等入学者	公共職業能力開発施設等入学者	就職者	左記以外の者	不詳・死亡の者
2016年3月	1,169,415	1,154,373	1,129,581	2,523	823	366	3,259	7,933	138
2017年3月	1,160,351	1,146,145	1,118,822	2,462	799	357	2,948	7,510	130
2018年3月	1,133,016	1,119,580	1,090,647	2,404	799	310	2,510	7,298	115

50％を超え、その先の大学院（修士課程）に進学するものも増加し続けている。2017年度データでは、社会人を除いた大学院進学者は約8万人、そのうち22歳は約4万2000人である。この社会人を含まない大学院進学者（＝ストレートに18年間の学校教育を受けるもの）の数は、同世代（それより7年前）の中学卒業後に進学しなかったもの（＝9年間の義務教育のみ）と比べて3倍を超える数字になる。このデータは、中学卒業後の非進学者がいかに少数派であるかを示すとともに、現代日本社会では「学校」から「社会」への長期化と多様化が起きていることを示している。

このように長期化・多様化した「学校」から「社会」へのプロセスの中で、ある一定数を占める「高卒無業者」（粒来 1997など）が注目されているのとは対照的に、中学卒業後の非進学者に関心が払われないのも無理からぬことであろう。すでに東京都教育委員会は、2010年度からこの高卒無業者に注目して調査を実施し、その他多くの研究者も調査研究を行っている（堀 2007、宮本 2015）。

一方、非進学者にも多様な子どもたちが存在するが、その正確な実態はわかっていない。この1％の中学卒業後の非進学者（実数でおよそ1万1000人）のうち、就職したものは約2500人、専修学校（一般課程）等入学者約800人、公共職業能力開発施設等入学者が310人と発表されているが、この中での多数派は「その他（左記以外の者）」つまりは進路不明の約

７３００人だからである。なお、「不詳・死亡の者」も１１５人と報告されている。本章の主題に関わるので、ここはもう少し丁寧に見てきたい。表2−14は千葉県教育委員会が報告する「卒業後の状況」（２０１8年5月1日現在）である。上記に述べた通り、「専修学校（高等課程）進学者（B）」71人は、高校進学者に含まれていない。３年制の大学入学資格付与校であれば、卒業後は高等学校を卒業した者と同じ扱いで公務員試験の受験や大学への進学が可能となるが、学校教育法第1条で規定された学校でないために高校進学者には含まれない。また、「公共職業能力開発施設等入学者（D）」20人は、学校基本調査の手引きでは「海上技術学校や准看護師学校養成所など学校教育法以外の法令に基づいて設置された教育訓練機関を含む」と説明されている。(1) これに加えて、以下で述べる「その他」の中の「外国の学校に入学」している者（45人）などは、学校教育法にこだわらず広義に捉えれば中等教育後半への進学とみなすこともできよう。(2)

一方、「就職者（E）」88人に対して「その他（計）」が４１８人となっているが、「その他」（左記以外の者：表2−13）の下位分類では「家事手伝い」２３０人、「明年度進学希望者」60人、「臨時的な仕事」14人、「外国の学校に入学」45人、「施設等に入所」３人と、再び「その他」59人となっている。「家事手伝い」などその実態がはっきりしないが、「明年度進学希望者」も含めて中等教育からドロップアウトしたものと言える。また、「不詳・死亡の者」は手引きでは「卒業者のうち、上記各欄のいずれに該当するか不明の者、本年5月1日までに死亡した者」と説明されているが、この「上記各欄のいずれに該当するか不明の者」と先の「その他」の下位分類の「その他」との違いはわからない。学校基本調査の「用語の解説」まで紐解くと、「その他（左記以外のもの）」は「卒業後、進学でも就職でもないことが明らかな者」、「死亡・不詳の者」は「卒業後、調査期日の5月1日までに死亡した者と、学校で卒業後の状況がどうなって

表2-14　中学校卒業後の進路（千葉県）　　千葉県教育委員会『教育便覧』より

区分		2018.3 卒業者	国立		公立			私立	
		県計	男	女	計	男	女	男	女
卒業者総数（T）		54,908 【100.0】	71	77	51,645 （110）	26,459 （58）	25,186 （52）	1,519	1,596
高等学校等進学者	計（A）	54,279 【98.9】	70	77	51,027 （109）	26,088 （58）	24,939 （51）	1,515	1,590
	高等学校　全日制	51,711 【94.2】	65	77	48,481 （105）	24,578 （56）	23,903 （49）	1,509	1,579
	高等学校　定時制	700 【1.3】	–	–	696	401	295	1	3
	高等学校　通信制	951 【1.7】	4	–	936 （4）	460 （2）	476 （2）	5	6
	中等教育学校	1 【0.0】	–	–	–	–	–	–	1
	特別支援学校高等部	655 【1.2】	–	–	655	438	217	–	–
	高等専門学校	261 【0.5】	1	–	259	211	48	–	1
専修学校（高等課程）進学者（B）		71 【0.1】	–	–	69	31	38	–	2
専修学校（一般課程）入学者（C）		32 【0.1】	–	–	32	17	15	–	–
公共職業能力開発施設等入学者（D）		20 【0.0】	–	–	19	18	1	1	–
就職者（E）		88 【0.2】	–	–	88	74	14	–	–
その他	計	418 【0.8】	1	–	410 （1）	231	179 （1）	3	4
	家事手伝い		–	–	230	115	115		
	明年度進学希望者		–	–	60	33	27		
	臨時的な仕事		–	–	14	10	4		
	外国の学校に入学		–	–	45 （1）	24	21 （1）		
	施設等に入所		–	–	3	2	1		
	その他		1	–	58	47	11		
不詳・死亡		– 【0.0】	–	–	–	–	–	–	–
再掲	Aのうち就職者数　計（F）	10 【0.0】	–	–	10	9	1	–	–
	Aのうち就職者数　高校　県内	2 【0.0】	–	–	2	1	1	–	–
	Aのうち就職者数　高校　県外	8 【0.0】	–	–	8	8	–	–	–
	Bのうち就職者数（G）	– 【0.0】	–	–	–	–	–	–	–
	C,Dのうち就職者数（H）	– 【0.0】	–	–	–	–	–	–	–
高等学校等進学率（A/T*100）		98.9%	98.6%	100%	98.8%	98.6%	99.0%	99.7%	99.6%
就職率（E+F+G+H/T*100）		0.2%	–	–	0.2%	0.3%	0.1%	–	–

注【　】の数値は、構成比（%）である。
（　）内は、義務教育学校の数値で、内数である。

いるかまったく把握できていない者」と説明されている。従って、卒業後の状況が「明らかな者」が前者で、「まったく把握できていない者」が後者になるのであろう。この後者の中の「死亡」は、4月1日から5月1日までという短期間であることを考えれば0ではないかもしれないが、極めて少ないだろうと考えられる。なお、2018年3月卒業者では、千葉県は0だが、全国では115人が報告されている。

なお、この学校基本調査は5月1日時点での調査であるが、中学校卒業生は「卒業時の状況」が基本となっている。その手引きには、「進学、入学した者が5月1日までに退学した場合、就職した者が5月1日までに退職した場合は進学者、入学者、就職者等として扱いません」と記されており、「卒業時から5月1日までの状況の変更について把握できない場合は、卒業時の状況を記入」することになっている。しかし、筆者が中学校の進路調査担当者に聞いた限りでは、このような卒業後の変更を把握して、報告することは難しく、そもそもこの補足説明について知るものも少なかった。第4章2で取り上げた卒業生調査を契機に独自の追跡調査を行った進路指導担当者によって、卒業後半年で就職した8人中6人が転職、あるいは離職していることが確認されたというのは、極めて稀有なことなのであろう（保坂 2000）。つまり、ここに学校基本調査上のエアポケットが生じていて、こうした中学校卒業者の中に、先の**事例25**（山地）や**事例26**（F夫）のような子どもたちが存在することが懸念される(3)。

2　高校中退者のその後

一方、実際の高校中退者の姿はどうだろうか。第6章4の文部科学省による中退調査の後、内閣府も2010年7〜9月に「高等学校中途退学者の意識に関する調査」を実施している。狭義の高校中退後「概ね2年以内の者」2651人に調査票を郵送して1176人から回答を得た（有効回答率44・4％）と発表されている。この調査において注目すべきことはその方法であろう。3000人を目標として各教育委員会に協力を求めたにもかかわらず、実際にはそれにも到達しなかったということは、連絡先（住所等）がわかって調査への協力依頼が可能な数を集めることができなかったということであろう。なお、おおよそ調査対象者と重なる2008、2009年度の中退者は約12万人、目標の3000人はその2％にすぎない。実際に、筆者はこの調査への協力を依頼された高校教員から対象者、つまりは連絡先がわかる中退者を探すのに苦労したという話を聞いたことがあり、ランダム・サンプリング（無作為抽出）からは程遠い調査であったと考えている。

さらに、東京都教育委員会も高校中退者の進路調査を行なっている。2010〜11年度の2年間に都立高校を中退した6947人のうち、住所を確認できた5526人にアンケートを郵送した。調査時期は2012年7〜11月で中退してから時間が経っているため、このうち674人には住所変更等で配達できず、実際の対象者は中退者全体の約7割、4852人（69・8％）となった。調査結果の概要においてはこの674人は「不達数」とされているが、この「不達数」も含めて学校が中退者のうち3割（住所不明1421人、不達数674人の計2095人）については住所もわからない状態であったことを確認しておきたい。その上でアンケートが届いた残り7割のうち回答を得ることができたのは988人、つまり中退者全体（6947人）からすればわずかに14・2％の回答しか得られなかったのである。

それでも回答者からの結果を見てみよう。中退後の進路として「他の高校、専門学校、大学に通っている」者が213人（その多くは通信制、定時制）、「資格取得を目指して予備校や独学で勉強している」者が168人であった。これらを合わせて381人、回答したうちの4割が「勉強継続」している一方で、107人（約1割）が「家事、育児、ニート」等で特に学習をしていない、回答者全体の7割が非正規就労（特に学習をしていない）の状態であった。繰り返しになるが、これは中退者全体から見れば回答してきた一部のものの姿にすぎない。当然、学校が住所を把握していなかったものや回答しなかったものはこれより厳しい状態にあることが推測されよう。

しかし、この調査結果は「高校中退者4割『勉強継続』」という見出しで記事に取り上げられた。そこには東京都教育委員会の「中退後も学習意欲を持っている人が多かった」というコメントが載せられている[4]。しかし、記事の見出しにしてもこのコメントにしても、回答率が低いアンケートの実態を考えるとまったく的外れではないだろうか。中退後の住所がわからない、あるいはわかっていても回答しなかった大多数のその後の様子は不明なのだから。

この二つの調査から言えることは、在籍していた高校を通じて高校中退者の実態調査を行うことがいかに難しいかということ、したがって高校中退者の全体像は把握することもできていないということであろう。

ここでは、第I部第7章2であげた**事例15**（川崎中学生殺人事件）の加害者の少年たちをあげておこう。

事例31　川崎中学生殺人事件（事例14）**の加害者少年**

神奈川県川崎市で暴行によって殺害された中学生事件の加害者少年三人は、定時制高校と通信制高校に進学したものの、事件以前からドロップアウト（二人は保護観察中）しかけていた。そのうちひとりの少年は、フィリピン出身のシングルマザーの元で育つが、その生育歴は複雑である。母親が未婚のまま出産、その後別の男性と結婚して妹が生まれる。それから1年も経たずに離婚したため、母子3人は一時フィリピンに帰国。彼が小学校に入学する頃、母親は再び来日して以前と同じホステスとして働く。その頃の生活はネグレクト状態であったと考えられる。中学で不登校状態になった彼を母親は、アメリカやフィリピンの親戚に預けてしまう。日本に帰国したのは中3の12月、通信制高校に進学するしかなかった。高校入学後に窃盗事件等で補導、9月には退学。土木作業員などをしていたが、盗難事件で逮捕、少年鑑別所に送られて保護処分となる。殺人事件が起きたのはその直後のことである。

この加害者少年たちが、上記の中退調査の対象となったとしても、その調査に回答するとは考えにくい。なお、これに関連しては、文部科学省が初めて実施した調査で、外国で育つなどして日本語が十分にできず、「日本語教育」が必要な公立高校生のうち、9・6％が2017年度に中退していたことが明らかにされて注目を集めたところである(5)。

3　生活保護世帯と児童養護施設の子どもたち

別の視点からみてみよう。厚生労働省（2011）の調査によれば、生活保護世帯の子どもの高等学校等進学率は87・5％、同年の一般家庭の進学率（98・0％）に比べて10ポイント以上も低い。この進学率の差について、都道府県によって大きな違いがあることはあまり知られていない。佐賀県・香川県・愛媛県・栃木県・富山県・愛知県ではその差が20％以上ある一方で、福井県では生活保護世帯の進学率が１００％と一般家庭のそれを上回っている。従って、この生活保護世帯の子どもたちの高校進学率は、世帯の家計状況だけではなく、居住する地域の施策や制度運用の実情によって影響を受ける可能性が指摘されている（中島 ２０１３）。

また、その中で全日制高校への進学が少なく、定時制高校・通信制高校・特別支援学校高等部への進学が多く、一般家庭の高校進学の様相とはかなり異なっている（林 ２０１６）。この背景には、①高校進学に伴う経済的負担、②入学試験での失敗、③就労による収入増の必要など、「経済的困窮」に起因する事柄があると指摘されている（中島 ２０１３）。実際のところ、それぞれの初年度負担額は、全日制高校の約12万５０００円に対して、定時制高校５４００円、通信制高校７７６０円である。(6)

これを踏まえて林（２０１６）は、首都圏のある地域に住む生活保護世帯の若者を対象とした事例的な調査から、その中学卒業後の移行過程を明らかにしている。その**図２-16**からは、２０１０年度の生活保護世帯の生徒のうち高校等に進学したのは１１４名（高校等進学率92・７％）であり、高校に進学しなかった非進学者が９名（７・３％）もいることがわかる。また、高校等進学者１１４名のうち、狭義の中退者は20人、転学を含む広義の中退者は22人（19・３％）にもなる。つまり、生活保護世帯の子どもたちは、一般に比べて高校進学率がかなり低い上に、高校進学後に２割も中退していたのである。また、内田（２０１７）も、ある市の２０１４年度における生活保護家庭の高校生54人のうち８人（14・８％）が定時制課程に通学していることを報告している。

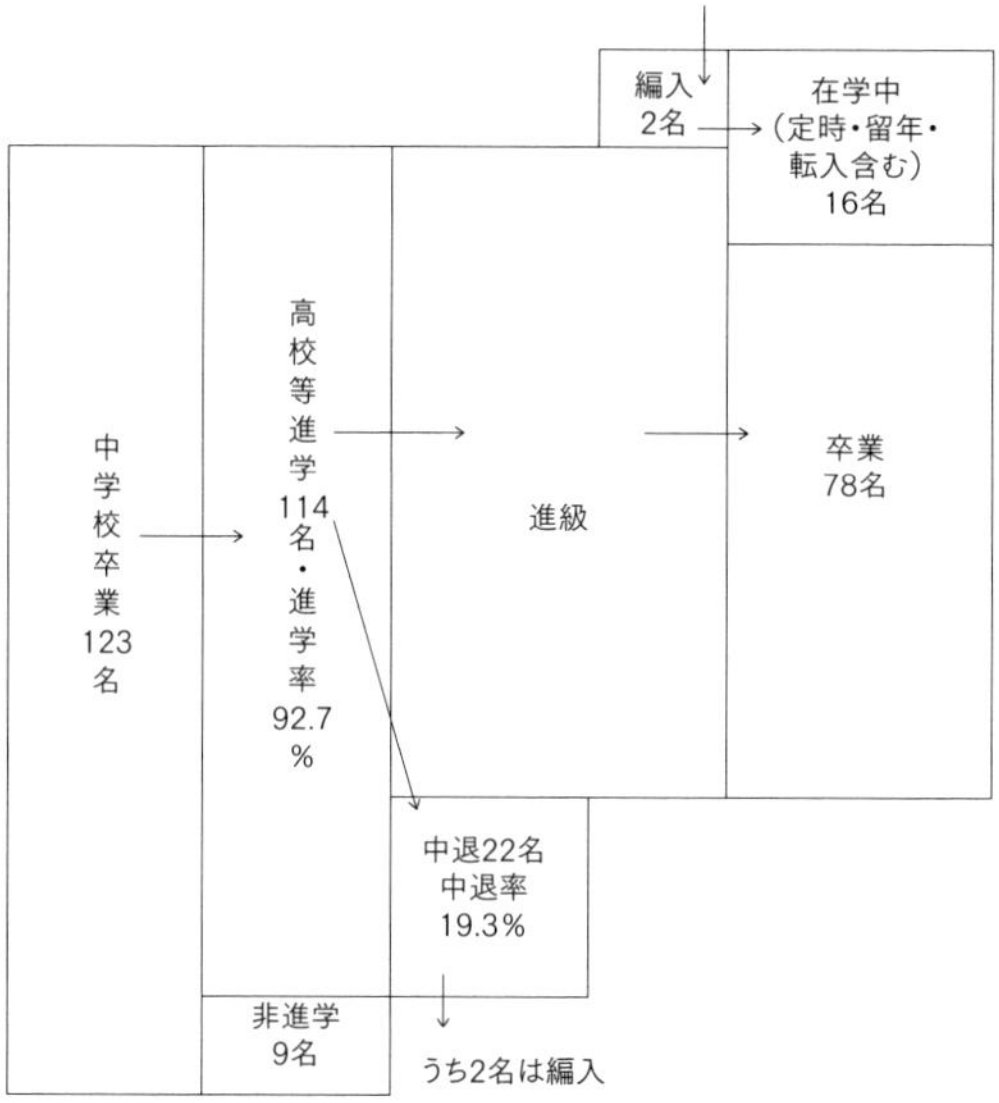

図 2-16　生活保護世帯の生徒の移行過程　林（2016）69 頁より転載

表 2-15　児童養護施設の進学状況

	人	%
1. 全日制公立・私立高校	90	84.1%
2. 定時制高校	1	0.9%
3. 単位制高校	0	0.0%
4. 特別支援学校	9	8.4%
5. 専修・各種学校	0	0.0%
6. 公共職業能力開発学校	1	0.9%
7. 就職	2	1.9%
8. その他	4	3.7%
計	107	100.0%

保坂・坪井（2012）より作成

第3章で取り上げた児童養護施設の子どもたちの進路にも注目したい。保坂・坪井（２０１２）は、ある県の全施設を対象に、２０１０年度と２０１１年度に中学を卒業した子どもたち（１０７人）の進路状況について調査した（表2-15）。やはり高校進学率が低く、定時制高校と特別支援学校への進学が多いという特徴が、上記の生活保護世帯の調査結果とよく似ている。また、特別支援学校を除いて、進学した全日制高校と定時制高校の学力偏差値を調べた結果、「学力底辺校」への進学者が多数であることを明らかにしている。具体的には、偏差値35～39が25・3％、同40～44が36・7％、同45～49が28・0％、従って偏差値50以上は1割にすぎない。つまり第5章で明らかにしたように、高校中退者が多い「学力底辺校」に進学しているものが多いことになる。その結果、２０１０年度高校進学者のうち1年以内で中退してしまうものが6・8％も出ており、これを2年次以降まで追えばさらに中退者が多くなると推測している。(7)

4　行方不明の子どもたち

さらには中学卒業後に行方不明になる子どもたちもいる。小中学校のような調査（1年以上居所不明：第Ⅰ部第3章参照）がないためにその実態はまったくわかっていない。まず中学校からは高校進学予定と報告される生徒で、実際にはその入学予定の高校の入学手続きを取らないものが存在する。事例としてそういう生徒が存在することは知られているが、実態調査がないためにその数もわかっていない。しかし、進学予定者と高校入学者の数値には毎年何千人規模のズレがあり、２００８年度の経済不況時（リーマンショック後）にそれが大きくなったことからして、経済的事情で進学と諦めた生徒たちが考えられる。[8] その中には、家族全員が行方不明（主として経済的困難、いわゆる夜逃げ。第Ⅰ部第７章６（４）参照）というケースもあっただろう。

当然、この経済的困難から家族全員が行方不明になるケースは、入学後にも起こりうる。それが表面化したのが次の記事であろうと筆者は考えている。

「４００人登校せずに在籍：大阪府立高校　21年以前入学も　４月からは退学処分

大阪府教育委員会は20日、登校の実態がないのに学校に在籍する府立高校生が昨年４月時点で４００人いたと発表した。新年度からは、退学処分にする方針で、３月末までに運用ルールを定める。昨年、すべての府立高校を調査したところ籍だけが残っている生徒は全日制で２６０人、定時制で１４０人だった。1校で30人以上の高校も複数あり、中には平成21年度以前に入学した生徒が在籍するケースもあった。学校教育法施行規則などでは、校長が退学処分にできるが、そのままになっていた。こうした生徒は、所在不明で、本人のほか保護者とも連絡が取れないことが多いが、４月からは住民票などで住所を把握。電話や家庭訪問、書類送付で接触を試みる。４ヶ月間出席しない場合は退学処分予告状を送り、退学処分とする。（中略）府教委によると、近畿2府４県で運用ルールを設けている教育委員会はないが、京都府教委では、規則で在籍期間を定めている」。また、同じくこれを取り上げた他紙も、「平成26年度に、高校の授業料が無償化されてから、連絡がつかない生徒が増加したという」と記し、その数（おそらく連絡がつかない生徒）が「昨年度末には３２０人に上る」としている。[9]

この二つの記事からすると、大阪府立高校では２０１４年度の高校無償化以降、連絡がつかなくなった生徒をそのまま在籍させていたということだろう。ポイントは授業料納付で、それ以前にも、こうした連絡がつかなくなる生徒はいたはずだが、授業料未納を理由にある時点で退学処分にしていたと考えられる[10]。それが無償化によってできなくなってしまったため、退学にならずにそのまま在籍していたのではないだろうか。つまり、「高校の授業料が無償化されてから、連絡がつかない生徒が増加した」のではなく、連絡がつかなくなった生徒を退学にしなくなったというのが実態ではないかと筆者は推測している。いずれにせよ、高校入学後の行方不明というのはありうることである。そして、そこには経済的困難から家族全員が行方不明という場合や、夫からの家庭内暴力による母子避難、外国籍生徒の帰国など、小中学校の行方不明と同じ状態が存在しうるだろう。

事例32　入学できなかった生徒

ある首都圏の公立通信制高校に入学した生徒は、お金がないため入学初年度に学習活動をするための登録ができなかった。登録のための経費の納入期間前に家出し、路上生活を続けていた。電車賃もなく、歩いて登校するには数時間がかかるため、納入のための最終期日に間に合わなかったのである。この生徒が再び学校に現れたのは、それからおよそ2年後の3月で、退学届を提出するためであった。再入学をするためにいったんは退学しておく必要があったためである。当時、生徒の保護者は遠方に行ってしまい、生徒は児童養護施設にいたが、結局再入学のための入試に現れなかった。

この**事例32**は、入学するはずだった通信制高校からの報告であり、彼女が卒業した中学校がこうした事実を把握していたとは考えにくい。これもまた中等教育からのドロップアウトであり、学校基本調査上のエアポケットに落ち込んでしまって、その実態がわからなくなってしまうケースの一つと考えられる。

さらには、第Ⅰ部第7章6（3）で述べたように小中学校の「1年以上居所不明」調査でも、中学校2年の5月1日以降に「行方不明」になった場合、中3の5月1日時点では1年以上には達しない。従って、学校基本調査の質疑応答集でも、指導要録を作成している学校の在籍者とすると明記されていて、「1年以上居所不明」にはカウントされないことになる。こうした場合は、おそらく卒業までそのまま在籍していた中学校の長期欠席生徒として扱われ、上記1の卒業後の進路調査（表2-13）では「不詳・死亡の者」になっていると考えられる。つまり、**事例26**（F夫）のように学校基本調査上のエアポケットに落ち込んでしまって、その実態がわからなくなってしまうケースとなっている可能性が高い[11]。小学校から中学校2年4月までの1年以上居所不明（＝行方不明）は、先に第Ⅰ部第8章で詳述したように省庁を超えた追跡調査も開始されてその実態が明らかになりつつある。しかし、ここで取り上げた非進学者や高校中退、行方不明といった中等教育からのドロップアウトは、その実態を把握する調査すら存在しないのである。

5　まとめ

第Ⅲ部に進む前にこれまでの内容を要約しておこう。

戦後1947年から始まった新制中学校は、それまでになかった中等教育の前半を担う教育機関であり、六三制義務教育の一部を担うこととなった。その就学率は、スタート当初から99％を超えていたと記録されているが、実態はそれとは程遠い状態であった。そのために長期欠席・不就学対策が省庁を超えた連携のもとで実施される必要があったのである。そうした対策によって長期欠席と不就学が激減し、ようやく中学卒業後の進路へと目が向くようになって「集団就職」が始まったことが確認できる。その後、高度経済成長と並行して続いた高校進学率の上昇は際立ったものがあり、転換期としての1970年代を挟んで中等教育後半の高校への進学はすべての子どもたちにとって当然のこととなり、高校全入時代が幕を開ける。一方で、数が少なくなったとはいえ、年間で約5万人もの長期欠席児童生徒（50日以上欠席）は存在し続け、その中には保護を必要とする子どもたちが存在した。

同時に、中学卒業者が全員入学することを想定していなかった高校では、中退が増加して1982年度以降高校中退者の全国調査が始まった。その背景には、中学校までの長期欠席者の進学などがあり、想定外の多様な子どもたちが高校へと進学することによって必然的に高校改革が進むことになった。ただし、この頃の高校中退問題とは、高等学校という教育システムに合わない子どもたちが、辞めざるを得ない形でドロップアウトしていく問題であったと言える。

こうして多様な生徒の入学によって高校教育の在り方とのミスマッチが問題となり、「国民的教育機関」としての高校教育そのものが問い直されることとなった。そして、2000年代以降には教育基本法及び学校教育法が改正されて、それを踏まえた学校教育施行規則の改正（2007年）、学習指導要領の改訂（2009年）によって学習指導上の改革が進み、さらには社会的要請による「懲戒」問題の見直しによって生徒指導上の改革も進みつつある。ようやく高校教育そのものが、それまではドロップアウトを余儀なくされた多様な子どもたちに対しても個別支援に取り組み始めたのである。こうした高校改革は、中学校卒業後に所属する「学校」という居場所を多様化させ、かつその流動化を生み出したと考えられる。ここでいう流動化とは、狭義の中退だけでなく、転学など広義の中退も含めて、一旦入学した学校を卒業することなく別の学校へと移動、または大学卒業程度認定試験など別システムを利用する子どもたちの増加を意味している。この流動化を裏付けるのが、通信制高校への進学率2・5％に対して、高校生全体に占める通信制在学生が占める割合が5％に達するというデータであろう。

しかしながら、本章で確認したことは、こうした大きな変化からも取り残された子どもたちが存在するという事実である。大きな構図から捉えれば、第Ⅰ部と第Ⅱ部の概観の比較から、省庁を超えた実態調査の始まりとそれに基づく支援が動き出した義務教育段階に対して、多様化し流動化している中等教育段階では「取り残された子どもたち」の実態すら把握されておらず、かつ注目もされていないことが明らかになった。

注

（1）学校基本調査の質疑応答集には、「職業能力開発促進法に基づき設置された施設で、国、都道府県、事業主が公共職業訓練又は認定職業訓練を行う為に設置した施設」で、「職業能力開発短期大学校」、「職業能力開発センター」、「障害者職業能力開発校」等と記載されている。

（2）「在外教育施設として認定の有無にかかわらず外国の学校に入学した者は、学校基本調査では便宜『左記以外の者』として扱います」となっている。従って、外国の日本人学校の高等部に進学した場合、この「在外教育施設の認定等に関する規定」により高等学校と同等の課程を有するものとして認定されているが、学校基本調査では「進学者」ではなく、「左記以外の者」となる。

（3）図2-13の調査（2015）では、高1の4月中に中退したものが確認されているが、中学校側がそれを把握して学校基本調査（5月1日時点）で報告したとは考えられない。

（4）『朝日新聞』2013年3月28日付夕刊記事「高校中退者4割「勉強継続」」。なお、この調査結果は「「都立中途退学者等追跡調査」結果の概要について」は東京都教育委員会のHPに掲載されている。

（5）文部科学省はこの実態を踏まえ、2019年度予算に「外国人高校生等に対する教育等の充実」（2億円）を盛り込んだ（『朝日新聞』２０１８年9月30日付「日本語教育必要な生徒　高校の中退率９％超」、「高校進んでも日本語の壁」、「日本語支援　学校手探り」）。

（6）正確には、全日制高校の入学金５６５０円、年間授業料11万８８００円、定時制高校の入学金２１００円、年間授業料（1単位１７４０円、平均履修単位19単位で算出）３３０６円、通信制高校の入学金５００円、年間授業料（1単位３３０円、平均履修単位22単位で算出）７２６０円となっている（千葉県立大宮高校［通信制課程、普通科］が作成しているリーフレット「だれでも　いつでも　どこでも　学べる学校　千葉県立大宮高等学校」の「必要経費比較表」から引用）。

（7）保坂・坪井（２０１２）では各年度の結果が示したが、ここではあらためて2年分をまとめて表示した。

（8）先の「明年度進学希望者」など、希望する高校に1年間浪人してでも入学するものがいるため、そうしたものもこのズレに入ってしまうことになる。また、高校中退者の中には再入学者もいるため、進学予定者と入学者のズレがそのまま入学手続きを取らないものになるわけではない。

（9）『産経新聞』２０１７年1月20日付「４００人登校せずに在籍　大阪府立高校　21年以前入学も　4月からは退学」。『朝日新聞』２０１７年4月24日付「連絡つかぬ高校生、半年欠席で退学も　大阪府教委」。

（10）文部科学省は、「授業料は地方自治法第２２５条の施設利用の対価であるので、授業料滞納による出席停止処分、退学処分も違法ではない」としている（鳫　２０１３）。一方で、高校の授業料無償化以前に、出席日数・成績等の卒業要件を満たしているにもかかわらず、授業料等の滞納を理由に、卒業式後に卒業証書を回収したり、卒業式への出席を認めなかったりした事例が調査され、このような経済的理由により授業料等を滞納して卒業できない状況が「高校生の卒業クライシス（危機）問題」と報道された（『朝日新聞』２０１０年2月7日付、『毎日新聞』２０１０年3月3日付など）。これについて文部科学省は、経済的理由などやむを得ない事情による授業料の未納は、生徒個人の責任ではないので、授業料減免制度、奨学金制度を利用した上で、生徒の心情を最大限配慮した対応をとることが望ましいとの考え方を示している（鳫　２０１３）。なお、中途退学者が多い都立高校9校に対して聞き取り調査を行った東京都教育相談センター（２００７）によれば、「共通に見られた課題」として「家庭的に課題のある生徒への対応（失踪、授業料滞納による除籍等）」があげられている。

（11）ある市の教育委員会担当者は、筆者の聴き取り調査に対して、こうした場合で教育委員会が卒業証書を預かったままになっているものが複数あると回答している。

第Ⅲ部　学校教育と児童福祉の連携

第1章　「子ども」から「大人」への移行と学校教育

1　「子ども」から「大人」への移行

これまでの概観で明らかになったことは、「子ども」から「大人」へと成長・発達していく養育環境が様々であり、中にはその移行期間に十分な保護を受けられない子どもたちがいるという事実である。具体的には、近年の調査でその実態が明らかになってきた「居住実態が把握できない児童」、「1年以上居所不明児童生徒」や、就学もできずにいる「無戸籍」の子どもたち（第Ⅰ部）である。加えて、未だにその実態が明らかではないが、中等教育段階（中学2年生以上高校在学中）で行方不明なってしまう子どもたちや高校非進学者たち、そして高校入学後の中退者たち（第Ⅱ部）である。

2008年内閣府を中心にして「青少年育成施策大綱」が決定され、2009年には「子ども・若者育成支援推進法」が成立・施行された。この中で三つの重点課題の一つとして「困難を有する子ども・若者やその家族を支援する取組」が挙げられているが、第Ⅱ部第7章2で取り上げた高校中退調査はこうした動きを受けて、内閣府が文部科学省と協力して実施したものである。本書の主張は、こうした「子ども」

から「大人」への移行が困難な環境にある子どもたちとその家族を、学校教育と児童福祉が連携して支援すべきであるということに尽きる。

そもそも学校教育は「子ども」から「大人」への成長・発達を援助する機関と定義できる。人類の歴史を見れば、初期共同社会に存在していた「イニシエーション(通過儀礼)[1]」から、社会の発展に伴って「子ども」を「大人」へと社会化するための移行期間とその過程が誕生する。その第一が中世身分制社会の徒弟制であり、第二が近代市民社会の学校教育である(森 1993)。この近代市民社会における学校教育は、単純化して言えば、「大人」になるためには「読み、書き、そろばん」が必要な知識であり、それを教えるのが学校であるというところから出発している。こうして「子ども」から「大人」への移行期間の長期化とともに、その移行を援助する機関としての学校制度が整えられていった(保坂 2010)。

こうした歴史的経緯を確認すれば、イギリスの産業革命当時、つまりは学校教育制度の始まりにおいて、工場で過酷な労働条件のもとで働かされていた子どもたちを保護する施設としての学校の役割が指摘されている。厳密に言えば、工場で働く児童の保護は、工場法教育条項がその起源であり、その審議過程において当時の児童労働の現状と悲惨さが暴露された。そして、1819年に成立した「綿工場の規制とそこに雇用される年少者の健康の一層の保護のための法律」で、9歳未満の児童の雇用が禁止され、16歳未満の児童は1日12時間以上労働してはならないことが盛り込まれた。また、1833年の工場法では、9歳から13歳の児童に対して1日2時間学校で勉強する制度が導入された。さらに、1844年の工場法では、対象とされる産業が拡大され、8歳未満の児童の雇用が禁止され、8歳から13歳までの児童は毎日3時間学校へ行くことが規定された。その後もこうした低年齢の児童労働の禁止と学校への登校という教育条項の適用拡大が続き、義務教育法の成立は1870年である(大田 1992)[2]。

筆者は、今あらためて、この学校教育がもつ子どもたちを保護する役割を見直す必要があると考えている。それは、とりわけ「子ども」から「大人」への移行が困難な環境にある子どもたちに対してであり、その保護にあたって学校教育と児童福祉の連携が求められているというのが本書の主題に他ならない。

2　成人年齢の引き下げをめぐって

学校に子どもを保護する役割があるとして、いつまで子どもたちを保護すればいいのだろうか。「子ども」が「大人」になるまでの期間とはどれくらいが想定されているのだろうか。ちなみに上記1で取り上げた「子ども・若者育成支援推進法」における「子ども・若者」支援は、乳幼児から30歳代まで広く対象としている。まさに現代日本社会は、この問題をめぐって成人年齢の引き下げを議論してきたところなので、ここではその経過をたどっておきたい。

1989年に国際連合で採択された『子どもの権利条約』第1条は、「子どもの定義」について以下のように述べている。「この条約の適用上、児童（child）とは、18歳未満のすべての者をいう。ただし、当該児童で、そのものに適用される法律によりより早く成年（majority）に達したものを除く(3)」。これに基づけば、国際的には18歳以上が大人ということになる。

しかし、日本政府の批准は1994年、世界で158番目であり、この条約の批准にあたって整合性を欠く国内法の改正が必要でありながら、それに取り組んでいない姿勢が批判されきた（名取 1996）。その後ようやくこの問題に一石を投じることになったのが、２００７年5月に成立した国民投票法である。近年現実味を帯びてきた憲法改正の是非を問う国民投票の手続きを定めたこの法律において18歳以上が投票できるとしたため、２０１０年5月法施行までに、20歳からの選挙権を定めている公職選挙法をはじめ、民法などの成人年齢も見直すこととなった。しかし、これを審議することとなった法制審議会の民法成年年齢部会は、２００８月12月に中間報告をまとめたが、引き下げについての是非についての意見は割れたままで、賛否両論を併記する異例の報告となった[4]。

その後、２０１５年先に公職選挙法が改正（２０１６年施行）されて、１９４５年以来71年ぶりに選挙権年齢が18歳に引き下げられた。国政選挙では、２０１６年7月の第24回参議院議員選挙が初となり、約２４０万人が有権者となったのは記憶に新しいところであろう。そして、今般（２０１８年）の民法改正によって２０２２年度から成人年齢が引き下げられることが決まった。実に明治時代以来１４７年ぶりとなる引き下げである。

なお、議論開始当時から、飲酒・喫煙を禁じる法律など年齢に関する条項がある法令は、実に３０８もあることが指摘されていたが、飲酒・喫煙は現行通り20歳からとなる。また、これまでの民法では、「未成年が婚姻したときは、これによって成年に達したものとみなす」（７５３条）となっており、男子は18歳以上、女子は16歳以上で結婚できること（７３１条）から、国連女性差別撤廃委員会から改善勧告を受けていた（坂本２００８）。これによって16～17歳で結婚した女性は成年として扱われていたが、２０２２年から男女ともに18歳からの結婚と改善されることになる。

こうした「子ども」と「大人」の年齢区分を考えるもうひとつの切り口としては少年法がある。１９４８年に成立した少年法では、その対象が20未満となっているため、18歳未満を対象とする児童福祉法との齟齬が長年指摘されてきた。当然ながら２０１９年時点で、法制審議会の部会が少年法の適用年齢を18歳未満に引き下げるか否かについて検討している。この検討は、民法の成人年齢が18歳に引き下げられたことを踏まえて行われているため、「引き下げありきで改正を論じている」との批判もある[5]。なお、ドイツ少年司法制度では、14歳以上18歳未満が「少年」、18歳以上21歳未満が「青年」として扱われ、「青年」の起こした事件が「少年」による事件と同視できる場合には、「少年」に対する手続きが準用される。これを参考に、成人として処遇されることになる18～19歳に対して、その要保護性の程度に応じて保護処分に相当する措置が受けられる制度の創設を検討するとの意見が出ている（内匠２０１７）。

また、これに関連して刑事責任年齢と刑事処分可能年齢についてもふれておきたい（刑事責任年齢とは刑事責任を問われる年齢であり、刑事処分可能年齢とは検察官送致されて刑事処分が可能となる年齢の下限を意味する）。まず、明治初期の仮刑律では7歳が刑事責任年齢の下限とされていた。続く１８７９（明治12）年の旧刑法では、12歳未満の少年は刑事責任年齢を欠くとされ、やがて１９０７（明治40）年の現行刑法の14歳未満へと改正されていく流れが確認できる（長井２００３）。そして、それは戦後の少年法にも引き継がれ、刑法では犯行時14歳以上の者は刑事責任を問えることになっていたが、少年法第20条（ただし書き）において処分時16歳未満の者は刑事処分できないと規定されていた。つまりは中学生は処分されずに保護されることになる。この刑事処分可能年齢の下限は、学校教育の延長と連動しているようで興味深い。

しかし、２０００年の少年法改正では、半世紀ぶりに刑事処分可能年齢は16歳から14歳に引き下げられた。この改正によって刑事処分可能年齢を刑事責任年齢と一致させたとも言える。さらに２００７年の再改正によって、少年院送致の下限年齢が「おおむね12歳」までに引き下げられたところである。この再改正にあたっての政府原案は下限年齢撤廃であったが、委員会参考人である児童精神科医の「罪を犯した自分を客観的に見られる年齢」、「背が大きく伸びる思春期のころ」という発言が目安となって、「おおむね12歳」という修正案が可決されたという経緯をもつ。この場合の「おおむね」は前後1歳程度を含むため、これによって実際には11歳からの少年院収容が可能となった。[6] ここでは学齢ではなく、今の子どもたちの体の成長、つまり第二次性徴に始まる思春期になることが重視されたことになる。なお、こうした相次ぐ少年法改正の契機となったのが、第Ⅰ部第6章の**事例9**であることは周知の通りである。

この少年法と違って18歳未満を対象とする児童福祉法も、1947年に施行されたが、50年以上経過した1998年に大幅な改正がなされ、続いて2004年、そして2017年にも大きな改正がなされたところである。この2017年の改正では、自立の観点から必要と認められる場合には18歳以上の者に対する支援の継続ができるようになった。この改正を議論した有識者会議で、ある委員が里親の元で暮らす高校生が卒業後の見通しが立たないとして大学への指定校推薦を取り消された事例があることを指摘した。児童相談所が引き続き里親の元で暮らし続けることを確約しなかったことが理由とされ、委員の「18歳以降も必ず支援するしくみがあれば防げた」という発言が報道されている。[7] こうして「子ども」から「大人」への移行が困難な子どもに対して、保護期間の延長が実現したことの意味は大きいだろう。当然、上記で述べた少年法改正において「引き下げありき」への批判及び要保護性の程度に応じた保護処分の延長と軌を一にする動きと言えよう。

また、子どもをめぐる法律のうち2000年に施行された児童虐待の防止等に関する法律は、当初から附則による改正が義務付けられ、現在に至るまで何度も改正が積み重ねられてきている。さらには、教育基本法も2006年に改正され、それに伴って学校教育法も2007年に大きく改正されている。なお、この改正された教育基本法においては、9年間の義務教育年限規定が削除され、「別に法律の定めるところにより」となって学校教育法に移されているが、これについては後に第4章であらためて取り上げたい。筆者は、これまで成人年齢の引き下げをはじめ、ここで注目した「子ども」をめぐる法律の相次ぐ改正の背景として、「子ども」と「大人」の境界が曖昧になり、10代という年齢が「子ども」か「大人」かという点で「グレーゾーンにたつ子どもたち」であることを指摘してきた（保坂 2010）。しかし、本書においては、その中でより困難な状況にある子どもたちの保護という観点から議論したい。

3 「子ども」の労働について

上記1で見た通り、その原点である子どもの保護という学校の役割を考えるにあたり、児童労働という観点から始めたい。本書冒頭の**事例1・2**はこうした問題意識から取り上げたものである。

憲法においては、「すべて国民は、勤労の権利を有し、義務を負ふ」とした第27条3項において「児童は、これを酷使してはならない」と規定されている。この「児童」に関する年齢規定はないが、上記2の子どもの権利条約を考えれば18歳が一つの目安と言えるだろう。そして、その子どもの権利条約でも、**表3-1**に示した通り「労働からの保護」（第32条）が存在する。さらに、労働基準法56条（**表3-2**）では、「最低年齢」として15歳未満の子どもの労働は原則禁止とされているが、正確には15歳に達した後の3月31日まで、つまり義務教育期間中の者を使用することを禁止している。ただし、子どもの健康や福祉に有害でなく軽微な仕事については例外的に認められるため、学校教育法においても、「学齢児童・生徒の使用者の義務」（第20条）として「義務教育を受けることを妨げてはならない」と規定されている。なお、**事**

表3-1　子どもの権利条約（第32条）

1　締約国は、児童が経済的な搾取から保護され及び危険となり若しくは児童の教育の妨げとなり又は児童の健康若しくは身体的、精神的、道徳的若しくは社会的な発達に有害となるおそれのある労働への従事から保護される権利を認める。
2　締約国は、この条の規定の実施を確保するための立法上、行政上、社会上及び教育上の措置をとる。このため、締約国は、他の国際文書の関連規定を考慮して、特に、
(a) 雇用が認められるための一又は二以上の最低年齢を定める。
(b) 労働時間及び労働条件についての適当な規則を定める。
(c) この条の規定の効果的な実施を確保するための適当な罰則その他の制裁を定める。

表3-2　労働基準法（第56-63条）

第五十六条　使用者は、児童が満十五歳に達した日以後の最初の三月三十一日が終了するまで、これを使用してはならない。
2　前項の規定にかかわらず、別表第一第一号から第五号までに掲げる事業以外の事業に係る職業で、児童の健康及び福祉に有害でなく、かつ、その労働が軽易なものについては、行政官庁の許可を受けて、満十三歳以上の児童をその者の修学時間外に使用することができる。映画の製作又は演劇の事業については、満十三歳に満たない児童についても、同様とする。
（年少者の証明書）
第五十七条　使用者は、満十八才に満たない者について、その年齢を証明する戸籍証明書を事業場に備え付けなければならない。
2　使用者は、前条第二項の規定によつて使用する児童については、修学に差し支えないことを証明する学校長の証明書及び親権者又は後見人の同意書を事業場に備え付けなければならない。
第五十八条　親権者又は後見人は、未成年者に代つて労働契約を締結してはならない。
2　親権者若しくは後見人又は行政官庁は、労働契約が未成年者に不利であると認める場合においては、将来に向つてこれを解除することができる。
第五十九条　未成年者は、独立して賃金を請求することができる。親権者又は後見人は、未成年者の賃金を代つて受け取つてはならない。

（第 59-60 条　略）

（深夜業）

第六十一条　使用者は、満十八才に満たない者を午後十時から午前五時までの間において使用してはならない。ただし、交替制によつて使用する満十六才以上の男性については、この限りでない。
2　厚生労働大臣は、必要であると認める場合においては、前項の時刻を、地域又は期間を限つて、午後十一時及び午前六時とすることができる。
3　交替制によつて労働させる事業については、行政官庁の許可を受けて、第一項の規定にかかわらず午後十時三十分まで労働させ、又は前項の規定にかかわらず午前五時三十分から労働させることができる。
4　前三項の規定は、第三十三条第一項の規定によつて労働時間を延長し、若しくは休日に労働させる場合又は別表第一第六号、第七号若しくは第十三号に掲げる事業若しくは電話交換の業務については、適用しない。
5　第一項及び第二項の時刻は、第五十六条第二項の規定によつて使用する児童については、第一項の時刻は、午後八時及び午前五時とし、第二項の時刻は、午後九時及び午前六時とする。
（危険有害業務の就業制限）
第六十二条　使用者は、満十八才に満たない者に、運転中の機械若しくは動力伝導装置の危険な部分の掃除、注油、検査若しくは修繕をさせ、運転中の機械若しくは動力伝導装置にベルト若しくはロープの取付け若しくは取りはずしをさせ、動力によるクレーンの運転をさせ、その他厚生労働省令で定める危険な業務に就かせ、又は厚生労働省令で定める重量物を取り扱う業務に就かせてはならない。
2　使用者は、満十八才に満たない者を、毒劇薬、毒劇物その他有害な原料若しくは材料又は爆発性、発火性若しくは引火性の原料若しくは材料を取り扱う業務、著しくじんあい若しくは粉末を飛散し、若しくは有害ガス若しくは有害放射線を発散する場所又は高温若しくは高圧の場所における業務その他安全、衛生又は福祉に有害な場所における業務に就かせてはならない。
3　前項に規定する業務の範囲は、厚生労働省令で定める。
（坑内労働の禁止）
第六十三条　使用者は、満十八才に満たない者を坑内で労働させてはならない。

例1（美空ひばり）、事例2（香取慎吾）について義務教育を受けることの妨げになっていることは明白であるからこそ、議論すべきであると考えている。

この労働という観点から見ると、国際連合の人口統計（途上国も含めた各国別人口推計）では、15歳から64歳を生産年齢人口としている。しかし、専門家からは、この年齢区分は日本をはじめとする先進国の現状とは適合しておらず、18〜68歳、あるいは20〜70歳を生産年齢人口とした方がよいという意見もある（河野２０００）。つまり、労働という観点からいえば、10代で中等教育を受けるべき年頃は、まさにグレーゾーンであろう。

なお、労働基準法第56条2項にある「満十三歳」は、２００４年に「満十二歳」に改正されているが、なぜか本文はそのままに別項に記述されている。そして、続く第57条において「年齢を証明する戸籍証明書」と、「修学に差し支えないことを証明する学校長の証明書」及び親権者（又は後見人）の同意書が義務付けられていることも知るべきであろう。この未成年者の労働契約については第58、59条に定められており、第Ⅰ部第2章及び第Ⅱ部第2章で見たようにこれに基づいて「不当労働慣行」が問題とされてきたのである。実際、事例1（美空ひばり）では、労働基準監督署がこの労働基準法第56条2項違反を疑って学校長に問い合わせがあったという。そのため学校長が書類に一筆添えて提出したものの、監督署は「欠席理由に正当性が認められない」として受理を拒んだというエピソードがある（本田１９８７）。

さらに、労働時間については、1日8時間で週40時間（32条）を適用せず、「一週間について四十時間」を「修学時間を通算して一週間について四十時間」、「一日について八時間」を修学時間を通算して一日について七時間」としている。加えて、定時制の高校生を想定して、週40時間の労働時間を超えない範囲内において、「一週間のうち一日の労働時間を四時間以内に短縮する場合において、他の日の労働時間を十時間まで延長すること」や、労使協定基づく残業を認めている。

ここで1974年3月に文部省と労働省（当時）から出された次のような通知に注目したい。

「未成年タレントの保護について

未成年タレント（養成中を含む）であって、義務教育就学年齢にある者を出演（養成・練習を含む）させる場合にはその就学を妨げてはならない。未成年タレントは、心身の成長過程にあることにかんがみ、スケジュール作成にあたっては、これらの弊害を排除するとともに、健全な環境において出演させるよう十分に配慮すること。未成年タレントのうち労働基準法9条にいう労働者に認められる者については、労働基準法を遵守し、適正な労働条件のもとに就業させること」。

今から45年も前にこうした通知が出された背景として、**事例1**（美空ひばり）以降、1970年代まで続く10代タレントの活躍がある。その後、さらに低年齢化する中で、労働基準法第56条第2項の下限が「満13歳」から「満12歳」へと引き下げられているが、「映画の製作又は演劇の事業」についてはこの下限は実質的に意味をもっていない。

さらに、ここでは次のような異例の事件を取り上げたい。

事例33　中学生就労事件

群馬県桐生市の解体工事現場で作業中の足利市立中3男子生徒（14歳）が事故で死亡。雇用していた業者は、「学校から頼まれたから雇った。日当は5000円」、「7、8年前から計20人ほど不登校などの中学生を受け入れてきた。学校や親から頼まれた時だけで、社会人になる手伝いになればと思っていた」。学校は、「不登校や学校生活になじめない生徒本人や親から申し出があり、職場体験ということで認めていた」と説明し、足利市教育委員会も学校からの「職場体験」という報告を受けていたが、その内容を吟味せずに容認していた。その後の調査では、２００２年以降同じ事業所で17人の中学生が働いていたことがわかっている。学校や市教委が労働基準法などを正しく理解していれば事故は防げた、として対応の誤りを認める調査結果がまとめた。

なお、これを受けて栃木県教育委員会は市町村教育委員会の学校教育主幹課長会議を開き、児童生徒のアルバイト就労に関する研修を行った。講師は栃木県労働局の労働基準監督官がつとめ、「小中学校と労働基準法」と題して、「①15歳になってもその年度末までは労働させてはならない、②やむを得ない事情で労働する場合でも、製造業や建設業など工業的業種は認められない」の二大原則が強調されたという。

この事件は、そもそも学校関係者が労働基準法についての基本的知識を欠いていたのではないかと疑われるものであり、後に研修で二大原則が強調されたのは当然であろう。

実際、事件についての調査委員会報告書（足利市中学校生徒の就労に係る死亡事故に関する第三者調査委員会）の中にも、「教員たちには、中学生が、賃金を受領して働く就労が違法であるという認識がなかった、あるいは薄かったと思われる」という指摘がある。この点については、事件直後に厚生労働省労働基準局長による通達（文部科学省初等中等局長宛て）で、「義務教育を受けるべき年齢で児童を働かせることは、原則禁止」であり、労働基準法第56条をはじめとする法令の内容について学校教育関係者への周知と指導を依頼している。これを受けた文部科学省は、「就学の機会を妨げる労働への従事は、賃金を受け取るか否か等にかかわらず、容認されないこと」、「就労等は保護者が学齢児童生徒を就学させないことについての『正当な事由』となり得ないこと」などを学校に対して周知・指導するよう通知（２０１2年10月26日）している。しかし、欠けていたのは知識だけだったのだろうか。いつまで「子ども」を保護すればいいのかについての共通理解がない中で、学校には「子ども」を保護する役割があるという認識が薄れていた気がしてならない。ここに冒頭で取り上げた**事例1、2**と共通する問題が潜んでいると筆者は考えているので、次のような事例とともに考えたい。

事例34　「俺の学校はムエタイ」

東京墨田区で学校に通わず、リングで暮らす14歳の少年。全国大会優勝後中学2年生になる4月に父の勧めで単身上京、ムエタイジムでタイ人のコーチと寝起きして「この道で食べていく」ために練習に明け暮れる。少年は、日本のジュニアキックボクシングのタイトルをもち、夢はムエタイの世界王者。沖縄県名護市の籍のある中学校は、「特例で長期休学扱い」にして、出席しないまま卒業させるという。

なお、この事例がそのままの生活を続けていた場合、学校教育法違反で検挙という可能性もありうる。しかし、続報は確認できず、警察庁生活安全課の「児童虐待及び福祉犯の検挙状況（平成25～２６年）」にも学校教育法違反の検挙は報告されていない。しかし、最近でも次のような学校教育法違反の事件が報道された。

事例35　学校教育法違反2（2017年）

芸能活動を優先するなど中学生の娘（15歳）を通学させなかったとして、2017年1月大阪府警は学校教育法違反で母親（44歳）を大阪地検に書類送検したと発表した。母親の容疑は、2015年9月から2016年2月にかけて、教育委員会から6回にわたり登校の督促を受けていたのに、娘を登校させなかった疑いとされる。なお、警察庁生活安全局少年課の「児童虐待及び福祉犯の検挙状況（平成27年1〜12月）」によれば、学校教育法違反は2007年度と2012年度に1件ずつ検挙されている（なお、第I部第5章で示した「**事例7**　学校教育法違反1」は1970年代のものである）。

ここであげた**事例34**は、厳密には対価を得ている「労働」ではない。しかし、「この道で食べていく」と決意した少年が学校よりも優先しているものがムエタイであり、こうしたスポーツ・芸能などで秀でた才能をもつ子どもたちが学校を欠席することについては、難しい問題を含んでいると言わざるを得ない。最近では、中学生で将棋のプロとして活躍した藤井聡太氏（現在は高校生棋士で七段、津江 2017）や、スポーツ界のエリートアカデミー[8]の例がある。

しかし、条文（表3-2、243〜244頁）をよく読めば、労働基準法が「子ども」を保護するためにあることがよく理解できよう。続く第61条の「深夜業の禁止」、第62条の「危険有害業務の就業制限」、第63条の「坑内労働の禁止」も同様である。本来これらの条文の真意は「子ども」の保護にあり、上記1で述べた工場で働く子どもたちを保護するために制定された工場法教育条項をその起源とするものである。これまでの事例が示す通り、スポーツ・芸能などで秀でた才能をもつ子どもたちも、年間で30日以上の欠席になれば「積極的・意図的不登校」（第Ⅰ部第6章注（2）参照）となる可能性がある。従って、その欠席をどこまで認めるのかについては、子どもの成長・発達を保護するという観点から、教育（修学）の妨げにならないのか、また発達（健康・福祉）に有害となるおそれはないのか、事例ごとに検討すべきであることは言うまでもない。現在問題となっている加熱した部活動の時間的制約（例えば平日2時間以内、週1日休み）についてもこうした観点から考える必要があると筆者は考えている。本書では、「子ども」から「大人」への移行にあたって、子どもたちが成人（2022年以降18歳）するまでは、社会が保護すべきであるという原点をあらためて確認しておきたい。

注

（1）20世紀初頭、民俗学者ヘネップによって概念化され、その後ターナーによって精緻化された文化人類学上の概念とされる（宮坂 1986）。例えば、ギリシア都市国家時代（紀元前8～5世紀）の軍事国家として知られるスパルタでは、20歳で終わる「未成年期」の最後に過酷な「イニシエーション（通過儀礼）」があったとされる。20歳に達すると武器を持つだけで山野に放り出され、一人で7日間生き抜かねばならない。そして、その最後には、ヘロット（農奴）を殺してその首を持ち帰ることが義務づけられていた。一方、同時代の都市国家アテネでは、こうした「イニシエーション（通過儀礼）」は存在せず、「子ども」から「大人」への移行が、同時代でも文化社会によって多様であることを象徴していて興味深い（塩野 2015）。

（2）明治以降の日本でも、工場法（1911年）や工業労働者最低年齢法（1923年）を経て、「労働児童が等しく小学校教育の対象と考えられる条件」が揃ったとされる（土方 2002）。

（3）政府訳、（ ）内引用者英語表記。“majority”は以下の通り。Majority is the state of legally being an adult (Collins Cobuild English Language Dictionary)

（4）『朝日新聞』2008年12月17日付「『18歳成人』まとまらず 法制審中間報告 賛否両論を併記」ほか同日付各紙記事。

（5）『朝日新聞』２０１６年２月20日付「少年法適用年齢：20歳未満のままでもいい」、同２０１８年９月24日付社説「少年法と年齢：引き下げありきの矛盾」、同２０１９年１月23日付「少年法「18歳未満」だと」など。
（6）『朝日新聞』２００７年５月４日付「低年齢路線に限界」。これによると政府案の下限年齢撤廃に対して、「５歳でも少年院送致が可能か？」という質問がなされ、法務大臣の「ありえないとは断言できない」という答弁が報じられている。
（7）『朝日新聞』２０１５年10月31日付「施設入所　18歳以上でも：児童福祉法　対象年齢引き上げ議論」。
（8）２００８年から日本オリンピック委員会が、将来オリンピックをはじめとする国際競技大会で活躍できる選手を育成するために、中学１年生から高校３年生のトップアスリートに対して長期的、かつ集中的な指導を行なう事業を始めた。このうち中学生は全員が、東京都北区の公立中学校に在籍している（ＪＯＣのＨＰより）。

第2章　子どもの貧困問題

1　脱落型不登校と貧困問題

日本の子どもの貧困問題は、2000年以降に再発見されて「子ども貧困率」[1]が注目されるようになり、今日では最重要課題となっていると言っても過言ではない。大竹・小原（2011）によれば、5～9歳の「子どもの貧困率」は、1984年に約5％だったが、2004年には7・5％まで上がったとされる。その背景として、「家族の経済的困難・社会的脆弱性と関わる子どもの問題が表面化・深刻化してきたこと、それらが経済的情勢の悪化や格差の拡大、社会福祉・教育などの公共政策の後退と連動していること」などと指摘されている（松本 2009）。例えば、この「公共政策の後退」の一つが2012年に実施された生活保護の切り下げであり、さらに2018年度10月からも切り下げが実施された。

第1章3で取り上げた**事例33**（働いていた中学生17人）は、文部科学省調査の「「あそび・非行」の傾向がある」不登校にあたり、本書が注目する「脱落型不登校」と考えられる[2]。第I部では、この「脱落型不登校」を1950年代からの長期欠席及び不就学とつながる存在で、学校に行くための前提とも言うべき家庭環境が整っていない場合もあり、その中には家庭の養育能力欠如という点で虐待（ネグレクト）と水面下でつながっている危険性があると指摘した。第Ⅰ部の概観で明らかにしたように、１９７０年代以降、「長期欠席」を「不登校＝心の問題」にのみに限定して捉えたことによって、こうした「脱落型不登校」の存在は注目されなくなった。

すでに述べたように、この間は日本の高度経済成長期にあたり、長期欠席や不就学は存在し続けたものの、人々の関心からは遠ざかっていった。日本が世界のナンバーワンであると言う幻想に浸っていた中で、これまた存在し続けた貧困問題への無関心さと見事に重なる現象である。筆者はその中には命の危険に関わる「危険な欠席」が潜んでいたことを事例で確認し、長期欠席の中の「脱落型不登校」には虐待（ネグレクト）へとつながる「危険な欠席」があるという認識が必要だったと考えている（第Ⅰ部第６章参照）。さらに、事例や調査（第Ⅰ部第７章４参照）などによって、この脱落型不登校が経済的に不安定な層、つまりは相対的貧困層において多く出現することを再確認しておきたい。

こうした状況の中で、２０１３年に「子どもの貧困対策の推進に関する法律」が成立し、２０１４年には「子どもの貧困対策に関する大綱」が閣議決定された。これによって、47都道府県と政令市すべてが子どもの貧困対策に関する計画を作成済み、あるいは策定予定であるとされる（内閣府ＨＰ「都道府県子どもの貧困対策計画の策定状況」）。本章では、この「子どもの貧困対策に関する大綱」における提言＝「教育の支援では、『学校』を子供の貧困対策のプラットフォームと位置付けて総合的に対策を推進するとともに、教育費負担の軽減を図る」を踏まえて、学校教育と児童福祉の連携という観点から子どもの貧困問題を論ずることとしたい。

2　貧困の深さ

日本の子どもの貧困問題の特徴として、貧困の深さ＝底辺の子どもの格差が大きいことが挙げられよう。子どもの貧困問題の第一人者である阿部（２０１６）は、ユニセフレポート（２０１６）の解説でこの「日本の子どもの格差の状況」についてふれている。それによれば、「一番厳しい状況に置かれている層の子どもたちが、標準的な子どもたちに比べて、どれほど厳しい状況にあるか」という「下半分の格差」に注目すると、日本の「相対的ギャップ」は先進諸国41カ国の中で8番目に大きく、「所得階層下位10％目の子どもの世帯所得は、中位の子どもの世帯所得の4割に満たないという」結果であった。日本より相対的ギャップが大きい国はルーマニア・ブルガリア・メキシコ・ギリシア・イタリア・スペイン・イスラエルであり、これまでも報道されてきた「子どもの貧困率」が14番目の高さであるに加えて、「貧困の深さで見ると状況はさらに悪い」ということになる。また、この格差（相対的所得ギャップ）は、１９８５年以降下位層の所得が中位層より大きく減少した」ことによって拡大したが確認できるという。

この「貧困の深さ」を示すものとして、次の事例を挙げておきたい。

事例36　銚子市母子心中未遂事件

２０１４年9月、銚子市の公営住宅の自宅で中2の一人娘を殺害したとして母親が殺人罪に問われた。家賃を2年分滞納し、明け渡しの強制執行当日に犯行に及んだ。母親は、元夫からの養育費が支払われなくなった上に、娘が中学に上がるときの制服代などでお金が必要になって社会福祉協議会から借り入れをした。が、それでも足りずにヤミ金融業者からお金を借りるなど生活に困窮し、その返済を優先して家賃の滞納が始まった。給食センターの仕事（パート：夏季収入なし）をしていたという母親は、児童扶養手当[3]と就学援助は受給していたが、家賃の減免制度を使っていなかったことが事件に繋がってしまった。刑事裁判で明らかになった収入状況（平均月額14万4280円）から、この家庭は生活保護法における最低生活費を下回り、生活保護を受給できた可能性は高いとされる。また、家賃滞納者に対して、早期に接触して事情を把握した上で家賃減免の申請を促すべきであった千葉県の責任は重い。厚生労働省は、この事件について「未然に防ぐことができた」、「どこの地域でも起こりうる」として「切迫した生活困窮者を相談につなぐ連携体制の構築」の必要性を認めている。

3　教育費負担

こうした悲劇（事例36）が起きてしまう背景に、日本の教育に関する保護者（家庭）負担が大きいことがある。子どもたちの教育に関わる費用負担を、公（社会）と私（保護者）でどのように分担するかは国によってかなり違う。表3-3に示した経済協力開発機構（ＯＥＣＤ）の統計によれば、日本の国内総生産（ＧＤＰ）に対する公財政教育支出の割合は、ＯＥＣＤ加盟各国平均５・８％に比べて３・８％と著しく低

表 3-3　各国の教育費負担：公財政教育支出の対ＧＤＰ比（％）（2010 年）

	就学前教育	初等中等教育	高等教育	全教育段階
日本	0.1	2.8	0.7	3.8
アメリカ	0.4	3.7	1.4	5.5
イギリス	0.3	4.9	1.0	6.3
フランス	0.7	3.9	1.3	5.9
フインランド	0.4	4.3	2.2	6.8
ＯＥＣＤ各国平均	0.6	3.8	1.4	5.8

矢野他（2016）58 頁より転載

く、教育に関する保護者（家庭）負担が多くなっている。実際、文部科学省の「子供の学習費調査」からもいわゆる副教材費や制服代、給食費、校外学習（遠足・修学旅行等）などかなりの費用が、保護者負担であることがわかる。例えば、公立小学校の入学年度にかかる費用が約13万円、公立中学校では約26万円、公立高校では約64万円という試算もある（窪田・竹山 ２００９）。**事例36**で悲劇のきっかけとなった中学校の制服代は1～2万円もかかるため、自治体によってはリサイクル制度がある。[4] これに対して、福祉国家で知られる北欧のフィンランドやスウエーデンでは、そもそも教育費の家庭（保護者）負担調査自体が存在せず、教育は社会で支えるものであるという福祉国家観が徹底している。

資源のない日本は教育を大事にする国とされるが、それは「自分の子どもに対してだけ」とも言われる（矢野他 ２０１６）これがゆえに、第Ⅱ部第3章3で述べたように、「高校全入運動」が展開されながら、そこから取り残された児童養護施設の子どもたちの進学実態には無関心だったのではないかと筆者は考えている。すなわち日本では、自分の子どもに教育を受けさせる＝費用負担は保護者の務めだという意識が強い。これによって、義務教育での副教材費などかなりの費用を保護者が負担することが当たり前となり、教員も保護者もその負担の大きさに疑問を持たなくなってしまう。さらには、中学卒業後の高校の授業料が無償化になっていないことや、大学（高等教育）

の高額な授業料負担も大きな議論とはならない所以だろう。実際、国際人権規約（A規約）第13条（表3－4）は、初等教育に限らず、中等及び高等教育においても「無償教育の漸進的導入」を締約国に義務づけているが、この国際社会の原則を先進国で唯一日本は留保してきた。つまり、中等教育後半にあたる高校の授業料が「有料」であることは国際的にみると極めて珍しいことなのである。その検討を求められていた日本が、ようやく「誠実に遵守」と発表したのは２０１２年であり、１６０国中１５９番目であった。ちなみに残りの１カ国はマダガスカルである。国際的には不名誉ともいえる遅い決定であったが、日本教育史においては画期的な出来事であった。文部科学省（２０１０）は、「平成21年度文部科学白書」の副題に「我が国の教育と教育費」を掲げ、高校授業料の無償化を踏まえて「家庭の経済状況の格差が進学格差や学力の格差につながり、それが拡大していくことも懸念」されるとして一層の検討を行なっていた。

しかし、いったんは授業料無償化となったものの、その後の政権交代によって低所得者世帯への支援の充実や公私間格差の是正等を図るため所得制限が導入され、現行の新しい「就学支援金」制度[5]に変更された。この中等教育後半にあたる高校の授業料が「有料」であることは国際的にみると極めて珍しいという不名誉な事実すら一般にはほとんど知られていない。また、昨今議論になっている高等教育においても、大学の授業料を保護者（あるいは本人）が負担するのが当然とされ、しかも学生への経済的な支援体制はほとんどない（小林　２０１２）。先進諸国（とりわけヨーロッパ大陸）の大学の授業料が無料であることを知る人は少ないと言われている（矢野他　２０１６）。

そもそも日本国憲法においては「義務教育は無償」（第26条2項）とされ、教育基本法で授業料の不徴収が定められている。これに基づいて、「憲法に定める義務教育の無償の範囲をこの授業料の不徴収に限定し、その他の費用については無償が望ましいが、国の財政等の事情を考慮して立法政策の問題として解決

表 3-4　国際人権規約（A 規約）13 条

第十三条

1　この規約の締約国は、教育についてのすべての者の権利を認める。締約国は、教育が人格の完成及び人格の尊厳についての意識の十分な発達を指向し並びに人権及び基本的自由の尊重を強化すべきことに同意する。更に、締約国は、教育が、すべての者に対し、自由な社会に効果的に参加すること、諸国民の間及び人種的、種族的又は宗教的集団の間の理解、寛容及び友好を促進すること並びに平和の維持のための国際連合の活動を助長することを可能にすべきことに同意する。

2　この規約の締約国は、1 の権利の完全な実現を達成するため、次のことを認める。

(a)　初等教育は、義務的なものとし、すべての者に対して無償のものとすること。

(b)　種々の形態の中等教育（技術的及び職業的中等教育を含む。）は、すべての適当な方法により、特に、無償教育の漸進的な導入により、一般的に利用可能であり、かつ、すべての者に対して機会が与えられるものとすること。

(c)　高等教育は、すべての適当な方法により、特に、無償教育の漸進的な導入により、能力に応じ、すべての者に対して均等に機会が与えられるものとすること。

(d)　基礎教育は、初等教育を受けなかった者又はその全課程を修了しなかった者のため、できる限り奨励され又は強化されること。

(e)　すべての段階にわたる学校制度の発展を積極的に追求し、適当な奨学金制度を設立し及び教育職員の物質的条件を不断に改善すること。

3　この規約の締約国は、父母及び場合により法定保護者が、公の機関によって設置される学校以外の学校であって国によって定められ又は承認される最低限度の教育上の基準に適合するものを児童のために選択する自由並びに自己の信念に従って児童の宗教的及び道徳的教育を確保する自由を有することを尊重することを約束する。

4　この条のいかなる規定も、個人及び団体が教育機関を設置し及び管理する自由を妨げるものと解してはならない。ただし、常に、1 に定める原則が遵守されること及び当該教育機関において行なわれる教育が国によって定められる最低限度の基準に適合することを条件とする。

すべきだとする授業料無償説」が通説となっている（平原 1993）[6]。それゆえ戦後教育の歴史を紐解けば、教科書も有償であったところから「教科書無償措置法」によって義務教育全学年の無償給付が達成されたのは1969年のことである。現在では義務教育の小・中学生は授業料と教科書が無償となっているが、上記に述べた通り高校の授業料は無償化されておらず、教科書も当然有料である。さらには義務教育も含めて副教材費などかなりの費用を保護者が負担することが当たり前になっているが、それを支えているのが自分の子どもに教育を受けさせる＝費用負担は保護者の務めだという意識と言っても過言ではないだろう。従って、上記1に述べた「子どもの貧困対策に関する大綱」における提言において、「教育費負担の軽減を図る」という文言が盛り込まれていると言えよう。

4 就学援助制度

教育基本法（第3条 教育の機会均等）および学校教育法（第19条 就学の援助：後述）では、経済的な理由で就学に支障がある保護者を対象に必要な援助を与えることを定めている。これに基づき国および地方公共団体は、保護者が生活保護を受けている子ども（要保護）に加え、それに準ずる程度に困窮している保護者の子ども（準要保護）に就学援助を行っている。生活保護法に規定する要保護者に対しては、学用品、通学用品、学校給食その他義務教育にともなって必要なものについて国が教育扶助を行い、準要保護者に対しては、学用品もしくはその購入費、通学に要する交通費、修学旅行費について都道府県と国が補助を行

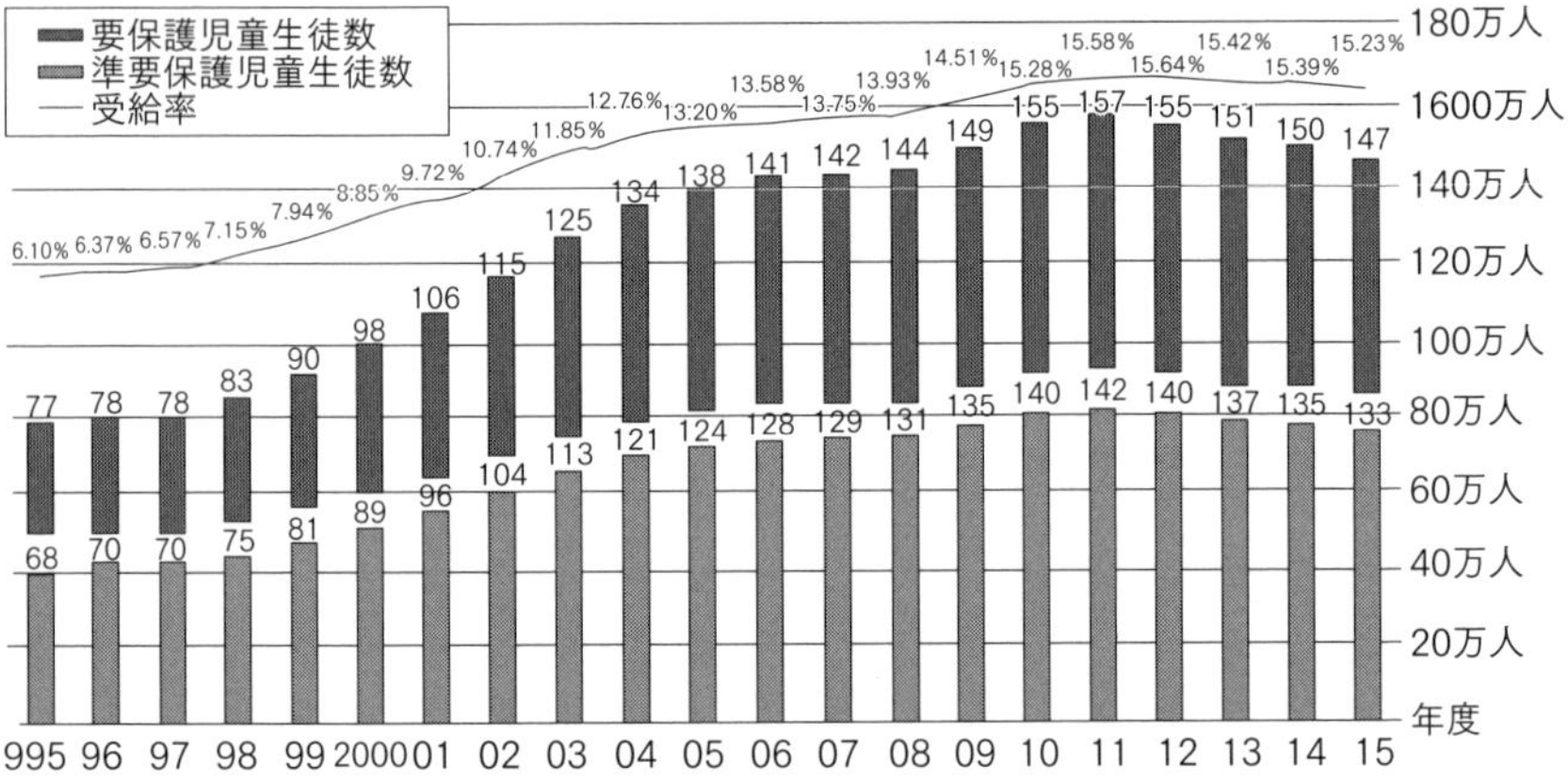

※要保護児童生徒数　：生活保護法に規定する要保護者の数
※準要保護児童生徒数：要保護児童生徒に準ずるものとして，市町村教育委員会がそれぞれの基準に基づき認定した者の数

図3-1　要保護及び準要保護児童生徒数と受給率の推移（1995-2015）

っている（平原 １９９３）。この生活保護の教育扶助と、収入が生活保護基準を上回るがそれに準ずる程度に困窮している家庭への補助に当たる就学援助制度が、経済的理由で就学に支障がある場合（子どもの貧困問題）の公的な援助制度である。

文部科学省の調査（図3-1）によると、この要保護（生活保護）と準用保護（就学援助）の児童生徒は、１９９５年度から１０年間でおよそ2倍に増加している。図に示す通りその後、この数年間の受給率は横ばい（実数では減少）になっているが、２００５年の「三位一体の改革」による一般財源化や生活保護の切り下げが影響している可能性がある。[7] なお、最新の２０１５年度統計で約１４７万人、受給率はおよそ15%になる。[8]

この公的な援助制度は専門家の間でも非常にわかりにくい制度と言われ、多くの問題が指摘されている（鳫 ２０１３）。ここでは菅見の限りで指摘されていない点を挙げておきたい。

就学援助制度の根拠規定である学校教育法の第19

条は次のように記載されている。

「経済的理由によって、就学困難と認められる学齢児童又は学齢生徒の保護者に対しては、**市町村**は、必要な援助を与えなければならない」。（ゴシック体は引用者による）

つまり、主語は「市町村」であって、市町村教育委員会ではない。しかし、先にあげた文部省調査では、「各都道府県教育委員会を通じ、市町村教育委員会に対して調査を実施」しているため、準要保護の児童生徒数は市町村教育委員会が把握する公立学校児童生徒に限られる。そこには「国立・私立学校の児童生徒が対象になり得るが、その内訳は把握していない」、「就学援助率については、公立学校児童生徒数に占める割合を表したものである。（国立及び私立学校の児童生徒で就学援助の対象になっている児童生徒は極めて少数と考えられるため）」と記されている（文部科学省 ２０１７）。当然のことながら、少数とはいえ国立及び私立学校で就学援助の対象となっている児童生徒数も把握すべきであろう。その上で分母を全児童生徒数として就学援助率を算出すべきであり、そうすれば「子どもの貧困率」をかなり下回る数値となるだろう。

こうした調査になっているのは、就学援助制度の周知が市町村教育委員会を通じて行っていることに起因すると考えられる。筆者の知る限りでは、「就学援助のご案内」といった広報は市町村教育委員会が主体となっているため、配布先は公立小中学校に限定され、国立及び私立学校では配布されていない。つまり、「国立及び私立学校の児童生徒で就学援助の対象になっている児童生徒は極めて少数」という以前に、実態としては周知すらされていないのが現状であろう。

当然、申請に基づく制度であるため、各種調査からも周知が十分でないなど制度が十分に活用されていないことが明らかになっている。さらには、学校教員ですら就学援助制度についての十分な理解を持っていない現状がある。それゆえ先の「子どもの貧困対策に関する大綱」においても、「就学援助の適切な運用、きめ細かな広報等の取組を促し、各市町村における就学援助の活用・充実を図る」と明記された。

文部科学省の小中学校における「平成22年度　学校給食費の徴収状況に関する調査結果について」でも、全体の1％にあたる未納が明らかにされたが、注目すべきはその「原因」である。未納の原因の1／3を占める「保護者の経済的問題」の中で、就学援助制度の受給対象資格を持ちながら申請を行なっていない保護者がいることが明らかにされたのである。それを踏まえて出された「『平成22年度における子ども手当の支給に関する法律』等の施行と学校給食費の未納問題への対応について」では、別添として「学校給食費の未納への対応についての留意事項」が付され、生活保護による教育扶助及び就学援助制度の活用が説明されている。なお、都道府県別の給食費未納率と就学援助率の相関を調べた鳫（2009）は、「就学援助が給食費の未納を減らす効果がある」と指摘している。

また、この就学援助制度の周知方法も含めて運用実態に関する自治体間の格差が非常に大きいこともわかっている。これまで湯田（2009）、鳫（2013）など研究者によって、就学援助の利用率に著しい自治体間格差があることが指摘されてきたが、ようやく文部科学省から市町村別の準要保護の収入基準（2015年度）が公開された。これによれば、生活保護基準額の1・1倍以下等の厳しい基準を採用している自治体が1割以上あり、政令指定都市である横浜市や川崎市など大都市では1倍、つまりは生活保護世帯と同じ収入でしか認められない。一方で、1・3倍程度としている自治体がおよそ1／3、それ以上のところも1割以上存在する。

当然のことながら、この結果各自治体の就学援助率には大きな格差が生じることになるが、これまで明らかにされなかったこのデータ（市町村別就学援助率：2013年度）も文部科学省から表3-5のように5％未満から30未満まで5％刻みで公開された。なお、この表ではわかりにくいので鳫（2013）が作成し

表3-5　2013（平成25）年度要保護・率要保護率の分布（都道府県別の市町村数比率、N＝市町村数）

	0%	～5%未満	～10%未満	～15%未満	～20%未満	～25%未満	25～50%未満	参考：都道府県別要保護・準要保護率（震災特例交付金による就学援助実施率を含む）
北海道（N＝179）	1.7%	2.8%	16.8%	24.6%	25.7%	15.6%	12.8%	23.1
青森（N＝41）	0.0%	4.9%	9.8%	29.3%	41.5%	9.8%	4.9%	18.9
岩手（N＝33）	0.0%	6.1%	39.4%	42.4%	9.1%	0.0%	3.0%	13.7
宮城（N＝35）	0.0%	8.6%	51.4%	37.1%	2.9%	0.0%	0.0%	16.5
秋田（N＝25）	0.0%	8.0%	44.0%	32.0%	12.0%	4.0%	0.0%	13.2
山形（N＝35）	0.0%	28.6%	68.6%	2.9%	0.0%	0.0%	0.0%	8.1
福島（N＝51）	3.9%	17.6%	45.1%	33.3%	0.0%	0.0%	0.0%	14.4
茨城（N＝44）	0.0%	31.8%	56.8%	11.4%	0.0%	0.0%	0.0%	7.0
栃木（N＝25）	0.0%	48.0%	48.0%	4.0%	0.0%	0.0%	0.0%	6.7
群馬（N＝35）	5.7%	48.6%	42.9%	2.9%	0.0%	0.0%	0.0%	6.7
埼玉（N＝63）	0.0%	1.6%	28.6%	52.4%	15.9%	1.6%	0.0%	13.2
千葉（N＝55）	0.0%	41.8%	49.1%	9.1%	0.0%	0.0%	0.0%	8.7
東京（N＝62）	3.2%	0.0%	14.5%	21.0%	24.2%	12.9%	24.2%	22.4
神奈川（N＝33）	0.0%	3.0%	30.3%	24.2%	33.3%	6.1%	3.0%	15.6
新潟（N＝30）	3.3%	6.7%	30.0%	46.7%	10.0%	0.0%	3.3%	19.4
富山（N＝15）	0.0%	33.3%	66.7%	0.0%	0.0%	0.0%	0.0%	7.0
石川（N＝19）	0.0%	21.1%	42.1%	31.6%	5.3%	0.0%	0.0%	13.5
福井（N＝17）	0.0%	23.5%	70.6%	5.9%	0.0%	0.0%	0.0%	8.1
山梨（N＝28）	7.1%	7.1%	50.0%	32.1%	3.6%	0.0%	0.0%	10.1
長野（N＝83）	1.2%	19.3%	55.4%	20.5%	2.4%	1.2%	0.0%	10.9
岐阜（N＝46）	0.0%	34.8%	60.9%	4.3%	0.0%	0.0%	0.0%	7.5

静岡（N＝37）	0.0%	56.8%	40.5%	2.7%	0.0%	0.0%	0.0%	6.4
愛知（N＝54）	1.9%	13.0%	64.8%	16.7%	3.7%	0.0%	0.0%	10.4
三重（N＝30）	0.0%	10.0%	46.7%	30.0%	13.3%	0.0%	0.0%	11.6
滋賀（N＝19）	0.0%	5.3%	42.1%	47.4%	0.0%	5.3%	0.0%	12.7
京都（N＝25）	0.0%	0.0%	8.0%	44.0%	20.0%	16.0%	12.0%	20.0
大阪（N＝43）	0.0%	0.0%	4.7%	14.0%	23.3%	30.2%	27.9%	25.2
兵庫（N＝44）	2.3%	9.1%	31.8%	34.1%	18.2%	4.5%	0.0%	16.4
奈良（N＝40）	7.5%	7.5%	27.5%	50.0%	7.5%	0.0%	0.0%	11.8
和歌山（N＝31）	0.0%	3.2%	22.6%	48.4%	25.8%	0.0%	0.0%	14.6
鳥取（N＝20）	0.0%	0.0%	35.0%	40.0%	15.0%	10.0%	0.0%	14.8
島根（N＝19）	5.3%	0.0%	15.8%	36.8%	31.6%	10.5%	0.0%	14.6
岡山（N＝28）	3.6%	3.6%	25.0%	53.6%	10.7%	3.6%	0.0%	15.0
広島（N＝23）	0.0%	0.0%	4.3%	43.5%	39.1%	4.3%	8.7%	22.3
山口（N＝19）	0.0%	0.0%	5.3%	31.6%	15.8%	26.3%	21.1%	24.6
徳島（N＝24）	0.0%	0.0%	16.7%	45.8%	37.5%	0.0%	0.0%	14.7
香川（N＝18）	0.0%	5.6%	27.8%	50.0%	16.7%	0.0%	0.0%	13.5
愛媛（N＝21）	0.0%	9.5%	47.6%	38.1%	4.8%	0.0%	0.0%	11.6
高知（N＝35）	0.0%	2.9%	20.0%	22.9%	22.9%	14.3%	17.1%	25.4
福岡（N＝61）	0.0%	0.0%	8.2%	24.6%	23.0%	14.3%	17.1%	22.6
佐賀（N＝20）	0.0%	25.0%	50.0%	20.0%	5.0%	0.0%	0.0%	11.3
長崎（N＝21）	0.0%	9.5%	19.0%	47.6%	14.3%	4.8%	4.8%	17.3
熊本（N＝46）	0.0%	10.9%	45.7%	32.6%	10.9%	0.0%	0.0%	13.9
大分（N＝18）	0.0%	5.6%	22.2%	38.9%	27.8%	5.6%	0.0%	15.7
宮崎（N＝26）	0.0%	7.7%	30.8%	38.5%	19.2%	3.8%	0.0%	14.8
鹿児島（N＝42）	0.0%	0.0%	4.8%	31.0%	33.3%	16.7%	14.3%	20.7
沖縄（N＝42）	2.4%	7.1%	11.9%	26.2%	35.7%	9.5%	7.1%	19.7
合計（N＝1760）	1.2%	12.1%	32.8%	27.6%	14.8%	6.0%	5.5%	15.7

た都道府県別データ（２００８年度、図3-2）と埼玉県内の市町村別データ（２００８年度、図3-3）も加えておきたい。

こうした自治体間の運用の大きな違いを分析した末富（２０１７）は、①就学援助制度の利用基準における自治体間格差の改善、②就学援助制度の周知、③最貧困層の捕捉漏れや手続きバリアの改善、④就学援助制度の効果検証を課題としてあげている。このうち最貧困層の捕捉漏れについては、近年実施された大阪府の調査（大阪府立大学 ２０１７）で、生活困窮層の14・6％の世帯が就学援助を受けたことがないという結果が示された。また、沖縄県の調査（沖縄子ども総合研究所 ２０１７）でも、本来援助の対象に該当する困窮世帯の約半数が制度を利用していないことが明らかにされている。上記2で述べた日本の子どもの貧困問題の特徴として「貧困の深さ」、つまりは最底辺の子どもたちの危険性が高いことは、このように就学援助制度が行き届いていないことも大きな要因だろう。

5　セーフティネットは機能しているのか？

子どもたちが「大人」へと成長・発達していく養育環境についての第一義的な責任は保護者（改正児童福祉法第2条2項）にあるが、保護者によってはそうした環境を十分に用意できない場合が起こりうる。この「子ども」から「大人」への移行期間に、保護者からの十分な養育環境を用意されないまま、さらに社会のセーフティネットからも漏れてしまうことは、極めて危険であることをこれまで取り上げてきた事例

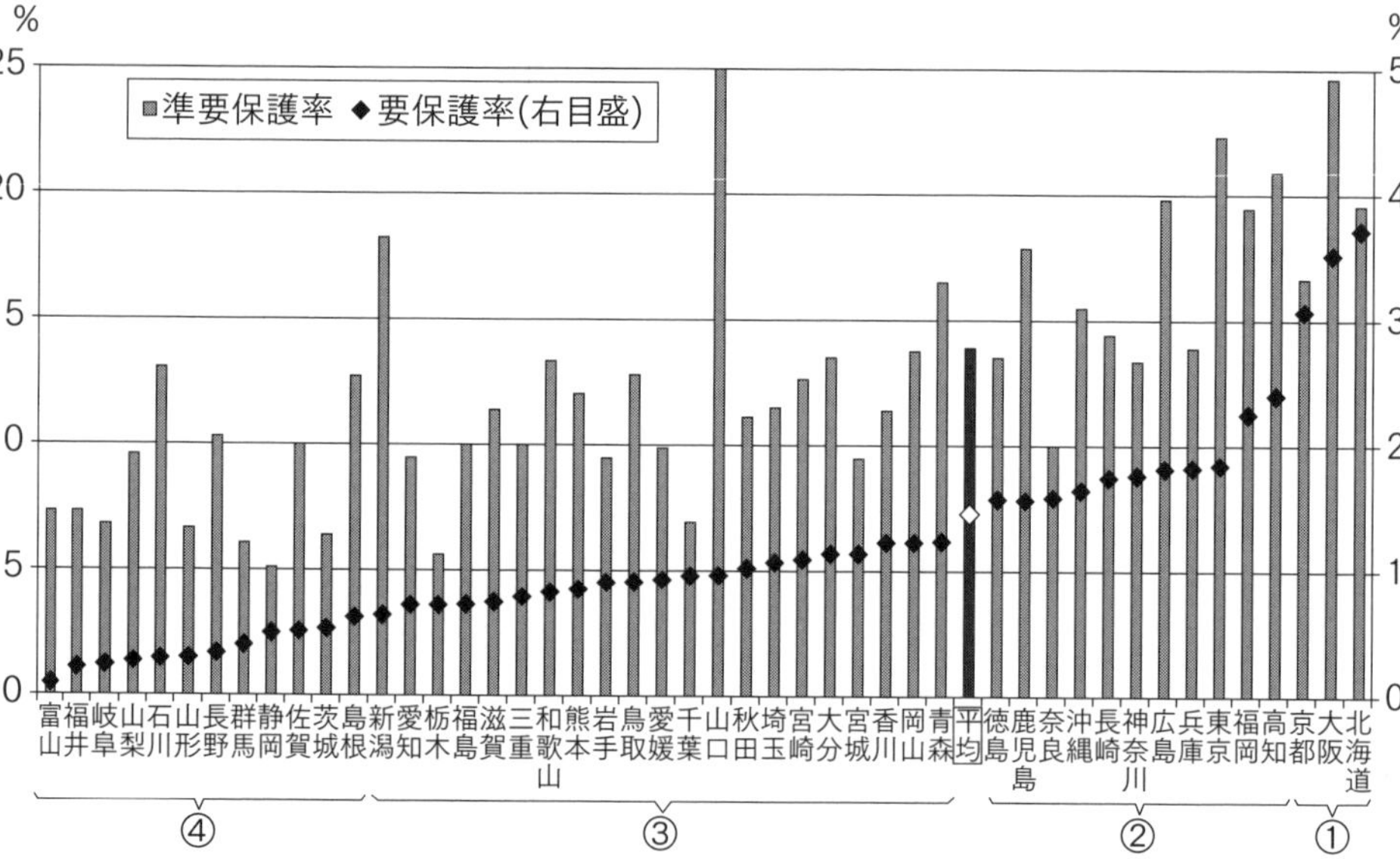

図 3-2　都道府別要保護率・護要保護率（2010）年　　　　鳫（2016）62 頁より転載

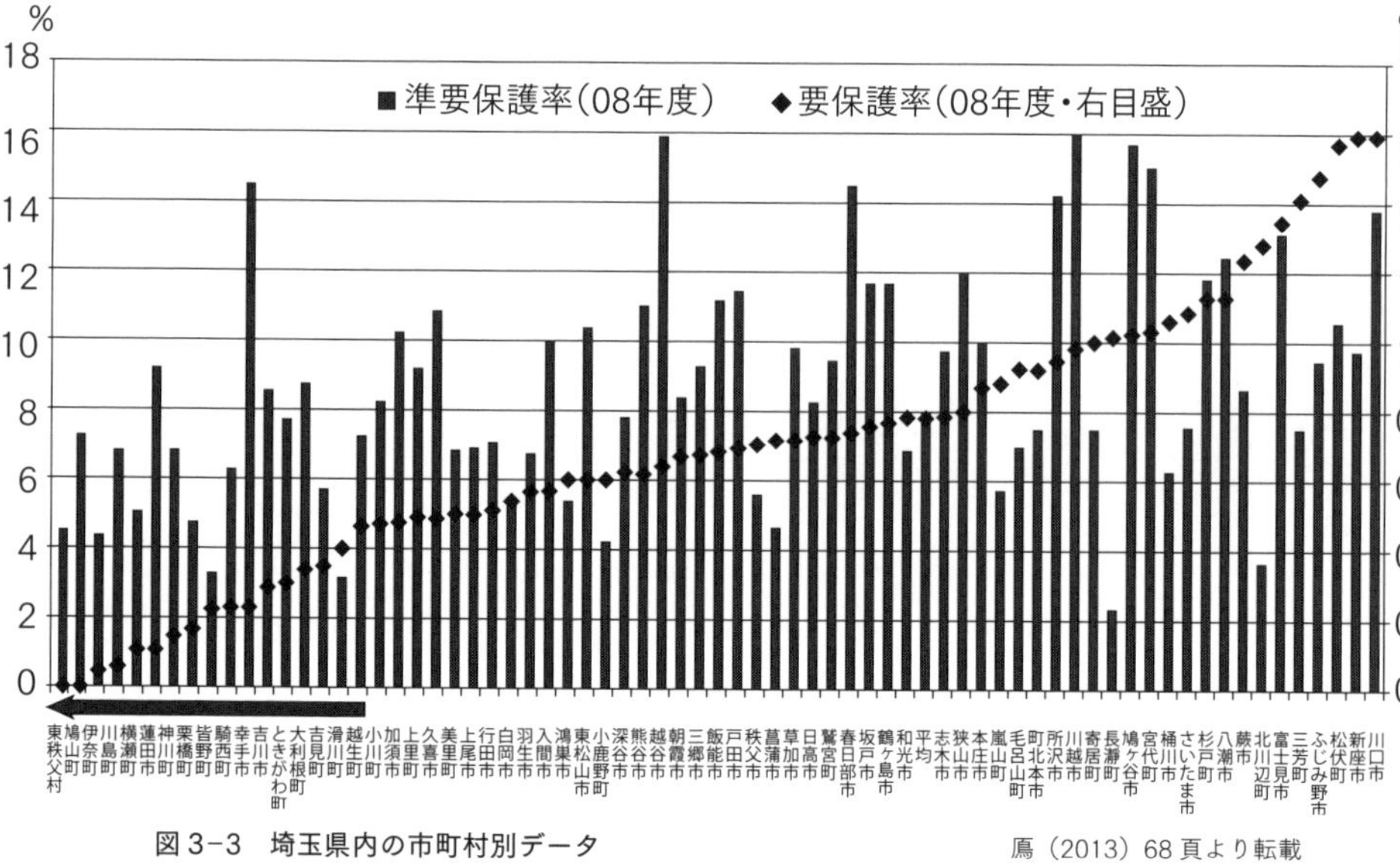

図 3-3　埼玉県内の市町村別データ　　　　鳫（2013）68 頁より転載

（24、25、30）が示した通りである。

なお、保護されるべき世帯のうち実際に生活保護を受けている世帯の割合を意味する捕捉率は、厚生労働省の推計で15%程度と、他の先進諸国と比べて著しく低い（橋本 2018）。従って、実際は保護されるべき生活水準にありながら生活保護を受けていない人は1000～2000万人もいると推計されている（阿部他 2008）。より具体的には、ひとり親世帯の年収別に生活保護利用の有無と、利用していない場合にその理由を尋ねた東京都の調査（2013年）がある。それによれば年収100万円未満で生活保護を利用していると回答した割合は3割に満たず、利用しない場合は、「回答なし」（11%）、「制度を知らなかった」（4%）に加えて、「必要ない」と回答するものが2割にも達する（鳫 2016）。こうした実態を踏まえて橋本（2018）は、生活保護制度は「明らかに機能不全の状態にある」とまで言い切っている。

さらに、就学援助制度に至っては先のように数々の問題が指摘されており、まず「子どもの貧困をなくすという観点から、就学援助制度の最低基準、ナショナル・ミニマムの設定が必要」（鳫 2013）とされる。こうした現状ではその捕捉率を計算しようもないが、援助が必要な家庭及び子どもたちに十分な支援が届いていない「機能不全」状態は、それ以上と考えざるを得ない。必要なところに援助が届いていない事例が以下である。

事例37　就学援助を受けていないシングルマザー

ある30代のシングルマザーは、介護関係の仕事をしながら3人の子ども（小中学生）を育てている。月収は10万円（手取り）程度で、生活は苦しいが、「手続きが面倒」との理由で就学援助は受けていない。以前、別の手続きで役所の窓口を訪れた際に、「こんなこともわからんの？」と言われた経験があり、「役所とはできるだけ関わりたくない」と話す。3人の子どもの学校関連の出費は大きいが、それでも「書類をそろえたり、役所で怒られたりするよりまし」と言う。

これについては、阿部（2018）も次のように述べている。「社会福祉事務所も離婚届を受理する役所も、子どもがいれば児童扶養手当をもらいに役所に行かなきゃいけないんですけれども、そこで傷ついてしまう人も多い。非常に辛い状況にある人たちに対する接し方じゃないんですよ。しかも、毎年、役所に行って現況届を出さなきゃいけない。その精神的負担が考えられていないんですよね」。

加えてここでは、以下のような無保険の問題が起きていることも記しておきたい。本来、日本は「国民皆（健康）保険」の国であり、全国民が何らかの公的健康保険制度に加入していることになっている。しかし、全世帯の半数近くが加入する国民健康保険の保険料を、経済的理由から払えない世帯も多数存在するのが現実である。厚生労働省は、2000年に国民健康保険法を改正し、1年以上の滞納世帯に資格証明書の発行を義務付けた。これによってこの資格証明書をもって医療機関を受診すると10割負担となり、実質的な「無保険」状態が生まれてしまった。2008年、大阪周辺の市町村国保調査から、資格証明書発行世帯に約2千人の子ども（中学生以下）がいると推計された[9]。この問題が大きく報道されたこともあり、同年10月には、厚生労働省が調査を行って全国で3万人以上の子ども（15歳以下）が「無保険」と発表し、こうした子どものいる世帯に対する特別な配慮についても通知も出した。さらに、同年12月には改正国民健康保険法が成立して、翌年4月から中学生以下の子どもには無条件に6ヶ月の短期保険証が発行できるようになった。しかし、大阪市では約100人の子どもにこの短期保険証が届かず放置、茨城県では2千人以上の子どもの短期保険証が更新されていないと報道されている[10]。その後、2010年4月からは18歳以下の「高校生世代」の子どもにも同様に発行されることとなった。そもそもこうした国民健康保険料の滞納の背景には貧困があり、子どもたちはその犠牲になっている可能性がある。

もう一つ歯科治療についてもふれておきたい。日本の子どもの虫歯は急激に減少しているが、経済格差を背景に二極化が進んでいると指摘されている。各地の保険医協会の調査によれば、学校の歯科検診で「要受診」とされた子どもたちのうち、受診を確認できない割合がかなりに登ることが報告されている。保険医協会によると、10本以上の虫歯や歯根しかないような未処置の歯が何本もあり、食べ物をうまく噛めない状態（口腔崩壊）の児童生徒が目立ち、貧困問題との関連が注目されている。例えば、沖縄県では「要受診」のうち7割を超える子どもが未受診で、就学援助世帯に学校側が医療券（原則無料）を配布しても、必ずしも受診に結びつかないことが養護教諭に実施したアンケートから明らかにされている。実際、医療券配布の対象世帯の未受診率は、小学校で72％、中学校で80％にもなる。県内の学校歯科検診について報告があった保団連医療研究フォーラムでは、要受診率や未受診率と、子どもの貧困には関係があることが報告された[11]。こうした子どもの「無保険」状態や歯科治療の未受診は、より深刻な医療ネグレクトへと直結する危険性があることは言うまでもない。

ある教育費負担の実態調査によれば、子どもにかかる教育費が家計に占める割合は図3-4のような結果になっている。上記3の教育に関する保護者（家庭）負担が大きいことを具体的に示した調査結果であるが、年収200～400万円では実に5割を超える負担になっている。このデータからすれば、学校に通う子どもがいる相対的貧困層でありながら生活保護を受給しない、または就学援助制度を利用しないなど、公的なセーフティネットが機能しない場合、その経済的困難は容易に想像できよう。したがって、上記2のように指摘された子どもの貧困問題における「深さ」＝相対的ギャップの大きさは、社会の仕組み

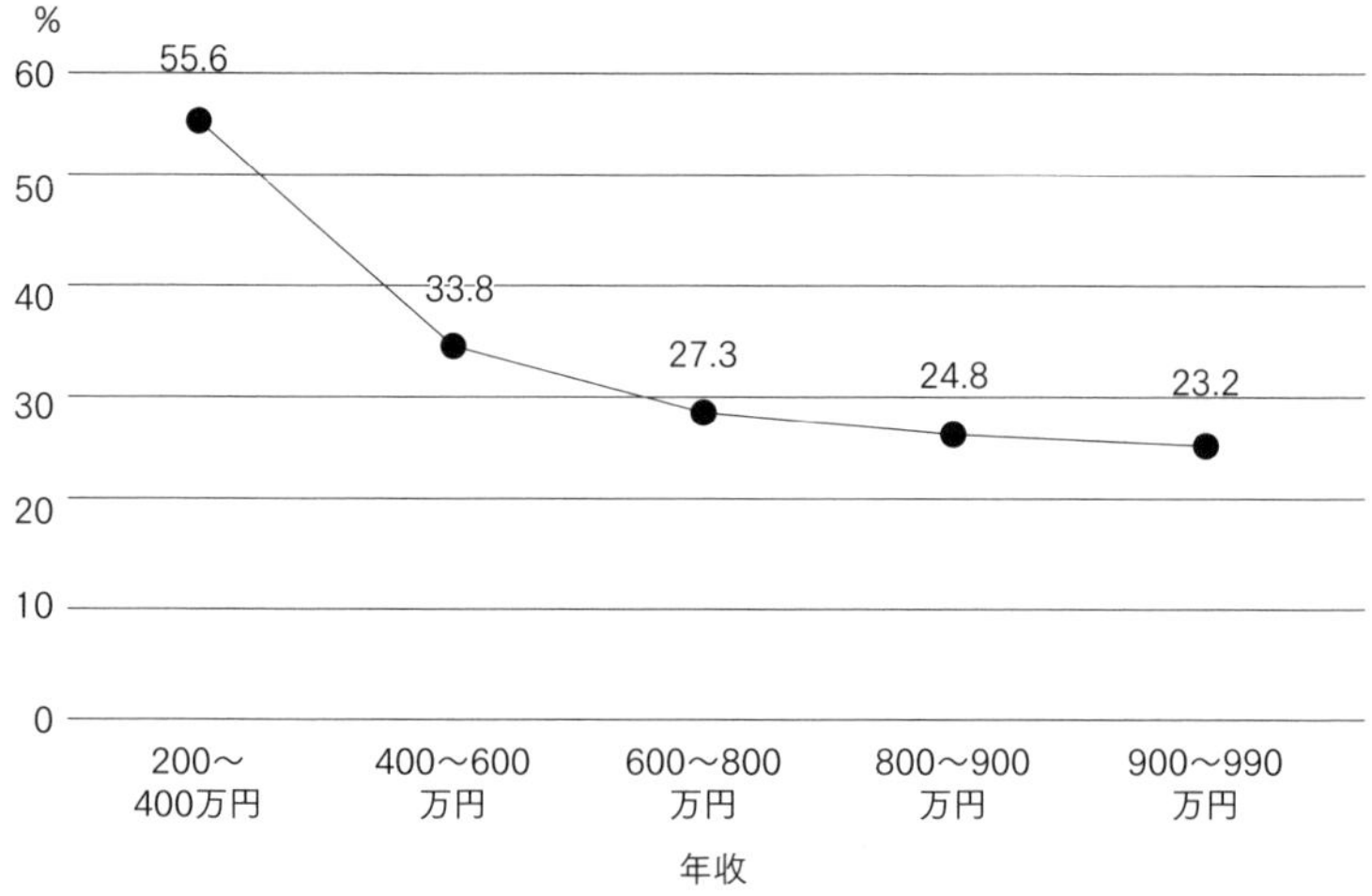

図 3-4　家計に占める教育費　　子どもの貧困白書編集委員会（2009）168 頁より転載

（調査対象は、「国の教育ローン」を 2008 年 2 月に利用した世帯。ここでいう教育費は、小学校以上に在学中の子ども全員にかかる教育費の合計。）

が生み出す構造的な問題と考えざるを得ない。つまり、最小限の対象者だけに支援を届けようとして届けきれず、結果として必要な子どもたちが支援されない状態が生まれている。

この就学援助制度の周知は大きな課題であることは間違いないが、先の**事例37**を挙げた教育担当記者である田嶋（2017）は次のように指摘する。「目指すべきは『就学援助制度があることをほとんどの人が知っている社会』ではなく、『家計の状況にかかわらず、子どもたちが安心して教育を受けられる社会』のはずだ」。本章で見てきた通り、日本の子どもの貧困問題は、社会の仕組みが生み出す構造的な問題であるが、その中で学校が子どもの貧困対策のプラットフォームと位置付けられた意味は極めて大きいだろう。こうした中で「総合的に対策を推進する」ことが学校に求められていると認識しなければならない。そして、「子ども」から「大人」への移行期間において、必要な医療さえ受けられないような困難な養育環境にある子どもたちが少なからず存在し、学校教育と児童福祉が連携して保護することが課題となっているのである。

注

（1）正確には「子どもの相対的貧困率」、18歳未満の子どものうち相対的貧困状態にある世帯の子どもたちの割合を指す。

（2）この事例が経済的な不安定層であるかどうかについては、足利市教育委員会委員会報告や栃木県教育委員会定例会議事録まで追ったが確認できなかった。しかし、事件からおよそ2年後、就労していた生徒五人を含む多くの関係者に中立的な立場から聞き取り調査を行った「足利市中学校生徒の就労に係る死亡事故に関する調査報告書」（足利市中学校生徒の就労に係る死亡事故に関する第三者調査委員会）の中に、「社会的規範からの逸脱行為全般」＝「非行」傾向にある生徒と、その中には「保護者が家にいないことが多かったり、保護者による暴力・虐待等があったりして、居場所がないと感じている生徒も少なくなかった」という記述がある。

（3）ひとり親家庭などが対象、18歳になって最初の3月31日（年度末）まで支給される。２０１０年から父子家庭にも支給されるようになり、２０１６年及び２０１８年には支給額が増額されている。さらに、２０１９年11月より年3回から年6回の支給方法に変更される予定である。なお、もともとは所得制限なしですべての子どもがいる世帯に支給された「子ども手当」であったが、２０１２年から所得制限（９６０万円未満）がついた制度に変更された。

（4）『朝日新聞』２０１８年12月18日付夕刊「眠る制服　後輩にリレー：専門店増ＰＴＡ向けガイドも」。

（5）公立高等学校の場合、「就学支援金」を受給できるのは、保護者の市町村所得割額が合計で30万４２００円未満の者で年間の授業料11万８８００円が支給される。この額は全日制の場合であり、定時制及び通信制では異なる。なお、市町村所得割額が30万４２００円とは、目安としては保護者のうちどちらか一方が働き、高校生１人、中学生１人の４人家族の場合、年収９１０万程度未満ということとなる。

（6）憲法が無償とする範囲を授業料のみに限定せず、修学に必要な一切の費用を国や地方公共団体が負担すべきとする修学費無償説（永井　１９８５）もある。

（7）いわゆる「三位一体改革」により、「就学困難な児童及び生徒に係る就学奨励についての国の援助に関する法律」が一部改正され、準要保護者に対する就学援助費もそれまでの国からの補助金から一般財源化されて、「何に使ってもよいお金」として自治体に渡ることになった（鳫 2016）。また、2012年度には生活保護の切り下げが行われ、その影響を文部科学省が調査（「生活扶助基準の見直しに伴う就学援助制度への影響等について」）しているが、さらに2018年10月にも見直しがあり、その影響も調査予定とされる。

（8）東日本大震災により経済的に就学困難となる児童生徒が多数にのぼること、避難の状況に応じた支援の拡大が必要になることから、2011年度には「被災児童生徒就学援助事業」が創設されている。例えば、宮城県石巻市では、震災前の14％から40％という高い就学援助率になっている（鳫2016）。

（9）2007年10月大阪で開催された「子どもシンポ」での養護教諭の発言が契機となって、大阪社会保障推進協議会が調査を行なった。その内容が大手新聞社等にファックスで伝えられたことから記事となり、大きな社会問題となっていった（寺内 2009）。

（10）『朝日新聞』2009年11月20日付「短期証更新せず「無保険」2万人　茨城県調べ」。

（11）神戸新聞NEXT2017年5月19日付記事「子どものむし歯二極化、口腔崩壊も　経済格差背景か」。『沖縄タイムス』2018年11月23日付「子どもの虫歯放置「親が多忙」「現金負担が壁」　全国ワースト沖縄の窮状」）。『琉球新報』2018年11月24日付「虫歯の子7割未受診　貧困と相関も　16年度県内」。

第3章　連携にあたって――学校教育からの検討

1　児童福祉法の改正と子どもの保護

まず初めに、学校教育と児童福祉の連携にあたって、今般（2017年）の児童福祉法の改正の意味を確認しておきたい。この改正で1947年の制定以降初めて理念の見直しが行われ、「子どもの権利条約」の理念を導入して、「児童が権利の主体であること、意見が尊重されること、最善の利益が尊重されること」などが明確化されたからである（中央法規出版編集部 2016）。長年児童福祉の実務に携わって来た川崎（2017）も、この改正によって「法律制定後初めて根本原理に手が加えられたゆえに教育関係者にも知ってもらいたい」と記している。

また、この改正でそれまで明示されていなかった一時保護の目的が、「児童の安全を迅速に確保し適切な保護を図るため、又は児童の状況を把握するために行う」と規定された。これに関しては、子どもの権利条約にも「親による虐待・放任・搾取からの保護」と「家庭環境を奪われた子どもの保護」に関する条項がある。しかし、当然のことながら、子どもを養育する家庭に援助が必要かどうか、あるいは子どもの保護が必要かどうかの判断は難しい。子どもの命が危険であると判断されれば保護は当然であるが、時としてこの要保護（レッドゾーン）の判断ですら揺らいでしまうことによって、子どもたちが虐待により死亡しているという事実がある。先の川崎（2016）も、一時保護判断の違いをめぐって次のように指摘している。「一時保護の必要性、保護すべきか否かの判断に関して、児童相談所と市区町村でしばしば食い違いが生じるという事象がある。これは一部自治体にとどまらず各地で起きているが、多くの場合、市町村側が一助保護を求め、児童相談所が『今はまだ不要だ』などと主張する傾向があるように感じられる」。

子どもをその養育環境（家庭）に置いて支援（要支援：イエローゾーン）する方がいいのか、そこから保護（要保護：レッドゾーン）すべきなのかの判断は児童福祉関係者にとってその専門性が問われる難しい状況である。児童福祉の現場が絶対的な人手不足で、児童福祉司1人が100件を超すケースを担当するという過酷な業務に追われている中での判断ゆえになおさらと言えよう。第Ⅰ部第7章5で取り上げた**事例19**の事件後、大阪市の児童相談所「大阪児童相談センター」は、それまでの虐待対応を担っていた「虐待対策室」は「虐待対応課」に昇格し、課長・課長代理が専従で配属され、係員も2名増員、現職警察官2名の派遣も加えて人員はそれまでの1・5倍となった。全国の児童福祉司の数は約3200人、この5年間で1・2倍になったとはいえ、対応した虐待件数は同じ5年で2倍になっている。国は東京都目黒区の虐待死亡事例を受けて、さらなる児童福祉司の増員を決めた[1]。こうした増員を前提にするにせよ、児童相談所と市区町村という児童福祉内の連携はもちろんのこと、学校教育と児童福祉の連携にあたっても、子どもの保護が原点であり、「児童が権利の主体であること、意見が尊重されること、最善の利益が尊重されること」を確認しておきたい。

2　社会的養護

これまで取り上げてきた児童養護施設には2017年12月時点で、約2万7000人の子どもたちが暮らしている。このほかの施設（乳児院・児童心理治療施設・児童自立支援施設・母子生活支援施設・自立援助ホーム）と、里親・ファミリーホームの元で暮らす子どもたちを加えると約4万6000人。こうした保護者がいない子どもたちを含めて保護者が適切に養育できない子どもたちを社会が公的責任で養育することを意味する社会的養護（表3-6）の元でくらす子どもたちがいる。[2] このうち保護者のいない子どもたちについては、第I部第2章で述べたように戦後の戦災孤児が多数いたために施設（当時は孤児院）が整備されていった経緯があるが、現在は図3-5のように保護者がいるにもかかわらず「被虐待児など家庭環境上養護を必要とする」子どもたちが多数を占める。つまり、要保護と判断された子どもたちである。

学校教育と児童福祉の連携にあたって、この社会的養護の今後についてもふれておく必要があろう。社会的養護のうち児童養護施設で暮らす子どもたちの割合が、国際的には極めて高いことが日本の特徴となっている。こうした現状を改革するために、今般の児童福祉法の改正を受けて里親委託率や、児童養護施設の小規模化について目標値が定められた。[3] すでにこれに取り組んでいる自治体では、その数値が大きく変わってきたことが報告されている（全国里親委託等推進員会 2013）。つまり、少子化によって子どもの数は減少しているが、こうした社会的養護の元で暮らす子どもたちは増加していて、その中でも今まで以

表 3-6　社会的養護の現状について

里親	家庭における養育を里親に委託		登録里親数	委託里親数	委託児童数
			11,405 世帯	4,038 世帯	5,190 人
	区分（里親は重複登録有り）	養育里親	9,073 世帯	3,180 世帯	3,943 人
		専門里親	689 世帯	167 世帯	202 人
		養子縁組里親	3,798 世帯	309 世帯	301 人
		親族里親	526 世帯	513 世帯	744 人

ファミリーホーム	
ホーム数	313 か所
委託児童数	1,356 人

施設	乳児院	児童養護施設	児童心理治療施設	児童自立支援施設	母子生活支援施設	自立援助ホーム
対象児童	乳児（特に必要な場合は、幼児を含む）	保護者のない児童、虐待されている児童その他環境上養護を要する児童（特に必要な場合は、乳児を含む）	家庭環境、学校における交友関係その他の環境上の理由により社会生活への適応が困難となった児童	不良行為をなし、又はなすおそれのある児童及び家庭環境その他の環境上の理由により生活指導等を要する児童	配偶者のない女子又はこれに準ずる事情にある女子及びその者の監護すべき児童	義務教育を終了した児童であって、児童養護施設等を退所した児童等
施設数	138 か所	615 か所	46 か所	58 か所	232 か所	143 か所
定員	3,895 人	32,605 人	2,049 人	3,686 人	4,779 世帯	934 人
現員	2,801 人	26,449 人	1,399 人	1,395 人	3,330 世帯 児童 5,479 人	516 人
職員総数	4,793 人	17,137 人	1,165 人	1,743 人	2,080 人	604 人

小規模グループケア	1,341 か所
地域小規模児童養護施設	354 か所

厚生労働省「社会的養護の現状について」（平成 28 年）より作成

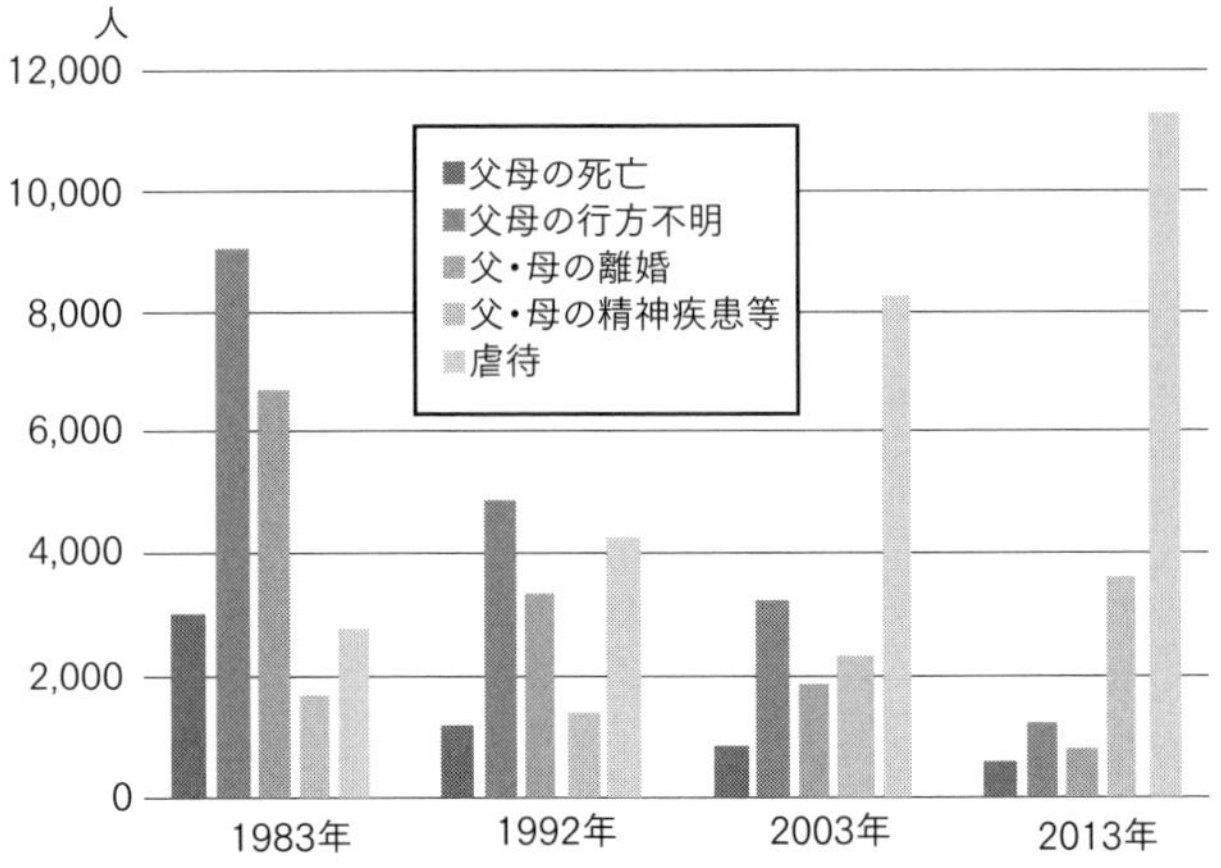

図 3-5　児童養護施設の入所理由

厚生労働省「社会的養護の推進に向けて」（2016 年 11 月）より作成

上に里親の元で暮らす子どもたちが多くなっていく。また表3–6に示す通り、児童養護施設の小規模化（地域小規模児童養護施設）が進み、これまで学区に養護施設がなかった学校でも、グループホームやファミリーホーム（小規模グループケア）から子どもたちが通ってくることになる。これまで学校関係者は、こうした社会的養護という言葉すら知らないものが多かったが、これからはそうした子どもたちと出会う可能性が高くなってくるのである。それを前提として、社会的養護に関する研修が養成課程も含めて必要となっている。

3　要支援（イエローゾーン）とその周辺にいる子どもたち

しかしながら、日本が諸外国と比べて、この子どもの保護について、イエローゾーンかレッドゾーンかの判定ラインがかなり低く、結果的にレッドゾーンが狭いことは指摘しておかねばならない。先の子どもの権利条約「親による虐待・放任・搾取からの保護」と「家庭環境を奪われた子どもの保護」のコメントにあたって名取（1996）は、自らの体験を次のように述べている。「数年前米国オハイオ州で娘を保育園に入れるとき、『子どもが理由のわからないけがをしていたら当局に届けますから』と言われてギョッとしました」。また、石田（2015）も、在ノルウエー日本大使館から在住日本人に向けに出された次のような通知をあげている。「例えば、子どもが学校で『昨日、いたずらしたら、叱られて叩かれた』と軽い気持ちで友達に話したりした場合でも、自治体がその両親に対して厳しい調査を行うことがあります。

場合によっては、自治体は両親を監視下に置き、深刻なケースと判断した場合は、子どもを保護した上で里親に預けたり、特別な施設に送ったりすることもあります」。この他にも英米先進諸国では子どもを車に置いたまま買い物していたところ、「児童虐待」として通報されてしまったという事態などがよく知られている。

こうした「児童虐待」の通報レベルも含めて、子どもが危険かどうかの判断基準において、諸外国は日本に比べてかなりイエローゾーンの幅が大きく、「少しの危険でもあれば通報する」ということになる。それに連動してイエローゾーンとレッドゾーンの判定ラインも当然イエローゾーン寄り、つまりレッドゾーンがより広い。結果として、子どもの養育環境として適切でないと判断され、保護されるレベルが日本とかなり違ってくることになる。具体的に社会的養護の元にある子どもたちの数を比較すると、フィンランドで約1万8000人（人口約540万人）、デンマークで1万5000人（人口約560万人）と、人口比にすると日本は両国の1／8～1／10にすぎない。こうした実態ゆえに、「子ども中心に考えると、今の家庭に置いて置くのは好ましくない、あるいは家族と一体に考えると良くないというケースは多々ある」（津崎他2016）と専門家が指摘し、不幸にも年間100人以上の児童虐待死亡事件[4]が起きているのである。

さらには、「子どもの意向と最善の利益」の対立もある。先の川﨑（2017）は次のような虐待死亡事例を挙げている。

事例38　虐待死亡事例

日曜の午後、小学校の教員が雨中の校庭で佇む4年生男子を発見。事情を聞くと「夕方まで帰るな」と言われ、家から出されたという。当然、教員は虐待を疑い、児童相談所に連絡して、すぐにケースワーカーが駆けつけた。このケースワーカーも一時保護が必要と判断したが、当の子どもが応じなかった。そこでケースワーカーは、彼の意思を尊重して一時保護を断念し、今後は注意深く見守っていくこととして、この日は教員が自宅まで送り届けた。が、その後しばらくしてこの子は父親の暴行によって死亡する。

こうしたことが起きる背景として、日本では子どもはなるべく「親（保護者）の元」にいる方がいいという考える人が多いことがあるのかもしれない。子どもの保護を判断する関係者の間でもこうした考え方が入り込んでしまい、時としてイエローゾーンかレッドゾーンかの判定ラインを揺るがす事態が生じている。命の危険まで至らなくとも、日々の食事もままならぬような状態で、子どもの発達・成長にとって適切な養育環境ではないと判断されるときには、保護をためらわぬ支援体制が必要になってくる。この事例や、第Ⅱ部第1章であげた事例24（永山）、事例25（山地）、事例26（F夫）の子ども時代がそれにあたる。

先に述べた通り、レッドゾーンが狭く、また保護の判断が揺らぐ現状では、この広いイエローゾーンの中で多くの子どもたちが厳しい養育環境に置かれていると言わざるを得ない。これを裏付けるのが、先に示した社会的養護の人口比において日本が極めて低い値を示すというデータだろう。さらに、その周辺には表面的には見えないが危機状態が懸念される子どもたちが多数いると考えられる（山野 ２０１８）。そうした環境の中で、かろうじて学校に通っている子どもと、欠席がち、あるいは長期欠席になっている子どもたちがいるのは第Ⅰ部第7章でみた通りである。実際、児童福祉関係者からも、ネグレクトのうち30％ほどが不登校に関連しているという指摘（安倍 ２０１１）や、「児童虐待がかなりの割合で不登校を生む」という指摘（山野 ２０１８）がなされるようになった。同様に文部科学省（２０１６）の調査で、不登校の主たる要因（複数回答可）の理由（複数回答可）として「学校・家庭に係る要因」があり、「家庭に係る状況」は「家庭の生活状況の急激な変化、親子関係をめぐる問題、家庭内の不和等が該当する」となっていることが注目されるようになった（山野　２１０８）。これらは第Ⅰ部7章３で取り上げた「危険な欠席」という視点と重なるものと言えよう。

4 「自己肯定感」の問題なのか？

ここでは視点を変えて、筆者が依拠する心理学の立場から、マズロー（Maslow 1960）の欲求階層説（図3-6）を使って、こうした子どもたちについて考えてみたい。

マズローは、図3-6のように人間の欲求を5段階に分け、下位の欲求が満たされるとそれより上位の欲求へと進む階層説を唱えた。最下位の「生理的欲求」とは、水や食べ物など生命を維持するために必要な基本的欲求であり、この「生理的欲求」が満たされない（あるいは生命が脅かされる）としたら要保護のレッドゾーンであり、子どもの発達・成長にとって適切な養育環境ではないと判断されよう。この「生理的欲求」が満たされているとしても、その上の「安全の欲求」（家庭で脅かされることなく、安全・安心に生活していきたいという欲求）と、「愛情の欲求」（保護者に受け入れられたいという欲求）はどうであろうか。家庭がこの「安全の欲求」と「愛情の欲求」を十分に満たしているとは思えない場合、その子どもの養育環境は要支援（イエローゾーン）と判断されよう。学校教育からみれば、本来学校に元気に登校してくる子どもたち

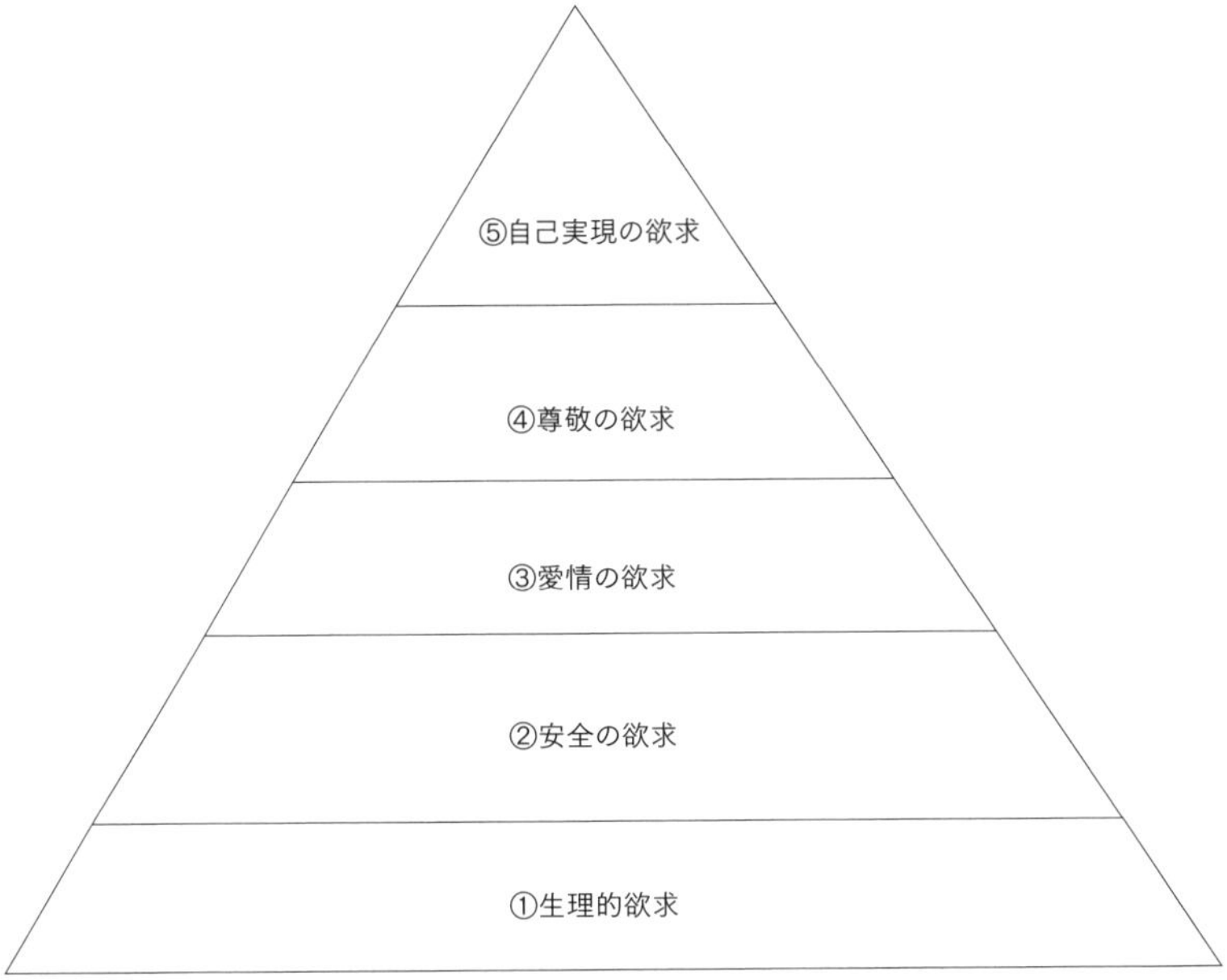

図3-6　マズローの欲求階層説

とは、この「生理的欲求」「安全の欲求」「愛情の欲求」までは十分に満たされている前提に立っている。ところが現実には、「安全の欲求」や「愛情の欲求」（ときとして「生理的欲求」ですら）が脅かされたままの子どもたちがいる。従って、こうした子どもたち、つまりは第1章で述べたように「子ども」から「大人」への移行期間に十分な保護が受けられない子どもたちに対して、学校教育と児童福祉が連携して支援しなければならないのである。

ここで欲求階層説を引用した意味は、近年学校で頻繁に使われる「自己肯定感」という言葉を取り上げたいからでもある。この言葉は、マズローの集団から価値ある存在と認められることを求める「尊厳の欲求」と同次元にあると考えられる。従って、自己肯定感を持てることは、「生理的欲求」「安全の欲求」「愛情の欲求」が満たされた上での高次なものと言えよう。ごく普通の家庭でこれらが十分に満たされている子どもたちにとって、適切なレベルの「自己肯定感」を持つことは成長・発達上の課題と言えるが、要支援（イエローゾーン）の養育環境にある子どもたちはそのレベルにない。「自己肯定感」以前に、まず「生理的欲求」が、そして「安全の欲求」と「愛情の欲求」が満たされることが必要だからである。

児童養護施設の立場から髙田（２００８）は、子どもの養育において「安全感を確保することが何よりも大切なことであり、大人との情緒的な関係はその上に目指されるものである。『子どもが脅かされない生活環境』を作ること、安全を求めて近寄ってきた子どもに安全を保証すること、つまり『大人が守ってくれる』と思えるようにすることが、集団生活か家庭的な養育環境という養育形態にかかわらず大切」であり、「常に子どもの安全を保障する大人がいる（一人に限らず交代で複数でも）ことが、養育環境には必須である」と述べている。その上で「安全感が感じられる環境として大切」なものとして、「予測が立つ生活（規則正しく日課が流れること、周りの人の対応がある程度一貫していることなど）、休息休養を邪魔されない居場所の確保」をあげている。教員たちは、「自己肯定感」が低いという視点から「自己肯定感」を上げることが課題と考えがちであるが、それ以前の「生理的欲求」、あるいは「安全の欲求」と「愛情の欲求」レベルの問題、つまりは予測の立つ生活がおくれず、居場所もない状態にあるのではないかという見立て（アセスメント）こそが必要になってくる。[5]

5　基本的スタンスの違い

そもそも学校教育と児童福祉では、その基本的スタンスに大きな違いがある。学校教育はゼロからプラスへの方向であるのに対して、児童福祉はマイナスからゼロへの方向である。例えば、学校教育は掛け算ができない子どもに九九を暗唱できるようにする、つまり今までできなかった状態（ゼロ）からできる（プラス）状態へと支援していく。一方、児童福祉では、経済的に困窮する家庭（いわばマイナス状態）を何らかの制度（生活保護や児童扶養手当）を使ってプラスの状態へと支援していく。また、学校教育は日々（週5日）の教育実践を通して集団（学級）に対して働きかける形が基本であるのに対して、児童福祉は間隔をあけた（週1回、あるいは月1回）訪問（あるいは面接）を通じて個人（あるいは家庭）への働きかけが基本となる。（とはいえ学校教育の中でも個別への支援が重要になってきているのは第Ⅱ部でみた通りである）。

児童福祉側から山野（2018）も、児童福祉が子ども全員ではなく、要保護状態の子どもに対して対応するのに対して、学校教育が子どもたちの生活背景による対応の違いを前提とせずに一律に教育を受ける子どもという観点の違いを指摘し、次のように述べている。「もっと言えば、学校教育は平等であることを重視し、あえて子どもにより差をつけない対応をしてきたともいえる」。ただし、これは子どもがどんな出自であろうと平等に見るべきだという教員の倫理観に基づくとも言える。いずれにしても、「これら福祉と教育の視点の違いは、相互に重要な基本的なことであるが、実はさほど互いに確認してきたわけではない」という山野（2018）の意見には賛成したい。

しかし、総じて教員たちが家庭の経済状況に対しての関心が低く、第2章で取り上げたような子どもの貧困問題を直視していないことは指摘しておかねばならない。先に取り上げた教育担当記者である田嶋（2018）も、子どもの貧困問題を「解決すべき課題と意識的にとらえている教員は少数と言わざるを得ない。まして、自身が関わって解決すべき、優先度の高い課題と考えている教員はきわめて少ない」と批判している。実際、公立中学校教頭である市原（２０１８）は、勤務する中学校の高校進学率が低く、進学しなかった子どもたち13人のフォローを関係機関に依頼しようとリストアップして初めて全員が「ひとり親世帯」であることに気づいたと述べている。第Ⅰ部第7章であげた他機関との連携が必要となった**事例12、13**において、その家庭の経済状況が厳しいにもかかわらず、就学援助制度の利用等についてまったくふれられていないことも象徴的であろう。

より具体的に上記4で注目した「自己肯定感」でいえば、ゼロからプラスへという方向で考える教員は、集団の中で相対的に「自己肯定感」の低い子どもという捉え方をしがちである。しかし、場合によっては、その子どもがゼロ以前のマイナス状態、つまりは「安全の欲求」や「愛情の欲求」、あるいはときとして「生理的欲求」でさえ十分に満たされていないかもしれないということまで想像すべきであろう。学校教育が平等であることは当然ながら、一方で子どもの生活背景の違いによって児童福祉からの視点も必要な場合があるということになる。そして、そこには「子ども」から「大人」への移行が困難な養育環境、例えば経済的困難を抱えた「一人親世帯」が多数存在するという実態の認識が必要になってくる。

6　情報共有

最後に、こうした実態の認識を妨げるものとして情報共有の問題にふれておきたい。

（1）「第三者提供」をめぐる問題

筆者らは、これまでに児童養護施設と学校の連携に焦点をあてた調査研究を行ってきた（保坂他２０１１、２０１２）。そこで児童養護施設で暮らす子どもの個人情報がスムーズに学校へと流れず、教員たちが困惑している現状が浮かび上がった。個人情報保護法の施行（２００５年）以後、それまで学校に書類で渡されていた児童養護施設の子どもの情報が伝わらなくなっていることが明らかになったのである。そもそも個人情報は、「同意なくして提供なし」が原則であり、厳密に言えば学校及び教員は「第三者」に当たる。児童福祉の現場においては、厚生労働省の指針（「福祉関係事業者における個人情報の適正な取り扱いのためのガイドライン」２００４年11月）の解釈とその運用に関わる問題と言えよう。ただし、このガイドラインには個人情報の扱いについての例外として「児童の健全な育成の推進のために特に必要な場合」があり、その具体例として児童虐待事例についての関係機関の情報交換があげられている。(6) しかし、実際には児童相談所や児童養護施設などで、実務に携わる児童福祉関係者の判断が統一されているとは言い難い現状が明らかになっている。

児童福祉施設と児童相談所の連携に焦点をあてた川﨑他（２０１２）も、連携の基礎は情報の共有とし、特に虐待事例については当該家庭の経済状況、保護者の就労状況、また虐待が継続したメカニズム等に関する情報について相談所から施設に提供されるべきだとしている。同様に、施設と学校の連携においても、こうした情報の共有が必要だろう。当然、生まれ育った家庭から保護されて施設で暮らすことになった子どもの個人情報は複雑でデリケートな面が多く、そのますべてを学校へと伝えることはありえない。とはいえ、子どもを養育するスタッフ（施設職員）と教育するスタッフ（学校教職員）が、その子どもについての様々な情報を共有することも必要である。家庭の保護者と学級担任との関係が、施設の子どもたちにとっては担当指導員と学級担任の関係にあたることを考えれば当然であろう。言うまでもなく保護者が家庭の事情、とりわけ複雑で言いにくい事情をすべて学級担任に話すわけではないように、施設の子どもの情報がすべて学級担任に伝えられるわけではない。そこに両者の間の信頼関係が必要なことは言うまでもないが、学校教員と施設職員の連携、とりわけ情報共有についての指針やマニュアルがあるわけではないので、実務上は手探りで進められている。その結果、ほとんど何も制限がなく伝えているところと大きな制限がかかっているところでは、施設から学校に流れる情報量にきわめて大きな違いが生じていた。こうした現状からは、施設と学校の間で子どもの情報についてどこまで共有するのかをあらためて議論していく必要性がある。以下この個人情報保護の問題についての学校教育側の事情についてふれておきたい。

(2) 個人情報保護

もともと学校教育は、児童生徒の成績など実に多くの個人情報を保持していながら、そうした情報の取り扱い(保護管理等)については杜撰なところがあった[7]。しかし、2005年に個人情報保護法が施行され、行政機関の保有する個人情報の保護に関する法律等とあわせて我が国の個人情報保護法制が整った。そして、この中で地方公共団体も適切な措置を取ることが求められており、総務省の働きかけによって各地方公共団体でも個人情報保護条例が整備された。公立学校については、この各地方公共団体の定める個人情報保護条例が適用される。また、文部科学省は2004年11月に「学校における生徒等に関する個人情報の適正な取扱いを確保するために事業者が講ずべき措置に関する指針」を策定し、その解説も提示している。これは私立学校に向けたものであり、公立学校に直接適用されるものではないが、専門家からは参考にすべきものとされている(坂田 2005)。こうした法整備と並行して、それまでかなりルーズであった学校では明らかな過剰反応が起きた。教育学の立場から学校の個人情報保護対策を取り上げている坂田

（2005）も、「学校が、個人情報保護、プライバシー保護への配慮という名の下に、教育活動に支障が生じても、児童生徒の情報の収集に抑制的な姿勢を見せ始めている」と指摘する。従って、学校側から施設側に子どもの情報を求めるような動きも抑制されてしまった。さらには、経済状況についてなど一般家庭の保護者へのアプローチにおいても教員側にそうした抑制が見られる。筆者らの調査に対してある教員は、「個人情報に対する間違った考え方」＝「漏洩してはいけないということと知ってはいけないということの混同、知らなければ漏洩することもないという子どもみたいな発想」を持っていたと率直に語ってくれた（保坂他 2010）。

『間違いだらけの個人情報保護』という本でこの問題を取り上げた弁護士の牧野（2006）も、「学校をめぐる個人情報保護の混乱は、目に余る」と述べて、学校での名簿作成の廃止を例にあげている。他にも、日本私立小学校連合会が「緊急連絡網が作成できないなど、必要な情報さえ共有できない過剰反応が現場で起きている」と内閣府に報告、その内閣府調査では、個人情報保護法を知る人の51％が、「学校や地域で名簿が消えて日常生活が不便になった」と回答している（藤田 2008）。

（3）引き継ぎと管理

先の川﨑他（2010）は、連携の際の問題として「援助者の交代」をあげているが、当然児童相談所にも施設にも担当の交代がある。一方で小中学校の9年間を考えれば、学級担任の交代は避けられない。それゆえ、川﨑他（2010）が強調するように、子どもの援助者たちはこうした交代を越えて、子どもが「誰であれ自分のことをよく知ってくれ、理解してくれる」と感じられる体制を築くべきだろう。

しかし、ここには子どもの情報についての引き継ぎという問題もある。つまり、子どもの情報について学校と施設の共有だけでなく、学校の中において担任から次の担任への引き継ぎという課題である。さらに、その学校においてどのような情報を紙媒体（あるいは電子媒体）でどのように保管するのかという課題が付随する。学校にとっては、施設との情報共有という問題だけではなく、共有する情報についての引き継ぎと保管が大きな課題となっているのである。(8)

そうした中で、一人ひとりの教員にとっては、それまで自宅に持ち帰って行なっていた成績処理などが電子化されるなどにつれて、その管理の問題が問われるようになってきた。そして、こうしたデータ（＝大量の個人情報）紛失によって処分される事件が報道されるなど、個人情報保護という問題に過敏にならざるを得ない状況にもなっている。こうした状況の中で、個人情報保護についての教員研修が十分に行なわれているとは言い難い。従って、教育活動に必要な子ども及び保護者の多様な情報を取得し、保持することへのためらいが広く教員側に生じていることも理解できる。

（4）課題

鳫（2016）は、学校のプラットフォーム化を論じる中で、「孤立死防止対策」の上で民間のライフライン事業者（ガス・電気・水道）と自治体の情報共有を取り上げている。具体的には、「事業者が個人情報保護法との関連から福祉部局への情報提供を躊躇し、思いとどまってしまうことについて、『人の生命、身体又は財産保護のために必要がある場合であって、本人の同意を得ることが困難であるとき』は、個人情報保護法の適用が除外され、本人の同意を得なくともよい(9)」ことを指摘している。そして、これに続けて本書でも取り上げた事例36（銚子市母子心中未遂事件）にふれ、事件後に国民保険料の滞納など生活困窮をうかがわせる情報を生活保護担当者が把握できるよう市役所内の連携が強化されたことなどをあげている。[10]

同様に、(1)であげた厚生労働省のガイドラインで例外とされる児童虐待に限らず、子どもを保護・支援する関係者の間(例えば施設と学校)では、必要な情報は共有することが基本であろう。今後、学校教育と児童福祉の連携の中では、この個人情報の保護と管理の問題、それを関係者がどのように共有していくのかが大きな課題と言えよう。

注

(1) 2018年3月、両親から虐待を受けたとされる女児(5歳)が死亡。自宅アパートからは覚えたてのひらがなで謝罪の言葉、「もうおねがい　ゆるして　ゆるしてください」と記されたノートが見つかり、継父と母親は保護責任者遺棄致死容疑で逮捕された。以前一家が住んでいた香川県でも虐待通報され、継父を警察が傷害容疑で書類送検したが、検察が不起訴にしていた。事件は一家が東京に引っ越してから起きたため、児童相談所の引き継ぎが問題とされ、厚生労働省、香川県、東京都が検証報告をまとめた(朝日新聞2018年12月20日付記事「一歩踏み出せば救えた命:目黒区の5歳女児虐待死亡事件」他)。

(2) **表3-6**の厚生労働省の「社会的養護の現状について」では、「保護者のない児童、被虐待児など家庭環境上養護を必要とする児童などに対し、公的な責任として、社会的に養護を行う」と定義している。このうち「ファミリーホーム」は、2009年から新たに制度化された里親の定員を5〜6人に拡大した事業形態(伊藤2016、牧山 2016)、また児童福祉法の改正(2017)でそれまでの情緒障害児短期治療施設は児童心理治療施設と名称変更された。

(3) 日本では、これまでおおよそ施設養護が9割に対して、家庭養護が1割であった(牧山 2016)。この家庭養護のうち、里親委託率を2019年度末には22%、2029年度末には33%、また里親・ファミリーホームへの委託児童の割合を2019年度末には20・2%、2029年度末には30・8%まで引き上げることが目標となっている(中央法規出版編集部 2016)。

(4) 虐待による死亡事例は、親子心中も含めると年間でおよそ100人にもなる。厚生労働省は、児童虐待防止法が施行された２０００年以降、児童虐待死亡事例について調査報告している。特に、２００４年の法改正を受けて社会保障審議会児童部会の元に「児童虐待等要保護事例の検証に関する専門員会」が設置され、児童虐待による死亡事例の分析・検証が継続的かつ定期的に行われるようになった。ただし、検証報告は各自治体の報告が元になっているために児童虐待による死亡か否かが不明の場合は除かれていて、必ずしも死亡事例の全てを網羅しているとは言い切れない。例えば、親子心中は、初期の検証報告では含まれていなかったが、次第に自治体から報告されるようになって、児童虐待事例として認識されるようになった（長尾・川崎 ２０１３）。このように「虐待死」の概念や定義についても専門家の間で合意できているとは言い難い状況がある（川崎 ２０１２）。そのためすべての子どもの死の検証（ＣＤＲ：Child Death Review）を行う仕組みが提案されてきたが、２０１８年の成育医療法の成立により具体的な検討段階に入った（『朝日新聞』２０１７年11月10日付記事「子どもの死亡事例検証制度導入へ」）。なお、朝日新聞（２０１８）が、過去10年間（２００５〜２０１４年）に行われた司法・行政解剖の記録（約5千件）を専門家とともに調べたところ、「虐待（可能性を含む）など」は１０６７件とされた。

（５）教員養成のテキストの中で、この欲求階層説を取り上げている中島（２０１９）も、次のように記している。「学級で生き生きとしていない子どもが、実は食事が十分に与えられていない、家庭内に暴力がある、など基層の欲求が満たされていない状況にあるならば、それは無理もない姿である。教師の指導力の問題ではなく、多くは家庭や家庭を取り巻く環境の問題であり、行政や福祉の助けを仰ぐのがよい（具体的な制度や機関などの利用の仕方は多岐にわたるので類書にゆずる）」。

（６）『福祉関係事業者における個人情報の適切な取扱いのためのガイドライン』の「Ⅲ　福祉関係事業者の責務、５　個人データの第三者提供（法第23条）」（18頁）には、「第三者提供の例外」として以下のように記載さている。「ただし、次に掲げる場合については、本人の同意を得る必要はない。③公衆衛生の向上又は児童の健全な育成の推進のために特に必要であって、本人の同意を得ることが困難であるとき。（例）児童虐待事例について関係機関と情報交換するとき」。

（７）２００４年に滋賀県の公立高校で生徒の合否情報を本人に無断で大手予備校等に提供していることが個人情報保護条例に違反するとして、滋賀弁護士会から学校と県教委に改善の申し入れがあった。これをきっかけに全国の高校で大学の合否情報を本人に無断で大手予備校などに提供し、なかには謝礼を受け取っていたところもあることが報道された（『京都新聞』２００４年1月28日付など）。これをうけて文部科学省が緊急調査したところ、３１３１校で合否情報を外部に提供しており、うち９９４校が本人の同意なしであったことが判明した。また、情報提供の際に金品を受け取っていた高校は９３３校にも及んでいた。このため文部科学省は、都道府県教委等あてに、①合否情報は個人情報保護の条例等に基づいて適正に取り扱うこと、②提供する場合には理由や必要性を説明した上で本人の同意を得ること、③提供に際して金品を受け取らないこと、を求める通知を出した（内外教育、２００４）。

（８）小中学校においては、児童養護施設から通学する児童生徒の情報は基本的にその学校内で共有されているのに対して、高校では違う状況がある。高校生本人の希望もあるが、管理職と担任だけに情報が留められていることの方が多いようである。

（９）資源エネルギー庁「福祉部局との連携に係る強力について」（平成２４年4月3日）、及び厚生労働省社会・援護局地域福祉課長通知「地域における支援を必要とする者の把握及び適切な支援のための方策等について」（平成２４年５月11日）。

（10）加えて千葉県では、県営住宅の明け渡し訴訟を起こした場合は、福祉担当者や民生委員が訪ねて家賃滞納の理由などを聞き取るよう市町村に要請した。

第4章　今後の課題

本書の締めくくりとして今後の課題について取り上げる。ただし、学校教育側からの課題に絞ったものとなる。

1　短期的課題――教員研修の見直し

まず教員研修をめぐる近年の動向についてふれておきたい。２０１２年の中央教育審議会答申「教職生活全体を通じた教員の資質能力の総合的な向上方策について」において、「学び続ける教員像」が提言され、これからの時代の教員に求められる資質能力が活発に議論されるようになった。続く２０１５年答申「これからの学校を担う教員の資質能力について」によって、今後の教員研修に関する改革の具体的な方向性が示された。そこでは、現在教員の経験年数の不均衡(1)という危機的状況にあるが、見方を変えれば教員の質を向上させるチャンスでもあり、「教員の養成・採用・研修を一体的に改革するのは今をおいて他にはない」という現状認識が示されている。

こうした新たな動きを受けて、２０１６年教育公務員特例法及び同施行規則が改正され、大学の教職課程で共通に修得すべき資質能力を踏まえた「教職課程コアカリキュラム」が示された。このコアカリキュラムとは、教育職員免許法及び同施行規則に基づき、全国すべての大学の教職課程で共通に修得すべき資質能力を示したものである（教職課程コアカリキュラムの在り方に関する検討会 2017）[2]。同時に、各都道府県教育委員会には、教員の資質能力を示す育成指標及びそれに基づく教員研修計画の策定と、教員養成を担う大学と協働して「養成・採用・研修」を通じた新たな研修体系を構築することが課された。すなわち、大学による養成と教育委員会による研修の分担からの転換が求められ、養成段階も含めた教員研修全体を見通した長期的かつ本格的な見直しが必要になったところである。

例えば、筆者も委員として関わった「千葉県・千葉市教員等育成指標」では、「信頼される質の高い教員の育成を目指して」という目標が掲げられ、「教職に必要な素養」「学習指導に関する実践的指導力」「生徒指導に関する実践的指導力」「チーム学校を支える資質能力」の四つの柱が示されている。当然ながら、このうちの「生徒指導に関する実践的指導力」と「チーム学校を支える資質能力」においては、関係機関との連携がキーワードとして入っている（千葉県教育委員会 2018）。従って、今後はこうした育成指標を踏まえた具体的な研修（生徒指導・教育相談・進路指導関係）を組み立てる際に、学校教育と児童福祉の連携、あるいは子どもの貧困問題に関する内容をどのように織り込んでいくかが課題となる。当然、第3章で述べた実務的な課題としての個人情報保護と情報共有に関する研修も同様である。

2　中期的課題——キーパーソンの育成

この実務的課題としてあげた情報共有において、学校と児童養護施設の連携がうまくいっているところにはキーパーソンの存在があった（保坂他　２０１１）。具体的には、教育委員会から増置されている教員がいて、施設との連絡窓口になっている場合である。同様に、より大きな学校教育と児童福祉の連携を考えたときにも、こうしたキーパーソンの存在は必須であり、その育成が課題であることは間違いない。

２０１７年に「チームとしての学校の在り方と今後の改善方策について」（中央教育審議会答申）を受けて、学校教育法施行規則において「児童の福祉に関する支援に従事する」スクールソーシャルワーカーの職務が明記された。これによって当面中学校区に1名のスクールソーシャルワーカーが配置されることになる。第2章で取り上げた「子供の貧困対策に関する大綱」（２０１４）においても、学校をプラットフォームとした総合的な貧困対策が打ち出されたことに注目したが、その対策のトップにスクールソーシャルワーカーがあげられている。

今後導入が進められるスクールソーシャルワーカーへの期待は大きいが、以前のスクールカウンセラー導入にあたって校内の教員たちとの連携が課題になり、そこには繋ぎ役のキーパーソンが必要であったように、今回もスクールソーシャルワーカーと教員の繋ぎ役としてのキーパーソンが必要であろう。そして、ソーシャルワークという活動を考えれば学校外の関係機関との連携などより大きな範囲での繋ぎ役と位置付けられよう。

このとき教員の中で児童相談所など児童福祉機関との人事交流によって、実務（児童福祉司）経験をもつ者がいることを強調したい。この制度はすべての都道府県で行われているわけではないが、厚生労働省の調査（2013年4月1日時点）によれば、全国で132人の教員と146人の教員ＯＢが児童相談所に配置されていた。例えば、岐阜県では児童福祉司4人と児童指導員3人、千葉県では児童福祉司6人と児童指導員3人が児童相談所に配置されていたが、このうち千葉県では2002年度から実施されてこれまでに100人を超える経験者が存在する。ただし、学校現場に戻ったものを一部、教育相談研修等、特に児童福祉との連携をテーマとする各種研修の講師としているが、この人的資源を組織的に活用しているとは言い難い（保坂 2014）。今後は、こうした人材を筆頭として、学校教育と児童福祉の連携にあたるミドルリーダーとしてのキーパーソン育成が課題となろう。(3)

3　長期的課題――「子ども」から「大人」への移行支援

（1）義務教育年限の再考

1947年に施行された旧教育基本法では、「国民は、その保護する子女に、9年間の普通教育を受けさせる義務を負う」（第4条）と規定されていた。しかし、すでに述べたように2006年の改正において この義務教育年限は「別に法律の定めるところにより」となって、学校教育法で「子に9年の普通教育を受けさせる義務を負う」（第16条）と規定されることとなった。この改正を答申した中央教育審議会のメンバーである市川（２００９）は、新たな教育基本法から9年の義務教育期間の文言が削除され、学校教育法に移されたのは、「時代の要請に柔軟に対応することができるようにするため」と説明されたとしている。しかし、実際にはそれ以降、この義務教育年限についての議論は行われていない。

あらためて「義務教育の9年は固定的か？」と問うた堀尾（２００２）は、憲法との関係では旧教育基本法には文言上の後退があると指摘した。そもそも１９４６年当時の文部省調査局が作成した「教育基本法綱案」では、「満6歳より満18歳まで、12年の普通教育を受けさせる義務がある」と記され、文部省通達でも「高等学校は義務制ではないが、将来は授業料は徴収せず、無償とすることが望ましい」とされていたという。つまりは、70年以上前、戦後の新制高校発足時には中等教育後半を担う高校の義務制と無償制は課題とされていたことになる。

こうした経緯を踏まえて、本書ではこれまで再三ふれてきた子どもの権利条約第6条「生命の権利、生存、発達の確保」に注目したい。そこには「児童の生存及び発達を可能な最大限の範囲において確保する」という文言がある。従って、第1章で「子ども」が「大人」になる期間について考察したことを踏まえれば、やはり18歳が一つの目安となるだろう。今般の民法改正によって18歳に成人年齢が引き下げられるのを契機に、義務教育年限の延長についての議論を始めることを提案したい。

言うまでもなく、戦後70年以上にわたり、中学校（中等教育前半）卒業年齢である15歳（正確にはその3月31日まで）までが教育を受ける権利が保障された義務教育期間であった。しかし、１９８０年代以降高校（中等教育後半）進学がほぼ全入に至り、すでに高校は「国民的教育機関」として位置付けられるようになった。こうした実態がありながら、21世紀に入って教育基本法並びに学校教育法を改正したにもかかわらず、中等教育後半18歳までの教育を全員に保障しようとする議論がなかったことの方が、筆者にとっては驚きである。第2章でふれた２０１０年以降の高校授業料無償化をめぐる錯綜も、こうした根本的な議論をなおざりにしてきたことがその要因と言えよう。この無償化問題とともに18歳（その3月31日）[4]までの義務教育期限の延長を議論する時期にきている。加えて、すでに述べた通り、２０２２年から成人年齢は18歳へと引き下げられることが決定している。一方で、困難な状況にある場合にその延長が児童福祉法改正で考慮され、少年法の改正でも保護処分の延長が議論されている（第1章参照）。こうした動向を踏まえた上で、義務教育年限の延長が議論されることを望みたい。

ここで、第2章で取り上げた「子どもの貧困問題」を放置することによる社会的損失は無視できないという認識に基づいた「子供の貧困の社会的損失推計」を紹介しておきたい。それによれば、貧困世帯の高校進学率の低さによって7兆円を超える社会的損失、また高校中退率の高さによって10兆円を超える所得損失が生まれていると推計された（日本財団子どもの貧困対策チーム ２０１６）。この結果から、「高校へ進学すること」のみを支援するのではなく、「高校を卒業するまで」を支援することの重要性が示されたことになるが、18歳までの義務教育期限延長を議論するための重要なデータと言えよう。

（2）費用負担の問題

さらに言うならば、この費用問題は、そもそも第2章で取り上げた教育費負担も含めて「子ども」から「大人」へと成長・発達するときにかかる費用は誰が負担すべきなのかという問いへと導く。第1章で述べたように、今般（２０１７年）改正された児童福祉法においては、その理念の見直しによって、子どもが権利主体である（第1条）確認がなされた上で、国民すべてに対して子どもが「心身ともに健やかに育成されるよう」努めることを課した（第2条1項）。そして、「児童を心身ともに健やかに育成することについて第一義的責任」は保護者にある（第2条2項）と明記したのに続けて、「国及び地方公共団体は、児童の保護者とともに、児童を心身ともに健やかに育成する責任を負う」（同3項）とされた。つまり、「子ども」から「大人」への発達・成長（＝心身ともに健やかに育成）に対して責任を持つのは保護者であると同時に社会全体（公）でもある。こうした原点を確認した上で、上記（1）のように「子ども」から「大人」へと成長・発達する期間は「18歳になって最初の3月31日（年度末）まで」と共通理解し、それまでにかかる費用を、基本的に（あるいはできる限り）公が負担する方向で議論し、社会全体で合意することを目指すべきだろう。

ここには、子どもを育てる主体を親（＝保護者）から社会全体（＝公）に転換する思想が含まれる。現在、検討が進みつつある就学前教育の無償化まで広げれば、教育を「人生前半の社会保障」（広井 2006）と位置付ける議論とも重なる。これは、人生の始まりから同じスタートラインに立つという教育の機会均等が格差社会によって崩れているという認識から、教育を「人生前半の社会保障」の核として捉え直そうとするものである。これによって、社会政策と教育政策を連動させて、教育財源を「社会保障費」として確保するという従来の教育行政を転換する方向性も見えてくる。先の社会的損失推計もこの議論の中にあるとも言える。第2章で指摘した義務教育段階の就学援助制度と高校の就学支援金も含めて、義務教育年限の延長の中で「子ども」から「大人」への移行が困難な養育環境にある子どもたち、とりわけその経済的困難に対する支援をどうするかと大きく捉えることによって制度全体を見直すことが可能になろう。

こうした「人生前半の社会保障」という視点に基づく義務教育年限の延長については、時間をかけての熟議が必要ゆえに長期的な課題であろうが、今後議論が進むことを期待したい。

注

（1）同答申の中でも、教員経験5年未満が一番多くて約20％、経験年数11～15年のミドルリーダー約8％の2・5倍というデータが示されている。なお、この傾向は大都市圏ほど著しく、例えば千葉市では、すでに教員経験年数が10年未満のものが半数以上を占める。

（2）その活用について、「教職課程の担当教員一人一人が担当科目のシラバスを作成する際や授業等を実施する際に、学生が当該事項に関する教職課程コアカリキュラムの『全体目標』『一般目標』『到達目標』の内容を修得できるよう授業を設計・実施し、大学として責任をもって単位認定を行うこと」となった。具体的には、「教育相談（カウンセリングに関する基礎的な知識を含む。）の理論及び方法」において「(3) 教育相談の展開」の「到達目標」として「地域の医療・福祉・心理等の専門機関との連携の意義や必要性を理解している」と明記されている。また、第Ⅱ部第5章3に関連しては「生徒指導の理論及び方法」において「(3) 個別の課題を抱える個々の児童及び生徒への指導」の「到達目標」として「校則・懲戒・体罰等の生徒指導に関する主な法令の内容を理解している。（高等学校教諭においては停学及び退学を含む。」と明記されている。

（3）第Ⅰ部第8章2でふれた「不登校児童生徒への支援に関する最終報告」の中に、「関係機関との連携を推進する観点からは、児童相談所などへの長期派遣研修を積極的に進めることも意義あることと考えられる」（26頁）という記述がある。

（4）児童扶養手当の支給対象は、「18歳になって最初の3月31日（年度末）まで」となっていることを補足しておきたい（第3章注3参照）。

終わりに

2019年3月28日、厚生労働省と文部科学省は、千葉県野田市での児童虐待死亡事件を受けて実施された緊急安全確認調査について発表した。これは、首相が関係閣僚閣議で実施を表明し、2月14日〜3月8日にかけて行われた緊急調査である。契機となったのは、千葉県野田市の小学校4年生女児が自宅浴室で虐待により死亡、両親が逮捕された事件である。女児は、学校のいじめアンケートで「父からの暴力」を訴えたため児童相談所が一時保護、また親族宅に避難させていたにもかかわらず、父親の強い要望による帰宅後に事件が起きた。その判断等が問題視され、国や自治体で検証が始まっている。(1)

こうした事件を契機とした全国調査は、本書第I部第7章で詳述したように、2004年(事例14)、2015年(事例15)に続く3度目であることを記しておきたい。しかしながら、今回は「長期間にわたる欠席を虐待のリスク要因の一つとして捉え緊急点検を実施」したものであり、それまでと違って厚生労働省・文部科学省などによる合同調査であること、この調査をきっかけに親と引き離す措置を取るなど具体的な支援が行われ、行方不明など安全確認が取れていない子どもについては引き続き継続調査が行われていることが注目される。これらの特徴は、第I部第8章で新たな調査による連携の動きとして取り上げた「居住実態が把握できない児童に関する調査」や、「無戸籍の学齢児童生徒の就学状況に関する調査」に連なるものと言える。

直接契機となった事件との関連では、２０１８年度中に児童虐待通告により「要保護児童として取扱いを受けた児童生徒等の保護者から、当該児童生徒等に関して教育委員会に対して不当な対応を要求されたもの」として44件（いずれもすでに市町村、児童相談所、警察と情報共有）があがり、関係機関が連携して対応を実施していると報告された。

また、この調査によって、児童相談所が在宅指導している約3万８０００人の児童のうち１４４人を一時保護、26人を児童養護施設に入所させ、合計１７０人を親から引き離したとされる（さらに、追加調査で28人が新たに一時保護されている）。これについて厚生労働省の担当者は、当初の判断の妥当性には踏み込まず、「安全確認のタイミングでリスクの高まりを把握できたケースもある」、「より意識を高めて確認を進めた結果」[2]としているが、その一部は第Ⅲ部第3章3で指摘した要保護（レッドゾーン）と要支援（イエローゾーン）の判断において、要保護（レッドゾーン）が狭い日本の特徴を裏付けるデータとも考えられよう。

さらに、学校教育においても欠席（2月1日～14日）が続く子ども約17万人に教職員が直接会って安全を確認することが求められたが、海外渡航中など「合理的な理由」が認められず、「虐待の恐れがある」と判断された９８８９人（所在不明35人を含む）については児童相談所などと情報共有が行われた。いずれもこの段階では、本書で強調してきた「危険な欠席」と見なされたわけだが、第Ⅱ部第7章に関連してこの中に高校生９５２人が含まれていることにも注目したい。

最後に、おそらくはこの調査の対象に含まれない可能性が高い「取り残された子どもたち」＝中学卒業後の非進学者と狭義の高校中退者（行方不明を含む）がいることを重ねて強調しておきたい。今後その実態を把握するには、中学卒業後の非進学者と狭義の高校中退者について、18歳（3月31日）まで何らかの形で追跡し、必要ならば支援へとつなげていくような調査が必要だろう。本書がそうした調査への一里塚になることを願う。

注

（1）『毎日新聞』２０１９年2月8日付「虐待事案の緊急安全確認を　1カ月以内、関係閣僚会議で強化策」、『朝日新聞』２０１９年2月14日付「長期欠席　学校が状況確認：文科省検討　千葉・小4死亡受け」他。

（2）内閣府・文部科学省・厚生労働省「虐待が疑われるケースに係る学校・教育委員会等における緊急点検結果」（２０１９年3月28日）。内閣府・文部科学省・厚生労働省「虐待が疑われるケースに係る学校・教育委員会等における緊急点検フォローアップ結果」（２０１９年4月26日）、『朝日新聞デジタル』２０１９年3月29日付「虐待、１７０人保護・入所　児相、リスク評価甘かった可能性」、『山陰中央新聞』２０１９年4月1日付「政府緊急安全確認　虐待親との分離１７０人：学校と情報共有1万件超」、『朝日新聞』２０１９年4月27日付「長期欠席追加調査　虐待の恐れ　新たに１７２人」他。

事例一覧（出典）

第Ⅰ部

事例１　美空ひばりの卒業認定
出典：野本三吉（２００７）『子ども観の戦後史』現代書館、西川昭幸（２０１８）『美空ひばり：最後の真実』さくら舎、本田靖春（１９８７）『「戦後」美空ひばりとその時代』講談社

事例２　香取慎吾（元ＳＭＡＰメンバー）の中学時代（１９８８-１９９０年度）
出典：週刊文春「香取慎吾初登場」1月4・11日新年特大号、36〜43頁

事例３　居所不明児童（児童文学者の自伝）
出典：上條さなえ『10歳の放浪記』講談社文庫

事例４　貧困による不就学
出典：小柳伸顕（１９７８）『教育以前：あいりん小中学校物語』田畑書店

事例５　無戸籍の子ども
出典：小林正泰（２００６）「簡易宿泊所地域における長欠対策学級の実践：東京山谷地区の事例を中心に」国立オリンピック記念青少年総合センター研究紀要6、33〜43頁

事例６　人権侵害事件
出典：宇都宮地方法務局・栃木県人権擁護委員連合会（１９７７）「昭和50・51年度　小・中学校における長期欠席児童・生徒の実態調査報告書：対策事例付」

事例７　学校教育法違反１
出典：羽間京子・保坂亨・小木曽宏（２０１１）「接触困難な長期欠席児童生徒（および保護者）に学校教職員はどのようなアプローチが可能か：法的規定をめぐる整理」千葉大学教育学部紀要59、13〜19頁

事例8　就学猶予の事例
出典：藤永保他（1987）『人間発達と初期環境』有斐閣、内田伸子（1999）『発達心理学』岩波書店、笠間亜紀子「6歳で救出された虐待女児『成長の記録』」、Yomiuri Weekly, 2004年10月10日、90～93頁
事例9　神戸連続児童殺傷事件
出典：高山文彦（1998）『地獄の季節』新潮社、事件・犯罪研究会編（2002）『明治・大正・昭和・平成　事件・犯罪大辞典』東京法経学院出版
事例10　巣鴨子ども置き去り事件
出典：兼松佐知子他（1989）『少年事件を考える：「女・子供」の視点から』朝日新聞社、井戸まさえ（2015）『無戸籍の日本人』集英社、AERA（1988年10月18日）「ルポ置き去り時代」
事例11　20年間無戸籍の男性
出典：『朝日新聞』2007年1月31日／2月6日／3月14日／3月28日付「20年無戸籍、窃盗罪の男」。同2014年9月5付「学び　奪われ20歳：無戸籍　社会復帰へ　ひらがな・足し算から」。
事例12　不登校状況を呈した被虐待児童への対応（小学校）
出典：国立教育政策研究所生徒指導研究センター（2004）「生徒指導資料『不登校への対応と学校の取組について：小学校・中学校編』国立教育政策研究所生徒指導研究センター」
事例13　校内・校外で問題行動を繰り返す生徒への対応（中学校）
出典：国立教育政策研究所生徒指導研究センター（2004）「生徒指導資料『不登校への対応と学校の取組について：小学校・中学校編』国立教育政策研究所生徒指導研究センター」
事件14　岸和田中学生虐待事件
出典：『毎日新聞』2004年1月25日付記事より実名等を省略、佐藤万作子（2007）『虐待の家』中央公論新社
事例15　川崎中学生殺人事件
出典：磯部涼（2017）『川崎』CYZO、川崎市教育委員会（2015）『中学生死亡事件に係る教育委員会事務局検証委員会　報告書』（川崎市教育委員会、2015）
事例16　福岡監禁事件

出典：福岡市児童虐待防止のための早期発見、支援及び連携のあり方に関する検討委員会（２００６）『福岡市児童虐待防止のための早期発見、支援及び連携のあり方に関する報告書』

事例17　札幌監禁事件

出典：札幌市児童虐待予防緊急対策本部会議（２００８）『母親により女性が長期間軟禁状態にあった事案を契機とする緊急対策に関する報告書』

事例18　寝屋川女性衰弱死事件

出典：『朝日新聞』２０１８年1月8日付「中学生ごろまでに隔離か：寝屋川衰弱死　映像に複数の小部屋」、及び同11日付「級友の異変気づいたのに：寝屋川女性衰弱死訴え届かず」

事例19　漂流する親子（大阪2児餓死事件）

出典：杉山春（２０１７）『ルポ児童虐待』岩波新書

事例20　捜索されなかった男子児童

出典：（松井裕子（２０１５）「メディアが捉えた〝消えた子どもたち〟」子どもの虐待とネグレクト17（1）、22～27頁）、ＮＨＫ ＮＥＷＳ ＷＥＢ「子ども85人が一時ホームレスに」２０１４年12月21日

事例21　厚木市男児遺体発見事件

出典：『朝日新聞』２０１４年5月31日、6月1日付記事、杉山（２０１７）『ルポ児童虐待』岩波新書

事例22　養護系不登校

出典　藤林武史（２００７）「相談機関からみたひきこもり・不登校：養護性の認められる事例をとおして」九州神経精神医学53（2）

事例23　横浜市6歳女児遺棄事件

出典　横浜市児童福祉審議会 児童虐待による重篤事例等検証委員会（２０１４）『児童虐待による死亡事例検証報告書（平成24年7月発生 6歳女児死亡事例）』、松戸市要保護児童対策地域協議会（松戸市子どもと女性に対する暴力防止対策地域協議会）（２０１３）『児童虐待死亡事例検証結果報告書』、『朝日新聞』２０１３年4月25日付「女児情報　連携不十分か　遺棄事件　横浜・秦野市が会見」他２０１３年4月-5月各紙記事

第Ⅱ部
事例24　永山則夫（1949〜97年）
出典：朝倉喬司（2003）『涙の射殺魔・永山則夫と60年代』共同通信社、堀川惠子（2013）『永山則夫：封印された鑑定記録』岩波書店
事例25　山地悠紀夫（1983〜2009年）
出典：池谷孝司（2009）『死刑でいいです』共同通信社、小川善照（2009）『我思うゆえに我あり：死刑囚山地悠紀夫の二度の殺人』小学館
事例26　F夫の「無援の日々」
出典：山寺香（2017）『誰もボクを見ていない』ポプラ社
事例27　戦災孤児
出典：山本麗子「トラックで棄てられた、わたし」、星野光世（2017）『もしも魔法が使えたら：戦災孤児11人の記憶』講談社、139〜149頁
事例28　進級処分取消等請求事件
出典：篠原清昭・原田信之（2008）『学校のための法学：自律的・協働的な学校をめざして 第2版』ミネルヴァ書房、梅澤秀監・黒岩哲彦（2016）「出席ゼロでも進級させて良いか」月刊生徒指導（2016年3月号）、56〜57頁
事例29　行方不明のまま卒業
出典：『朝日新聞』1994年3月10日付「誘拐事件で行方不明：奈々さんに卒業証書」、保坂亨（2009）『〝学校を休む〟児童生徒の欠席と教員の休職』学事出版
事例30　スキージャンプ高梨沙羅
出典：「話題の人に迫る　人物交差点：高梨沙羅　女子スキージャンプ選手」中央公論2013年2月号、82〜83頁
事例31　川崎中学生殺人事件（事例15）の三人の加害者少年
出典：石井光太（2017）『43回の殺意：川崎中1男子生徒殺害事件の深層』双葉社
事例32　入学できなかった生徒
出典：手嶋純（2017）『通信制高校のすべて』彩流社

第Ⅲ部

事例33　中学生就労事件

出典：『読売新聞』２０１２年８月10付、『朝日新聞』２０１２年８月15日付、『下野新聞』２０１２年10月16日付、『毎日新聞』２０１２年11月21日付各記事他

事例34　「俺の学校はムエタイ」

出典：『朝日新聞』２０１３年１月５日付夕刊「俺の学校はムエタイだ：中学生活やめ　単身上京　寝床はジム」

事例35　学校教育法違反２

出典：『朝日新聞デジタル』２０１７年１月18日付「『芸能活動優先』娘通学させず　容疑の母親を書類送検」、警察庁生活安全局少年課「児童虐待及び福祉犯の検挙状況（平成２７年１～12月）」

事例36　銚子母子心中未遂市事件

出典：井上英夫他（２０１６）『なぜ母親は娘に手をかけたのか：居住貧困と銚子市母子心中事件』旬報社

事例37　就学援助を受けていないシングルマザー

出典：沖縄子ども総合研究所（２０１７）『沖縄子どもの貧困白書』かもがわ出版

事例38　虐待死亡事例

出典：川﨑二三彦（２０１７）「子どもの権利：子どもの最善の利益とは」千葉教育平成29年度萩号、６～７頁

なお、上記のうち、事例14、事例16、事例19、事例37は、川﨑他『日本の児童虐待重大事件　２０００～２０１０』（福村出版）に取り上げられている。

文献一覧

阿部彩（2016）「日本の子どもの格差の状況」ユニセフ・イノチェンティ研究所（2016）『イノチェンティレポートカード13子どもたちの公平性：先進諸国における子どもたちの幸福度の格差に関する順位表（日本語版）』

阿部彩他（2008）『生活保護の経済分析』東京大学出版会

阿部彩・鈴木大介（2018）『貧困を救えない国日本』PHP新書

明石要一・土田雄一・保坂亨（2006）「学力底辺校への援助に関する実践的研究」平成17年度日本教育大学協会研究助成成果報告175〜185頁

安藤正博（1978）「登校拒否・怠学と非行」ケース研究№163、70〜163頁

青砥恭（2009）『ドキュメント高校中退：いま、貧困が生まれる場所』ちくま新書

荒牧重人・榎井縁・江原裕美他（2017）『外国人の子ども白書』明石書店

浅井春夫（2017）『「子どもの貧困」解決への道：実践と政策からのアプローチ』自治体研究社

朝日新聞大阪本社編集局（2008）『ルポ児童虐待』朝日新書

朝日新聞取材班（2018）『「小さないのち」を守る』朝日新聞出版

朝倉景樹（1995）『登校拒否のエスノグラフィー』彩流社

朝倉喬司（2003）『涙の射殺魔・永山則夫と60年代』共同通信社

足利市中学校生徒の就労に係る死亡事故に関する第三者調査委員会（2014）「足利市中学校生徒の就労に係る死亡事故に関する調査報告書」

千葉県教育委員会（2019）『信頼される教職員を目指して』

千葉県教育研究所（1957）『長期欠席の子どもたち』（昭和32年度教育資料第3号、研究紀要第33集）

中央法規出版編集部（２０１６）『改正児童福祉法・児童虐待防止法のポイント（平成29年度４月完全施行）』中央法規出版
中央教育審議会答申（２０１２）「教職生活全体を通じた教員の資質能力の総合的な向上方策について」
中央教育審議会答申（２０１５）「これからの学校を担う教員の資質能力について」
出川聖尚子（２００８）「福祉見てある記37 天使の宿」『わたしたちの福祉』第52号、10～11頁
遠藤正敬（２０１７）『戸籍と無戸籍：「日本人」の輪郭』人文書院
藤林武史（２００７）「相談機関からみたひきこもり・不登校：養護性の認められる事例をとおして」九州神経精神医学、53（２）
藤野豊（２０１２）『戦後日本の人身売買』大月書店
藤永保他（１９８７）『人間発達と初期環境』有斐閣
藤田悟（２００８）『誤解だらけの個人情報保護法』現代書館
不登校問題に関する調査研究協力者会議（２００３）「今後の不登校への対応の在り方について」
不登校に関する調査研究協力者会議（２０１６）「不登校児童生徒への支援に関する最終報告：一人一人の多様な課題に対応した切れ目のない組織的な支援の推進」
学校不適応対策調査研究協力者会議（１９９２）「登校拒否（不登校）問題について」
鳫咲子（２００９）「就学援助と給食費未納」子どもの貧困白書編集委員会編『子どもの貧困白書』明石書店
鳫咲子（２０１３）『子どもの貧困と教育機会の不平等：就学援助・学校給食・母子家庭をめぐって』明石書店
鳫咲子（２０１６）『給食費未納：子どもの貧困と食生活格差』光文社新書
原口剛（２０１６）『叫びの都市：寄せ場、釜ヶ崎、流動的下層労働者』洛北出版
橋本健二（２００９）『「格差」の戦後史：階級社会日本の履歴書』河出書房新社
橋本健二（２０１８）『新・日本の階級社会』講談社現代新書
羽山健一（１９８９）「原級留置きに関する行政実例、統計調査等」坂本秀夫・中野進『生徒の学習権が危ない』ぎょうせい
林明子（２０１６）『生活保護世帯の子どものライフヒストリー：貧困の世代的再生産』勁草書房
林部一二（１９６１）「児童生徒の就学援助」文部時報１０１１号、46～53頁

羽間京子・保坂亨・小木曾宏（2011）「接触困難な長期欠席児童生徒（および保護者）に学校教職員はどのようなアプローチが可能か：法的規定をめぐる整理」千葉大学教育学部紀要59、13～19頁
羽間京子・保坂亨・小木曾宏・小野寺芳真（2012）「学齢期児童虐待事例検証の再検討：死亡事例について」千葉大学教育学部紀要60、133～142頁
土方苑子（2002）『東京の近代小学校：「国民」教育制度の成立過程』東京大学出版会
平原春好（1993）『教育行政学』東京大学出版会
広井良典（2006）『持続可能な福祉社会：「もうひとつの日本」の構想』ちくま新書
広田照幸（1999）「学校と家族の関係史：葛藤論的視点から」渡辺秀樹（編）『変容する家族と子ども』教育出版
本田靖春（1987）『「戦後」美空ひばりとその時代』講談社
本田由紀・堤孝晃（2014）「1970年代に置ける高等学校政策の転換の背景を問い直す」『歴史と経済』223、23～33頁
堀有喜衣（2006）『フリーターに滞留する若者たち』勁草書房
堀川惠子（2013）『永山則夫：封印された鑑定記録』岩波書店
堀尾輝久（1997）『現代社会と教育』岩波新書
堀尾輝久（2002）『いま、教育基本法を読む』岩波書店
保坂亨（2000）『学校を欠席する子どもたち』東京大学出版会
保坂亨編（2008）『改訂日本の子ども虐待：戦後日本の「子どもの危機的状況」に関する心理社会的分析』福村出版
保坂亨（2009）『〝学校を休む〟児童生徒の欠席と教員の休職』学事出版
保坂亨（2010）『今、思春期を問い直す：グレーゾーンにたつ子どもたち』東京大学出版会
保坂亨（2010）「脱落型不登校の実態」酒井朗（研究代表）『不登校現象の社会・文化的多様性と支援ネットワーク構築に関する教育臨床社会学』（平成19～21年度科研費報告書）
保坂亨（2012）「『脱落型不登校』から『危険な欠席』への注目」羽間京子（研究代表）『虐待、非行の視点を踏まえた長期欠席児童生徒の実態調査』平成21～23年度科研費報告書、19～27頁

保坂亨（２１０３ａ）「長期欠席の中の『危険な欠席』と『行方不明』」酒井朗（２０１３）『「学校に行かない子ども」の教育権保障をめぐる教育社会学的研究」（平成22～24年度科研費報告書）
保坂亨（２０１３ｂ）「『行方不明』の子どもたち」子どもの虹情報研修センター紀要11、１～13頁
保坂亨（２０１３ｃ）「長期欠席（不登校）の中の『危険な欠席』と『行方不明』」酒井朗（研究代表）『「学校に行かない」子どもの教育権保障をめぐる教育臨床社会学的研究』平成22～２４年度科研費報告書、42～53頁
保坂亨（２０１４）「脱落型不登校と『危険な欠席』、『行方不明』」青少年問題69、10～17頁
保坂亨（２０１５）「居所不明児童生徒の実態と学校教育」子ども虐待とネグレクト17－1、28～33頁
保坂亨・重歩美・土岐玲奈（２０１１）「学校に行かない子ども：中等教育の『連続性・非連続性』という観点から」教育社会学会発表論文集
保坂亨・坪井瞳（２０１２）「児童養護施設在籍児童の中学卒業後の進路動向」保坂亨（研究代表）『非虐待児の援助に関わる学校と児童養護施設の連携（第３報）子どもの虹情報研修センター平成23年度研究報告書
保坂亨・重栖聡司・土屋玲子（２０１５）「学校教育における不就学と長期欠席問題（第１報）：戦後混乱期の学校における不就学と長期欠席」千葉大学教育実践研究18、１～10頁
保坂亨・土屋玲子・重歩美（２０１７ａ）学校教育における不就学と長期欠席問題（第２報）：不就学と長期欠席への対策が始まる（１９５０年代）千葉大学教育学部紀要65、89～96頁
保坂亨・土屋玲子・重歩美（２０１７ｂ）「学校教育における不就学と長期欠席問題（第３報）：１９６０年代の不就学と長期欠席への対策」千葉大学教育学部附属教員養成開発センター紀要20、１～10頁
保坂亨・土屋玲子・重歩美（２０１７ｃ）「学校教育における不就学と長期欠席問題（第４報）：転換期としての１９７０年代以降の長期欠席と不就学問題」千葉大学教育学部紀要66－1、51～58頁
保坂亨・重歩美（２０１８ａ）「学校教育における不就学と長期欠席問題（第５報）：１９８０年代以降の長期欠席と不就学問題」千葉大学教育学部紀要66－2、２０７～21頁
保坂亨・重歩美・土屋玲子（２０１８ｂ）「学校教育における不就学と長期欠席問題（第６報）：２０００年代以降の長期欠席と不就学問題」千葉大教育実践研究21、１～12頁
星野光世（２０１７）『もしも魔法が使えたら：戦災孤児11人の記憶』講談社
市川昭午（２００９）『教育基本法改正論争史：改正で教育はどうなる』教育開発研究所

一谷彊・相田貞夫・水谷昭（１９８９）「長期欠席生徒の問題理解と指導・援助：中学生の場合」京都教育大学教育実践研究年報５、３２３〜３４５頁
井戸まさえ（２０１５）『無戸籍の日本人』集英社
飯島修治（２０００）「単位制の理念と現実」近藤邦夫・岡村達也・保坂亨『子どもの成長　教師の成長：学校臨床の展開』東京大学出版会
池谷秀登（２００９）「不登校児童生徒と貧困：東京板橋区被保護世帯における不登校の実態」
池谷孝司（２００９）『死刑でいいです』共同通信社
子どもの貧困白書編集委員会『子どもの貧困白書』明石書店、２４０〜２４１頁
市原教孝（２０１７）「全員を高校生にしてあげよう：義務教育中学校の教師魂」沖縄子ども総合研究所（編）『沖縄子どもの貧困白書』かもがわ出版、97〜１０２頁
市川昭午（２００９）『教育基本法改正論争史：改正で教育はどうなる』教育開発研究所
稲村博（１９９４）『不登校の研究』新曜社
井上英夫他（２０１６）『なぜ母親は娘に手をかけたのか：居住貧困と銚子市母子心中事件』旬報社
石田祥代（２０１５）「北欧の子ども虐待の現状と対応」児童心理№１０１１、１３８〜１４４頁
伊藤龍仁（２０１６）「名古屋市内のファミリーホーム」特定非営利活動法人子ども&まちネット『なごや子ども貧困白書』、20〜23頁
石井光太（２０１４）『浮浪児１９４５：戦争が生んだ子供たち』新潮社
石井光太（２０１７）『43回の殺意：川崎中１男子生徒殺害事件の深層』双葉社
石川結貴（２０１１）『ルポ子ども無縁社会』中公新書クラレ
磯部涼（２０１７）『川崎』ＣＹＺＯ
伊藤秀樹（２０１７）『高等専修学校における適応と進路：後期中等教育のセーフティネット』東信堂
伊藤茂樹（２００７）『いじめ・不登校』日本図書センター
事件・犯罪研究会編（２００２）『明治・大正・昭和・平成事件・犯罪大辞典』東京法経学院出版
伊藤泰治他（１９５６）「不就学長期欠席児童生徒をめぐって」文部時報９４３号、２〜12頁
伊藤嘉啓（２０１５）「高等学校定時制課程に関する史的研究の課題と展望：教育課程に関する研究に向けて」教育

論叢第58号、45～54頁
岩田正美（２０１７）『貧困の戦後史』筑摩書房
岩木秀夫（１９９１）「人口の構造変動と教育：教育政策を焦点に」教育社会学研究48、78～１０２頁
甲斐行夫・入江猛・飯島泰・加藤俊治（２００１）『Q＆A 改正少年法』有斐閣
金高美津子（２００９）「訪問相談活動による教員の変容：千葉県教育委員会が配置する訪問相談担当教員の活動を通して」平成21年度千葉大学教育学研究科（学校教育臨床専攻）修士論文
神奈川県教育委員会（１９７０）『教育統計要覧（昭和33～42年）：10年間の教育統計資料』
兼松佐知子他（１９８９）『少年事件を考える：「女・子供」の視点から』朝日新聞社
笠間亜紀子「6歳で救出された虐待女児『成長の記録』」Yomiuri Weekly ２００４年10月10日、90～93頁
加瀬和俊（１９９７）『集団就職の時代：高度成長のにない手たち』青木書店
片岡栄美（１９８３）「教育機会の拡大と定時制高校の変容」教育社会学研究38、１５８～２６８頁
川俣智路（２００９）「登校し続けることができる高校へ：『教育困難校』の実践から」日本評論社　こころの科学１４５、29～34頁
川崎二三彦・増沢高（２０１４）『日本の児童虐待重大事件２０００～２０１０』福村出版
川崎二三彦（２０１６）「一時保護及び一時保護所について」津崎哲郎他（２０１６）『今後の児童虐待対策のあり方について(3)：虐待対策における課題解決のための具体策の提言』子どもの虹情報研修センター平成27年度研究報告書、32～46頁
川崎二三彦他（２０１２）『平成23年度児童の虐待死に関する文献研究』子どもの虹情報研修センター研修資料
川崎二三彦（２０１７）「子どもの権利：子どもの最善の利益とは」千葉教育平成29年度萩号、6～7頁
川崎市教育委員会（２０１５）『中学生死亡事件に係る教育委員会事務局検証委員会　報告書』
木村元（２０１５）『学校の戦後史』岩波新書
小林正泰（２００３）「国会議事録にみる戦後の長欠認識」東京大学大学院教育学研究科紀要43、15～24頁
小林正泰（２００６）「簡易宿泊所地域における長欠対策学級の実践：東京山谷地区の事例を中心に」国立オリンピック記念青少年総合センター研究紀要5、33～43頁
小林英義・小木曾宏（２００９）『児童自立支援施設これまでとこれから』生活書院

小玉亮子（２０１０）「『どの子にも起こりうるもの』としての不登校」広井田鶴子・小玉亮子（編）『現代の親子問題：なぜ親と子が「問題」なのか』日本図書センター
小泉英二（１９７３）『登校拒否』学事出版
小泉英二（１９８０）『続登校拒否』学事出版
国立教育政策研究所生徒指導研究センター（２００４）「生徒指導資料第２集　不登校への対応と学校の取組について：小学校、中学校編」
国立教育政策研究所生徒指導・進路指導研究センター（２０１２）「不登校・長期欠席を減らそうとしている教育委員会に役立つ施策に関するＱ＆Ａ」
河野稠果（２０００）『世界の人口（第２版）』東京大学出版会
幸崎若菜（２０１７）「10代女子の妊娠出産の現状と支援」ちば思春期研究会２０１７年２月
厚生労働省（２０１１）「生活保護の現状等について」（第１回生活保護制度に関する国と地方の協議への提出資料）http://www.mhlw.go.jp/stf/shingi/2r985200001dmw0-att/2r985200001do56.pdf
小柳伸顕（１９７８）『教育以前：あいりん小中学校物語』田畑書店
窪田順生（２００６）『14階段：検証新潟少女９年２ヵ月監禁事件』小学館
窪田弘子（２００９）「こんなにかかる学校のお金」子どもの貧困白書編集委員会編『子どもの貧困白書』明石書店
久冨善之（１９９３）『調査で読む学校と子ども』草土社
倉石一郎（２００５）「福祉教員制度の成立、展開と教育の〈外部〉：高知県の事例を手がかりに」大阪市立大学『人権問題研究』第５号、71～90頁
倉石一郎（２００７）「〈社会〉と教壇のはざまに立つ教員：高知県の「福祉教員」と同和問題」教育学研究74-3、40～48頁
倉石一郎（２００９）『包摂と排除の教育学』生活書院
栗田克実（２００１）「公立夜間中学校の諸問題：歴史、現状、課題」北海道大学大学院教育学研究科紀要83、２１１～２３５頁
黒岩哲彦・梅澤秀監（２０１７）「原級留置に関する内規の効力：教育と法の狭間で第72回」月刊生徒指導２０１７年３月号、52～53頁

黒川祥子（２０１８）『再チャレンジ高校！　生徒が人生をやり直せる学校』講談社現代新書
教職課程コアカリキュラムの在り方に関する検討会「教職課程コアカリキュラム」
京都市教育委員会（１９５７）『昭和31年度教育調査統計』
京都市教育委員会（１９６０）『昭和34年度教育調査統計』
前川喜平（２０１８）「夜間中学と日本教育の未来」埼玉に夜間中学を作る会・川口自主夜間中学（編）『夜間中学と日本の教育の未来』東京シューレ出版
前川喜平他（２０１８）『前川喜平：教育の中のマイノリティを語る』明石書店
牧野二郎（２００６）『間違いだらけの個人情報保護法』インプレス
牧山綾紗（２０１６）「ファミリーホームの現状の問題と課題についての文献検討」『いのちの教育』1－1、57～65頁
丸山佑介（２０１１）『依頼人を救え』幻冬社ルネッサンス新書
Maslow, A.H. (1960) "Theory of Human Motivation" Start Publishing LLC.［小口忠彦訳『人間性の心理学：モチベーションとパーソナリティ』産業能率大学出版部］
松戸市に夜間中学校をつくる市民の会（２０１５）『新たなる出発の今：松戸自主夜間中学校の３０年』桐書房
松本伊智朗（２００９）「子どもの貧困を考える視点：政策・実践とか変わらせた議論を」子どもの貧困白書編集委員会編『子どもの貧困白書』明石書店
松本伊智朗他編（２０１６）『子どもの貧困ハンドブック』かもがわ出版
松本幸広（２０１７）「なぜ通信制高校なのか」手嶋純編（２０１７）『通信制高校ののすべて：「いつでも、どこでも、だれでも」の学校』彩流社
宮前貢他（２００４）『私費負担教材費を問う：教材・教材費は有効に使われているか』学事出版
宮坂敬造（１９８６）「部族・伝統社会の通過儀礼と現代社会への示唆」青年心理19、19～26頁
宮本みち子（２０１１）「家庭の貧困と高校中途退学」パネルディスカッション『子どもの貧困問題について：地域・社会的養護及び学校の現場から子どもの貧困を考える』http://www8.cao.go.jp/youth/suisin/symposiu
宮本みち子（２０１５）『すべての若者が生きられる未来を：家族・教育・仕事からの排除に抗して』岩波書店
文部省（１９５２）『教育統計18　長欠児童特集：長期欠席児童生徒の環境とその実態』

文部省（１９５４）『「わが国の教育の現状」（昭和28年度）教育の機会均等を主として』
文部省（１９５３～１９５９）『公立小学校・中学校長期欠席児童生徒調査』
文部省（１９９２）『学制１２０年史』ぎょうせい
文部省（１９９２）「（２）保護者の転勤に伴う転入学者等の受け入れについて」『我が国の文教政策』
文部省（１９９２）「第Ⅱ部第３章第５節２高等学校入学者選抜方法等の改善」『我が国の文教政策（平成３年度）』
文部省（１９９２）「高等学校中途退学問題について」
文部科学省（２００４）「現在長期間学校を休んでいる児童生徒の状況及び児童虐待に関する関係機関等への連絡等の状況について：都道府県教育委員会を通じ公立小中学校について調査した結果」月刊生徒指導２００４年６月号、42～45頁
文部科学省（２００８）「高等学校における生徒の懲戒の適切な運用について」
文部科学省（２０１５）「『児童生徒の安全に関する緊急確認調査の結果を踏まえた措置に係る調査』結果について」教育委員会月報27-2、36～40頁
文部科学省（２０１５）「中学校夜間学級等に関する実態調査について（平成29年５月）」
文部科学省（２０１７）『就学援助制度について（就学援助ポータルサイト）』
文部科学省（２０１８）「学校基本調査の手引き質疑応答集」
文部科学省初等中等局児童生徒課（２００８）「高等学校における生徒の懲戒の適切な運用について」月刊生徒指導２００８年６月号、96～97頁
森重雄（１９９３）『モダンのアンスタンス：教育のアルケオロジー』ハーベスト社
森重雄（１９９４）「増え続ける登校拒否：データからのアプローチ」児童心理48-4、８～14頁
森重雄（１９９８）「学校の空間性と神話性」季刊子ども学18、64～87頁
盛満弥生（２０１１）「学校における貧困の表れとその不可視化：生活保護世帯出身生徒の学校生活の事例に」教育社会学研究88、２７３～２９４頁
盛山和夫（１９９０）「中流意識の意味：階層帰属意識の変化の構造」数理社会学会『理論と方法』５（２）、51～71頁（原純輔（２００８）『戦後日本の格差と不平等：広がる中流意識』日本図書センター）
村上義雄編（１９９５）『子どもやがて悲しき50年』太郎次郎社

永井憲一（1985）『憲法と教育基本法新版』勁草書房
長尾真理子・川﨑二三彦（2013）「『親子心中』の実態について：2000年代に新聞報道された事例の分析」「子ども虐待とネグレクト」15-2、164〜172頁
長岡利貞（1995）『欠席の研究』ほんの森出版
永山子ども基金編（2006）『ある遺言のゆくえ：死刑囚永山則夫がのこしたもの』東京シューレ出版
中嶋哲彦（2013）「貧困を理由に誰ひとり排除しない教育制度を目指して」貧困研究11、10〜18頁
中島義実（2019）『キーワード子ども理解と心理援助：基礎知識から教員採用試験対策まで』北大路書房
中谷昇（2004）「学校における児童虐待対応について」月刊生徒指導6月号、12〜17頁
中西真（2016）「『学校社会事業（スクールソーシャルワーク）』『学校福祉』の実践に関する研究」立命館人間科学研究」34、35〜48頁
中村文夫（2013）『学校財政：公立学校を中心とする公私費負担の境界と21世紀の革新』学事出版
名取弘文（1996）『こどものけんり：「子どもの権利条約」子ども語訳』雲母書房
日本子ども家庭総合研究所（編）（2013）『子ども虐待対応の手引き：平成25年8月厚生労働省の改正通知』有斐閣
日本財団子どもの貧困対策チーム（2016）『徹底調査 子供の貧困が日本を滅ぼす：社会的損失40兆円の衝撃』文春新書
西滋勝（1956）「長欠現象の社会的経済的基盤」和歌山大学学芸学部紀要5、111〜129頁
西川昭幸（2018）『美空ひばり：最後の真実』さくら舎
野川義秋（2018）「法制化は夜間中学校の新しい扉」埼玉に夜間中学を作る会・川口自主夜間中学（編）『夜間中学と日本の教育の未来』東京シューレ出版
野本三吉（1996）『裸足の原始人たち：横浜寿町の子どもたち』新宿書房
ＮＨＫ取材班（2018）『なぜ、わが子を棄てるのか：赤ちゃんポストの真実』ＮＨＫ出版
小田晋（2002）『少年と犯罪』青土社
小川善照（2009）『我思うゆえに我あり：死刑囚山地悠紀夫の二度の殺人』小学館
沖縄子ども総合研究所（2017）『沖縄子どもの貧困白書』かもがわ出版

岡本真幸他（２００９）「ある児童養護施設における児童の進路状況調査より：進路状況の変化とケア担当職員における問題について」横浜女子短期大学紀要24、47～62頁
奥地圭子（２００５）『不登校という生き方：教育の多様化と子どもの権利』ＮＨＫブックス
小野善郎（２０１８）『思春期の育ちと高校教育』福村出版
小野善郎・保坂亨編（２０１２）『移行支援としての高校教育』福村出版
小野善郎・保坂亨編（２０１６）『続・移行支援としての高校教育』福村出版
大塚朱美（２０１６）「定時制高校の風景」小野善郎・保坂亨（２０１６）『続・移行支援としての高校教育』福村出版、30～33頁
大阪府教育委員会（１９５０）『大阪府教育調査紀要Ｉ：昭和25年度長期欠席児童生徒調査』
大阪府教育委員会（１９５５）『不就学長期欠席対策のしおり』
大阪府教育委員会（１９５９）『長期欠席児童生徒調査』
大阪府教育委員会（１９６０）『長期欠席児童生徒調査』
大阪府教育委員会（１９６９）『長期欠席児童生徒調査』
大阪府警察本部（１９９８）『大阪府警察40年の記録』
大阪府立大学（２０１７）「大阪府子どもの生活に関する実態調査」（大阪府立大学ＨＰ）
大田直子（１９９２）『イギリス教育行政制度成立史：パートナーシップ原理の誕生』東京大学出版会
大多和雅絵（２０１７）『戦後夜間中学校の歴史：学齢超過者の教育を受ける権利をめぐって』六花出版
大竹文雄・小原美紀（２０１１）「貧困率と所得・金融資産格差」岩井克人他編『金融危機とマクロ経済：資産市場の変動と金融政策・規制』東京大学出版会
嵯峨政雄（１９５２）「漁村における中学校の長欠問題（其の一）」三重大学学芸学部教育研究所研究紀要7、67～79頁
酒井朗（２０１０）「学校に行かない子ども」苅谷剛彦他編『教育の社会学［新版］』有斐閣アルマ
酒井朗・林明子（２０１２）「後期近代における高校中退問題の実相と課題：「学校に行かない子ども」問題としての分析」大妻女子大学家政学研究紀要48、67～78頁
坂本洋子（２００８）『法に退けられる子どもたち』岩波ブックレット

伊藤敬太郎（2012）「高校中退の進路指導」Career Guidance 44, pp33-37
佐藤万作子（2007）『虐待の家』中央公論新社
佐藤守（1957）「八郎潟漁村における長欠減少の分析」教育社会学研究11、79～93頁
佐藤修策（1959）「神経症的登校拒否行動の研究」岡山県中央児童相談所紀要4、1～15頁
澤宮優（2017）『集団就職：高度経済成長を支えた金の卵たち』弦書房
荘保共子（2016）「要保護児童対策地域協議会をベースとした大阪・西成区のネットワークづくり」松本伊智朗他（2016）『子どもの貧困ハンドブック』かもがわ出版、172～175頁
柴田悠（2016）『子育て支援が日本を救う：政策効果の統計分析』勁草書房
斎藤万比古（2007）『不登校ガイドブック』中山書店
重歩美（2016）「教育困難校からの中途退学をめぐる問題」臨床心理学研究53-1、41～57頁
重歩美（2017）「高等学校における特別支援教育導入の経過について」千葉大学教育学部研究紀要66-1、43～50頁
志水宏吉（2002）『学校文化の比較社会学』東京大学出版会
新修大阪市史編纂委員会（1992）『新修大阪市史第8巻』
下川悃史（2001）『昭和平成 家庭史年表』河出書房新社
下川悃史（2002）『近代（昭和平成編）子ども史年表』河出書房新社
篠原清昭・原田信之（2008）『学校のための法学：自律的・協働的な学校をめざして』ミネルヴァ書房
塩野七生（2015）『ギリシア人の物語1　民主制のはじまり』新潮社
末富芳（2017）『子どもの貧困対策と教育支援：より良い政策・連携・協働のために』明石書店
角谷敏夫（2010）『刑務所の中の中学校』しなのき書房
杉山春（2013）『ルポ児童虐待』岩波新書
杉山春（2017）『児童虐待から考える：社会は家族に何を強いてきたか』朝日新書
田嶋正雄（2017）「報道の現場から：学校での排除、施しとしての支援を問い直す」沖縄子ども総合研究所（2017）『沖縄子どもの貧困白書』かもがわ出版
髙田治（2008）「施設をつくるとはネットワークをつくること」中釜洋子他『心理援助のネットワークづくり』

東京大学出版会
高木隆郎他（１９５９）「長欠児の精神医学的実態調査」精神医学１（６）、33～43頁
高岡健（１９９８）「『どうする？』を考える（治療論）『不登校を解く：３人の精神科医からの提案』ミネルヴァ書房
高山文彦（１９９８）『地獄の季節』新潮社
内匠舞（２０１７）「少年法の適用年齢引下げをめぐる議論」調査と情報№９６３、１～14頁
田丸啓（２００２）「定時制高等学校の成立素描」北海道大学大学院教育学研究科紀要85、67～85頁
田邊昭雄（２０１２）「Ａ高校の現場から」小野善郎・保坂亨（２０１２）『移行支援としての高校教育』福村出版、
１８８～２１６頁
田中壮一郎（２００７）『逐次解説改正教育基本法』第一法規
担任学研究会（２０１７）「全日制高校在学者の高卒認定数：押さえておきたい教育ニュース」月刊生徒指導
２０１７年３月号、５頁
寺内順子（２００９）「子どもの無保険から見える貧困」子どもの貧困白書編集委員会編『子どもの貧困白書』明石
書店
東京都教育委員会（１９５２）『東京都の教育（昭和26年度版）』
東京都立教育研究所（１９８５）「登校拒否生徒への対応に関する研究（中学校の場合）」東京都立教育研究所紀要
29、２２５‐２６９
東京都教育相談センター（２００７）「平成17～18年度　都立高等学校における中途退学者対策に関する研究報告書」
東京都教育相談センター
徳永花江（１９５６）「学童の長欠解消をめざして」文部時報９４３号、32～36頁
冨田竹三郎（１９５０）「漁村及び農村中学校の長期欠席生徒について」教育社会学研究１、１３３～１４０頁
冨田竹三郎（１９５３）「漁村における長欠席の現象」『講座教育社会学Ⅳ』東洋館出版社
土岐玲奈（２０１９）『高等学校における〈学習ケア〉の学校臨床学的考察』福村出版
土屋敦（２０１４）『はじき出された子どもたち：社会的養護と「家庭」概念の歴史社会学』勁草書房
土屋敦（２０１７）「『保護されるべき子ども』と親権制限問題の一系譜」子ども社会学研究23、１１３～１７１頁
粒来香（１９９７）「高卒無業者の研究」教育社会学研究第61巻、１８５～２０８頁

津江章二（2017）『藤井聡太：名人をこす少年』日本文芸社
津崎哲郎他（2016）『今後の児童虐待対策のあり方について（3）：虐待対策における課題解決のための具体策の提言』子どもの虹情報研修センター平成27年度研究報告書
内田伸子『発達心理学』岩波書店
内田充範（2017）「生活保護定時制高校生の就学継続要因に関する研究：当事者インタビューの分析より」山口県立大学学術情報第10号、1～10頁
上田利男（1998）『夜学：心を揺さぶる「学び」の系譜』人間の科学社
植野真澄（2006）「傷痍軍人、戦争未亡人、戦災孤児」『岩波講座アジア太平洋戦争第6巻』岩波書店
植山つる（1956）「忘れられていた子どもたちの問題」文部時報943号、26～31頁
梅野正信・采女博文（2003）「就学義務と不登校をめぐる法常識」季刊教育法137、64～69頁
梅澤秀監・黒岩哲彦（2016）「出席ゼロでも進級させて良いか」月刊生徒指導（2016年3月号）、56～57頁
宇都宮地方法務局・栃木県人権擁護委員連合会（1977）「昭和50・51年度小・中学校における長期欠席児童・生徒の実態調査報告書：対策事例付」
Vogel, E.F.(1979) "Japan as Number 1" Harpercollins College Div.［広中和歌子訳『ジャパンアズナンバーワン：アメリカへの教訓』阪急コミュニケーションズ］
鷲見たえ子・玉井収介・小林育子（1960）「学校恐怖症の研究」精神衛生研究8、27～56頁
山寺香（2017）『誰もボクを見ていない』ポプラ社
山形県教育委員会（1951）「第三部　高等学校の性格と現況」『山形縣教育年報教育のあゆみ（昭和25年度）』、49～51頁
山形県教育委員会（1962）「7高等学校退学者状況等調査」『山形縣教育年報教育のあゆみ（昭和36年度）』
山形県教育委員会（1963）「6高等学校退学者状況等調査」『山形縣教育年報教育のあゆみ（昭和37年度）
山口覚（2016）『集団就職とは何であったか』ミネルヴァ書房
山本宏樹（2008）「不登校公式統計をめぐる問題」教育社会学研究83、129～148頁
山野則子（2018）『学校プラットフォーム』有斐閣
山住正己（1987）『日本教育小史』岩波新書

柳川覚治（1956）「不就学長期欠席児童生徒について：三省共同通達の解説」文部時報943号、13～25頁
矢野真和・濱中淳子・小川和孝（2016）『教育劣位社会：教育費をめぐる世論の社会学』岩波書店
山田昌弘（2017）『底辺への競争：格差放置社会ニッポンの末路』朝日新書
屋敷和佳（2009）「高等学校改革の動向と課題」国立政策研究所紀要158、11～30頁
安江節夫・富田康士（1968）「総合訓練所における高卒訓練生と中卒訓練生の比較」職業訓練大学校、職業訓練に関する調査研究報告書8
湯田伸一（2009）『知られざる就学援助：驚愕の市町村格差』学事出版
読売新聞昭和時代プロジェクト（2012）『昭和三十年代』中央公論新社

著者紹介

保坂　亨（ほさか・とおる）

1956年生まれ。1983年東京大学大学院教育学研究科博士課程中退、同年東京大学教育学部助手（学生相談所相談員）。1989年千葉大学教育学部講師、2002年同附属教育実践センター（現教員養成開発センター）教授、2013～17年同センター長、2016年より現在まで教育学研究科高度教職実践専攻（教職大学院）の専攻長を務める。その他、千葉県教育委員会参与、千葉市学校教育審議会委員、子どもの虹情報研修センター企画評価委員、東京私立中学高等学校スクールカンセリング研究会顧問など。

主要著書：『学校を欠席する子どもたち』東京大学出版会（2000）、『子どもの成長　教師の成長』東京大学出版会（2000）、『心理学マニュアル　面接法』北大路書房、（2000）、『改訂ロジャーズを読む』岩崎学術出版（2006）、『カウンセリングを学ぶ（第2版）』東京大学出版会（2007）、「日本の子ども虐待（第2版）」福村出版（2007）、『“学校を休む”　児童生徒の欠席と教員の休職』学事出版（2009）、『いま、思春期を問い直す』東京大学出版会（2010）、『移行支援としての高校教育』福村出版（2012）、『続　移行支援としての高校教育』福村出版（2016）。

学校を長期欠席する子どもたち

不登校・ネグレクトから学校教育と児童福祉の連携を考える

2019年7月30日　初版第1刷発行
2019年8月10日　初版第2刷発行

著　者　　保　坂　　亨
発行者　　大　江　道　雅
発行所　　株式会社　明石書店
〒101-0021 東京都千代田区外神田6-9-5
電　話　03（5818）1171
FAX　03（5818）1174
振　替　00100-7-24505
http://www.akashi.co.jp

装幀　明石書店デザイン室
編集／組版　有限会社閏月社
印刷／製本　モリモト印刷株式会社

（定価はカバーに表示してあります）　ISBN978-4-7503-4876-6